EMIL BOCK

DER KREIS DER JAHRESFESTE

EMIL BOCK

Der Kreis der Jahresfeste

EINE SAMMLUNG VON AUFSÄTZEN

URACHHAUS

Erstmals erschienen 1962.
Diese Ausgabe basiert auf dem Text der 6. Auflage 1999.

ISBN 978-3-8251-5354-0

Erschienen 2023 im Verlag Urachhaus
www.urachhaus.de

auch als eBook erhältlich

Umschlaggestaltung: Katja Schüch, Kirchheim / Teck
Satz: Klaus H. Pfeiffer
Gesamtherstellung: GGP Media GmbH, Pößneck

MIX
Papier | Fördert gute Waldnutzung
FSC® C014496

Klimaneutral Druckprodukt
ClimatePartner.com/53248-2106-1005

Inhalt

Vorwort

Mit besonderer Hingabe ist Emil Bock durch viele Jahre hindurch immer wieder neue Wege gegangen, um ein vertieftes Verständnis der christlichen Feste zu vermitteln. Er suchte wirksame Ansatzpunkte zu ihrer heute notwendigen Erneuerung. So schrieb er im Laufe der Jahre eine stattliche Reihe von Aufsätzen für die Zeitschrift »Die Christengemeinschaft«. Vielfach waren es Bearbeitungen von Ansprachen, die er zu den Jahresfesten gehalten hatte. Wichtige christologische Grundbegriffe und Grundanschauungen sind von ihm in diesem Zusammenhang entwickelt und lebendig gemacht worden.

Es entspricht einer Absicht von Emil Bock aus seinem letzten Lebensjahr und dem Wunsch seiner Leser, diese Fest-Aufsätze zu einem Buch zusammenzufassen und gesammelt zur Wirkung zu bringen. So ist aus den einzelnen Bausteinen ein Ganzes entstanden, das den geschlossenen Kreis der christlichen Feste durch das Jahr hindurch umfasst.

Diese christlichen Feste von Weihnachten, Epiphanias über Ostern, Himmelfahrt und Pfingsten bis hin zu Johanni und Michaeli sind wie ein goldener Faden dem rhythmischen Ablauf der Jahreszeiten und den Lebensprozessen des ganzen Erdenorganismus eingewoben. Beides hängt auf das innigste zusammen. Das wache Mitleben mit dem Jahreslauf kann uns zu einem vertieften Feiern der Festeszeiten führen, und umgekehrt können wir durch ein bewussteres Erleben der Feste ein neues Verhältnis gewinnen zum Wachsen, Blühen, Fruchten und Welken in der Natur. Neue Impulse für das soziale Zusammenleben der Menschen können aus einer erneuerten Festgestaltung erwachsen. Vor allem aber wird dieses übende Miterleben und Feiern der

Jahresfeste hinführen zum Erfassen des Christusgeheimnisses unserer Zeit: der Offenbarung des Christus in der von rhythmischen Lebensprozessen durchpulsten Welt des Ätherischen als dem neuen Weihnachtsereignis. Das richtige Erleben des Jahreskreislaufes kann ein Zugang sein zu dem lebendigen Wirken des Christus als dem Herrn der Elemente, dem Herrn des Lebens und der Himmelskräfte auf Erden. Diesem Ziel möge das vorliegende Buch dienen.

Herbst 1962 Dr. Gundhild Kačer-Bock

Die Wiederkunft Christi

Vom Glauben zum Schauen

Die zarte Stille des Advents, die kindliche Seligkeit des Weihnachtsfestes sind Begnadungen, die unserem Zeitalter immer seltener zuteilwerden. Das Leben ist zu laut und zu unruhig, das Schicksal zu schwer, zu dramatisch geworden. Aber das Geheimnis der Adventsstille ist mit der Empfindung einer werdenden Mutter zu vergleichen. Die darin enthaltene Hoffnung bezieht sich nicht auf ein neutrales Ereignis, das einmal kommt, so wie ja auch die Frau, die ein Kind unter dem Herzen trägt, nicht etwa nur einem Ereignis entgegensieht, das einmal kommt; sie ist fortwährend bereits eingehüllt und umwoben von der Seele des Wesens, dem sie einen Leib schenken darf. In unserer Zeit tritt die gleiche Veränderung ein, welche die werdende Mutter durchmacht, wenn die stillen Monate der Erwartung in die Wehen übergehen. Sie erträgt gerne alle Schmerzen und schreckhaften Prüfungen, weil sie weiß, dass dies alles ihrer eigenen Hoffnung dient. Heute kommen Schicksale über uns, die nichts anderes sind als Geburtswehen, die durch die Menschheit gehen. Die Menschheit muss etwas Neues gebären, das zu ihrem Heile dient. Ein neues Weihnachtsereignis steht unserem Zeitalter bevor, auf das wir uns zu rüsten haben.

Christus kommt nicht bei Windstille zur Menschheit. Als er vor 2000 Jahren in irdisch-menschlicher Gestalt kam, herrschte auch keine Windstille. Es waren Zeiten fieberhafter Erregung und schwerster Bedrückung. Auch damals lag die Menschheit in den Wehen einer Neugeburt. Heute toben erst recht Stürme einer Neugeburt durch die Welt, durch die sich etwas ans Licht ringt. Das Sprichwort »Wo die Not am größten, da ist Gottes Hilfe am nächsten« ist auch ein Christuswort, denn wenn in der Menschheit die Not am größten ist, so lässt sich daran ablesen, dass derjenige sich naht, der zum Heil der Menschheit kommt.

Es wäre gut, es würde nicht so schnell vergessen, was durch die Seelen gezogen ist, als die Bomben fielen, die Häuser einstürzten und die Städte in Flammen aufgingen. Ein offenbarendes Schicksal war es, das über uns hereinbrach. Sein Sinn liegt nicht in der Zerstörung; er liegt in dem, was dahinter emporsteigt, was sich aber zunächst dem Blick der Menschen verschließt. Ein Anruf Gottes ergeht fortwährend an uns. Aber was geschieht, wenn der, zu dem gesprochen wird, nicht hört? Schon unter uns Menschen ist es so. Wollen wir einem etwas sagen, der nicht zuhört, so müssen wir lauter sprechen. Wie kann eine lärmende Menschheit hören, was zu ihr gesprochen werden soll? Sie kann nur etwas erfahren, wenn einer sie anschreit. Das haben wir, ins Große übersetzt, in unseren Tagen. Das stille Sprechen Gottes, sein Harfenanruf, hat in unserem Zeitalter Posaunencharakter angenommen, und die Mauern Jerichos fingen an einzustürzen. Vor 2000 Jahren trat ein Mensch, gewaltig die anderen überragend, vor die Menschheit hin: »Ändert euren Sinn, denn die Reiche der Himmel sind nahe herbeigekommen.« Heute wird das auch gesprochen, aber nicht von einem Menschen, auch nicht von erleuchteten Menschen – deren Sprache ist abgelöst durch die Sprache der höheren Geister, die das Schicksal lenken und gestalten. Das Schicksal ruft uns in Posaunensprache zu: Ändert euren Sinn; der Christus ist nahe herbeigekommen! Darin liegt die eigentliche Diskrepanz zwischen der heutigen Weltanschauung und der Wirklichkeit. Das Schicksal spricht; wer aber ist das Schicksal? Spricht das Schicksal, so spricht eine geistige Welt; hohe, ernste Gottesboten sprechen, die den Hierarchien des Himmels angehören. Unser Zeitalter hat den Vorzug, dass die Schicksalsmächte mitten unter uns sind und in äußerster Unmittelbarkeit zu uns sprechen. Aber in den Köpfen der Menschen leben Gedanken, als ob es eine übersinnliche Welt nicht gäbe. In Ländern, die sich noch ungeprüft im alten Wohlstand bewegen können, mag man noch Materialist sein. In unseren Schicksalszonen ist die materialistische Weltanschauung durch das

Schicksal widerlegt. Das Schicksal manifestiert die Tatsächlichkeit einer übersinnlichen Welt: Die übersinnliche Welt bricht herein. Was unter uns an Katastrophen, Konflikten, Spannungen, an Kriegen und Kriegsgeschrei geschieht, ist nicht das ganze Geschehen; es ist nur der unterste Rand; was unserem Zeitalter seinen eigentlichen Inhalt gibt, geschieht über unseren Häuptern. Da, wohin wir nicht sehen, geschieht das Allergewaltigste.

Christus offenbart sich neu. Die Sphäre, die sein Reich ist, drängt heran, wie, wenn die Ebbe vorbei ist, bei der Flut der Ozean über die Ufer ins Land hereinbraust. Über unseren Häuptern bewegen sich die Sphären. Aber wir sehen und erkennen die Welt nicht, in der das eigentliche Geschehen unserer Tage vor sich geht. Wir rätseln immer nur an den Schattenrissen herum, an den merkwürdigen Dunkelheiten, die hereinfallen, und sehen das Licht nicht, das hinter den Wolken aufgeht und diese Schatten wirft. Wie können wir den dunklen Bann sprengen, der unser Erkennen, Schauen und Wahrnehmen auf die Welt der Sinne beschränkt und uns das eigentliche Geschehen unserer Zeit verschlafen lässt? Als vor 2000 Jahren das erste Christusereignis eintrat, hatte das höchste Wesen, das wir Christus nennen, in seiner Menschwerdung die unendliche Gnade und Güte, sich in irdische Sichtbarkeit einzukleiden. So sahen die Zeitgenossen mit ihren irdischen Augen in dem Menschen Jesus von Nazareth den Christus. Nur wenige erkannten ihn und sahen durch die menschliche Leiblichkeit hindurch in sein wahres Antlitz. Sie konnten das, weil zu ihrem Sehen das Vertrauen hinzukam. Kraft ihres Vertrauens, des Glaubens in ihren Herzen, ahnten sie in dem Menschen Jesus den Christus. Und als die Golgathastunde vorüber war, gab es einige wenige, bei denen die Knospe des Glaubens zur Blume des Schauens aufging. 40 Tage lang sahen sie ihn in ihrer Mitte. Sie schauten ihn, als wäre er eine irdisch sichtbare Gestalt, die er ja aber nicht mehr war. Dann nach 40 Tagen erlosch diese besondere Begnadung. Bei dem Himmelfahrtsereignis war es jedoch nicht so, dass der Auferstandene den Menschen entschwand. Nur wuchs er an Kraft und innerer Stärke über ihre Wahrnehmungsfähigkeit hinaus. Die Wolke nahm ihn hinweg. Die Wolke des Sinnenscheins herrschte nunmehr über die Jüngerseelen. In den Jahrtausenden, die seitdem vergangen sind, ist das geheime Wachstum des Auferstandenen im Umkreis unseres Erdendaseins weitergegangen. Immer mehr ist die Christussphäre mit der Erdensphäre eins geworden. Bis einmal ein Zeitpunkt heranreift, der durch einen Naturvorgang veranschaulicht werden kann. Wenn die Atmosphäre mit Feuchtigkeit gesättigt ist, bilden sich die Wolken, und wenn diese sich noch weiter mit Feuchtigkeit sättigen, fällt der Regen, der die Erde feuchtet. So kommt im inneren Wachstum des Auferstandenen einmal eine Zeit, in der sich das Geistig-Wesenhafte an die Ebene der menschlichen Wahrnehmung herandrängt. Dann aber muss das Bewusstsein der Menschen auch herangewachsen sein. Die Seelen müssen fähig werden, ihn da zu schauen, wohin ihn einmal die Wolke hinwegnahm. Es heißt ja: »Er wird kommen, wie er gegangen ist«. »Er wird kommen auf den Wolken des Himmels«. Einmal kam er im *Sein.* Das war das Weihnachtsereignis vor 2000 Jahren. Dann aber wird er kommen im *Bewusstsein;* das ist das Weihnachtsereignis, das unserem Zeitalter zugedacht ist.

*

Wie finden wir den Weg zu der Bewusstseinserhöhung, die uns instand setzt, in ein fühlendes Ertasten, in ein lauschendes Vernehmen und Schauen derjenigen Welt hineinzuwachsen, in der der Auferstandene uns schon so nahe ist? Wir schlafen ja alle tief. Das Bewusstsein, das wir durch die Sinneswahrnehmung und das Verstandesdenken haben, betrifft nur eine dünne Oberflächenschicht. Die Posaunenklänge unseres apokalyptischen Gegenwartsschicksals wollen uns aus dem tiefen Schlaf aufwecken. Das in uns eingeschlummerte Geistbewusstsein soll durch die wehenartigen Prüfungen unserer Zeit aufwachen. Die Welt des Schauens soll sich uns auftun.

In der Welt, in welcher Christus kommt, sind auch unsere Toten. Jeder, der sich mit den Toten, die er liebt, verbindet – und wer hätte heute nicht seine Toten? –, rührt zugleich an die Welt, in welcher Christus der Menschheit immer näher kommt. Die Verstorbenen haben heute den Lebenden eben dies voraus, dass sie bereits den Sonnenaufgang erleben, für den wir noch blind sind. Wie der Späher auf dem Turm sehen sie die Sonne schon, wenn wir unten noch von Dunkelheit umgeben sind. Dazu gibt es die Entsprechung in den Ereignissen vor 2000 Jahren. Als am Karfreitag der Gekreuzigte den letzten Atemzug tat, ging das Licht seines Sonnenwesens bereits im Reiche der Toten auf, in das er nun eintrat. Das Osterlicht kam in die Welt der Verstorbenen, ehe es für die Erdenmenschen aufging. Das ist das Geheimnis der »Höllenfahrt Christi«. In unserem Zeitalter ist es mit dem neuen Weihnachtsereignis ebenso. Das Weihnachtslicht, das aber nicht lyrisch, sondern dramatisch-apokalyptisch ist, leuchtet bereits im Reiche unserer Toten. Es kommt ihnen zuerst zugute. Wie kommt es zu den Erdenmenschen?

In jeder Nacht verlassen wir durch den Schlaf leise unsere Sinneswelt und betreten die Welten, in denen unsere Toten sind und in denen das Licht schon leuchtet. Nur bringen wir heute so viel Dunkelheit, Dumpfheit und Seelenschlaf in das Heiligtum der Nacht mit hinein, dass das Licht uns nicht erreicht; und wenn wir es im tiefen Schlaf berühren, so vermögen wir nichts davon mit in den Tag zurückzubringen. Aber wir dürfen wissen, wenn wir fromm sind und unsere Frömmigkeit pflegen in Gemeinschaft mit unseren Toten, dass wir zuerst in den Nächten und dann auch am Tage schließlich imstande sein werden, das Licht zu schauen, das in der Finsternis leuchtet. An Weihnachten symbolisieren wir dies ja immer, wenn wir im dunklen Zimmer sind und dann der Spalt der Türe aufgeht und wir die Lichter des Weihnachtsbaumes sehen. Genau so könnte es gehen in dem dunklen Zimmer unserer heutigen Welt. Es könnte sich der Spalt einer Türe auftun, und hinter dieser Türe erstrahlt das Weihnachtslicht.

Die alte Adventsstimmung, die früher noch die Natur den Menschen gab, wenn die ersten Schneeflocken rieselten, die ersten Eisblumen an den Fenstern glitzerten und in der klaren winterlichen Atmosphäre die Sterne so besonders hell erglänzten, sie erlischt. Machen wir sie zum Gegenstand einer treuen Übung! Üben wir sie, und die Gelegenheit dazu ist überall da, wo ein Altar steht. Vor dem Altar still zu werden, die Kunst der Andacht zu lernen, die Hoffnung in der Seele zu beleben, die schon ihre Erfüllung in sich trägt durch das, was sie umwebt und umhüllt, die Kunst der Andacht und des Frommseins, ist eigentlich ein fortgesetzter Advent, den wir uns nun nicht mehr von der Natur schenken lassen, sondern planmäßig und treu unserem Leben einpflanzen und einverweben. In diesem Bereich können wir dann durch den Posaunenschall der äußeren Schicksale hindurch den eigentlichen Liebesanruf Gottes, den Harfenklang der Gegenwart Christi vernehmen.

*

Drei Schritte bezeichnen uns den Weg, der zurückzulegen ist. Der erste Schritt zum Schauen derjenigen geistigen Sonnensphäre, in welcher Christus lebt, ist, dass wir mit unserem Denken anfangen, die Wirklichkeit einer übersinnlichen Welt zu bejahen. Ich mag von ihr nur eine ferne Ahnung haben, es ist aber ja die Welt, in der meine Toten sind, und die Welt, in der Christus zu uns kommt. Es ist auch die Welt, in die ich mich im Schlaf erhebe und in die ich eintauche, wenn ich andächtig bin. In einem gläubigen Denken, das mit der Wirklichkeit Gottes als mit der Wirklichkeit einer ganzen Welt rechnet, keimt ein neues Sinnesvermögen. Wir erfahren, was Luther in das Wort geprägt hat: »Der Glaube ist ein neuer Sinn weit über die fünf Sinne hin.« Der Glaube wird zum Tastorgan, und allmählich wird es uns immer selbstverständlicher, dass das, was unsere Sinne sehen, nur ein Bruchteil der Welt ist und dass das wahre Dasein und Schicksal in dem unendlichen Bereich liegt, der unseren Sinnen noch verborgen ist.
Der zweite Schritt besteht darin, dass man lernt, sich von dieser Welt, auch wenn wir sie noch nicht sehen, bestrahlen und wärmen zu lassen. So wie wir uns an kühlen Tagen der Sonne zuwenden, um noch etwas von der letzten Abschied nehmenden Sonnenwärme zu fühlen, so können wir im Raum der Andacht das zur Übung machen, dass wir versuchen, uns erreichen zu lassen von dem heranwehenden, heranwogenden Element einer höheren Welt. Dann folgt auf das Tasten, das wir im Denken erleben, im Fühlen eine Art Hören. Durch das rechte Zuhörenkönnen berühren wir hinter dem Worte des Evangeliums bereits die Sphäre, in der Christus ist. Da ist die Vorbedingung

zu erfüllen, die der Hebräerbrief 12,14 so ausspricht: »Jaget nach dem Frieden gegen jedermann und nach der Heiligung, ohne welche wird niemand den Herrn schauen.« Mit heutigen Worten gesagt: »Strebet nach dem Frieden im Menschen und unter den Menschen und nach der Durchgeistigung eures Wesens. Das ist die Vorbedingung, um den Herrn zu schauen.« Aber dass es den Menschen möglich ist, Christus zu schauen und in diesem Schauen für eine ganze Welt sehend zu werden, ist eine Verheißung, die in den biblischen Büchern überall laut wird. Nur hat man unter dem hypnotischen Bann der materialistischen Weltanschauung und unter dem Druck der Theologie, die die Möglichkeit einer übersinnlichen Wahrnehmung leugnen möchte, diese Verheißungen nicht ernst genommen. Nehmen wir einmal ein Wort aus dem 1. Kapitel des 1. Petrusbriefes: »Einmal wird sich Christus eurem Schauen offenbaren, den ihr liebt, obwohl ihr ihn nicht seht, und an den ihr glaubt, obwohl ihr ihn noch nicht schaut. Dann werdet ihr euch freuen mit unaussprechlicher und herrlicher Freude.« Wenn die Frömmigkeit die Seele still macht und die Unruhe aus dem Herzen des Menschen vertreibt, dann geht im Menschenwesen ein Auge auf, das ja schon die Seligpreisung in der Bergpredigt meint: »Selig sind, die reines Herzens sind, denn sie werden Gott schauen.« Sie werden im Schauen Christi sehend werden für Gott.

Das Dritte ist dann, dass wir schließlich mit unserem ganzen Willenswesen lernen, uns die Kraft einer höheren Welt zuströmen zu lassen, sodass Gnade nicht mehr etwas ist, das wir in Passivität erbitten; als neue Kraft hält sie in uns Einzug: durch das Sich-Hineinstellen in den Christuswillen. Wie war es denn bei dem Erstling des neuen Schauens, bei Paulus, der vor Damaskus den Christus schaute? Er konnte fortan sagen: »Nicht ich, sondern der Christus in mir.« Und der Christus in ihm war nun die weltüberwindende Kraft, die ihn in der damaligen Menschheit tätig sein und Wirkungen hervorrufen ließ, wie sie kein anderer Mensch hervorzubringen vermochte. Aber nicht er war es mit seiner menschlichen Kraft, sondern Christus wirkte durch ihn. Erst wenn der Wille mitwirkt in unserem Verhältnis zu Christus, wird aus unserem Willen das Organ des Schauens. Solange wir nur mit unserem

Denken die höhere Sphäre berühren, beginnen wir mit einem Tasten. Stellen wir unser Fühlen zur Verfügung, so wird es ein inneres Hören. Machen wir unseren Willen bereit, so lernen wir das Augenaufschlagen, das uns vom Glauben zum Schauen führt. Das aber bedeutet, dass nun in uns ein Höheres hereinragt. Christus ist dann in uns, und er ist es eigentlich, der unser Auge von innen heraus erleuchtet, um das Licht zu schauen, das auch wiederum *Er* ist. Unser höheres Wesen trägt er in uns herein. Das bringt Willenskräfte mit sich, die die Schuppen von unseren Augen fallen lassen. Im 1. Johannes-Brief im 3. Vers heißt es: »Wir sind Gottes Kinder und es ist noch nicht erschienen, was wir sein werden. Unser höheres Wesen schwebt noch über uns. Wir wissen aber, wenn es erscheinen wird, dass wir Ihm gleich sein werden. Denn dann werden wir Ihn schauen, wie Er ist.« Unser höheres Wesen in uns wird zum Auge, und wir schauen Christus, der in uns ist, der aber nicht nur in uns, der vielmehr eine ganze Sphäre ist. Und es ist, als ob wir in einen Spiegel schauen, in einen unerhörten Gnadenspiegel, in dem wir nicht unser irdisches, sondern unser höheres Wesen schauen dürfen, das höhere Wesen, das im Alltag von der Sünde verdunkelt ist. In diesem Spiegel schauen wir, was wir einmal werden sollen und was noch nicht erschienen ist. Christus selbst ist dieser Zauberspiegel. Das beschreibt Paulus im 2. Korinther-Brief: »Es spiegelt sich in uns des Herrn Klarheit (des Herrn Gloria, des Herrn Lichtgestalt) mit aufgedecktem Angesicht. Und wir werden verklärt (d.h. lichtdurchdrungen) von dieser Lichtgestalt her von einer Klarheit zur andern.« Dieses Schauen steht der Menschheit bevor. In dieses neue Weihnachtsgeheimnis dürfen wir hineinwachsen.

Das erste Weihnachtsereignis stellte das Bild des *Kindes* vor uns hin. Das neue Weihnachtsereignis stellt das Bild des *Menschen* vor uns hin, des wahren, vollen Menschen, der nicht nur das Fragment ist, das der Mensch bleibt, wenn er sei höheres Wesen vergisst. Deshalb heißt es, dass Christus erscheint auf den Wolken des Himmels als der *Menschensohn.* Der Spiegel, in den wir dann hineinschauen dürfen, wenn unser Auge seine Blindheit verliert, lässt uns unser wahres Ziel, unser höchstes Erdenziel, den Sinn unseres Lebens schauen.

Vor dem Weihnachtsfest

Die Weihnachtsverkündigung »Friede auf Erden« geht nicht schon dadurch in Erfüllung, dass irgendwo die Kriegshandlungen eingestellt werden. Sie ist an Voraussetzungen geknüpft. Nicht nur, dass die nächsten Worte die Einschränkung enthalten: »den Menschen, die eines guten Willens sind«. Vor allem setzt der Friede, von dem die Engel zu den Hirten sprachen, voraus, dass sich zuvor das Göttliche in den Höhen offenbart: »Gloria in Excelsis.« Echter Friede kann nur darin bestehen, dass sich in das Menschenwesen etwas hereinsenkt, was aus den Weltenhöhen stammt. Friede ist der Zustand der Seele, die das sich offenbarende Göttliche in sich aufgenommen hat.

Denken wir an die Bilder, die in unserer Kindheit zu Weihnachten unsere Seele erfüllten: das Kind in der Krippe zu Bethlehem. Ein zauberhafter Schimmer geht von diesem Kinde aus, als ob in ihm eine Sonne leuchtete. Und diese herrlich-geheimnisvolle Lichtquelle bewirkt, dass, von der Welt unbemerkt, eine wunderbar geordnete Figur entsteht. Die Menschheit gruppiert sich um die Krippe. Da sind die Könige, da sind aber auch die Hirten. Da sind Josef und Maria. Und es tauchen im Umkreise, wie uns die Weihnachtsspiele zeigen, noch weitere Gestalten auf: die hartherzigen Wirte, die dem Kinde keine Herberge geben wollen, der gute Wirt, der Maria und Josef mit seiner Laterne in den Stall geleitet. Es fehlen aber auch die Schatten des Lichtes nicht: die gespensterhaften schwarzen Gestalten, dazu Herodes, der den Kindermord inszeniert. Um das Licht in der Krippe entsteht eine Figur aus Reich und Arm, Mann und Weib, Alt und Jung, Böse und Gut. Es offenbart sich ein ähnliches Gesetz wie später, wenn sich um den zum Manne Herangewachsenen die zwölf Apostel versammeln und eine Figur bilden, die zeigt, dass hier die ganze Menschheit in ihrer umfassenden, weltumspannenden Fülle vertreten ist. Wie ist die ordnende Kraft, die von der Lichtquelle im Bethlehem-Stalle ausgeht, zu erklären? Über dem irdisch-menschlichen Geschehen, das hier in aller Unscheinbarkeit vor sich geht, ereignet sich in den höheren Stockwerken der Welt noch etwas anderes. In fernen Ländern sind die Könige, indem sie zu den Sternen aufblickten, darauf aufmerksam geworden, dass etwas bevorsteht. Und die Hirten sind erwürdigt, in der dunklen Nacht mit ihren traumumfangenen Seelen in das hineinzuschauen, was sich im überirdischen Gebiet abspielt. Sie sehen die Gloria, die Offenbarungshelligkeit der aufgehenden Geistes-Sonne über ihren Häuptern. Um das Licht runden sich die Kreise aller himmlischen Heerscharen. Ihre harmonischen Ordnungen und Figuren sind es, die sich in die schlichten menschlichen Gruppierungen unten auf der Erde hereinspiegeln. Himmelsordnungen strahlen in das Menschendasein herein, als die Christuswesenheit, die geistige Sonne, offenbarend herannahte, um in die irdische Welt einzuziehen. Deshalb wohnt Friede unter den Menschen, die eines guten Willens sind: weil die ordnende Sonne der Offenbarung darüber erstrahlt.

*

Wo ist in unseren Tagen die Krippenstille, die Weihnachtshelligkeit, die früher die Seelen für den Zauber der Heiligen Nacht aufgeschlossen hat? Früher war es ja auch schon so, dass die Unruhe die Menschen in der Vorweihnachtszeit gepackt hat, und es setzte sich nur schwer die Adventsruhe durch, die den Seelengrund empfänglich macht für das Licht aus den Höhen. – Es war die Adventsungeduld, die die Menschen dazu trieb, alle möglichen betriebsamen Weihnachtsvorbereitungen zu treffen. Sie war immer noch von einer heiligen Unruhe durchatmet, eben von der Vorfreude, der kindlichen Hoffnung auf den Zauber, das Beglückende des Weihnachtsfestes. Es gibt eine heilige Unruhe: die Unruhe der Erwartung. Weil sie in die unheilige Unruhe der menschlichen Betriebsamkeit hineingewoben war, schimmerte doch immer etwas von dem friedenstiftenden Licht der Advents- und Weihnachtszeit durch. Die Unruhe der Erwartung wurde durchatmet, durchseelt von der Ruhe der Erfüllung. Und darin lebten nicht nur die Kinder, sondern auch die Großen.

Heute ist nur die unheilige Unruhe geblieben. Von der heiligen Unruhe der Adventserwartung, der Hoffnung, der Vorfreude auf etwas, was kommt, ist so gut wie nichts mehr da. Die Menschen haben ja keine Hoffnungen mehr. Und was sie für Hoffnungen halten, sind Illusionen. Sie klammern sich an Berechnungen, die sich alle als falsch erweisen werden. Und so mischt sich in die Unruhe unserer Tage, soweit die Menschen nicht überhaupt verzweifeln, etwas von einer unheiligen Ruhe. Das ist die Ruhe, die man empfand, wenn man nach dem Zweiten Weltkrieg durch die Trümmerfelder der Städte ging. Das war nicht nur Friedhofsstille, sondern der Bann, den Todesdämonen auf die Erde legen. Unruhe und Ruhe des Untergangs.

Wie kommen wir wieder zu einer heiligen Unruhe und durch diese zu der heiligen Ruhe, die die Voraussetzung zu dem Geheimnis des Friedens ist? An unseren Altären dürfen wir in den Adventswochen etwas von derjenigen Stimmung üben, die unsere Seele für den Frieden aufschließt. »Die Weltenruhe um uns« wird da zum Element unseres Lebens, aus dem sich das harmonie- und ordnungsspendende göttliche Sprechen vernehmbar macht. Aber gibt uns nicht während der Adventswochen, in denen der Zauber der Weltenruhe atmet, die heilige Handlung zugleich ein Rätsel auf? Ist es nicht ein krasser Widerspruch zu der Stimmung des erfüllten Schweigens, wenn gerade in dieser Zeit die strengen Sätze aus dem 21. Kapitel des Lukas-Evangeliums ertönen, die davon sprechen, dass gewaltige Stürme und Erschütterungen durch die Welt gehen müssen, dass sogar die Kräfte des Himmels in Unordnung geraten, dass Kriege und Kriegsgeschrei das Weltall durchtosen werden. In das Blau der Advents-Altäre, in welchem das Geheimnis der »Weltenruhe um uns« in sichtbare Erscheinung tritt, mischt sich die Röte eines Weltbrandes durch die apokalyptischen Untergänge, von denen das Evangelium spricht und die wir in unseren Tagen real erleben. Da zeigt sich, dass der Vorhang zerreißt, dass sich etwas offenbaren will, dass auf den Wolken des Himmels, in einer verborgenen Schicht des Daseins, derjenige herannaht, dessen zweites Kommen dem Weihnachtsfest einen neuen Inhalt, eine neue Bedeutung geben wird.

Wir müssen uns in unseren Zeiten aneignen: den Sinn für das Untergehende, um es zu erkennen, und den Sinn für das Aufgehende, um es zu pflegen. Die äußeren Weltverhältnisse sind im Untergehen. Das Vergängliche, Zeitliche ist heute im größten Ausmaß im Vergehen. Aber es mischt sich in unsere Zeit auch Aufgehendes. Und die leisen Strahlen der Ewigkeit durch die Risse und Ritzen der zerberstenden Sinneswelt hindurchschimmern zu sehen, das gibt die Kraft, das Untergehende ruhig dem Abgrunde zu überlassen und sich an das zu halten, was aufgeht. Im November haben wir noch die Unruhe des Untergangs. Die Novemberstürme lösen das Alte auf. Mit dem vergilbten Laub werden die letzten Reste des alten Jahres durch die Schauer der fröstelnmachenden Winde zur Erde gewirbelt. Wenn dann aber die Adventszeit beginnt, nimmt derjenige, der tiefer in die Natur hineinschaut, bereits die leise vibrierende Unruhe eines Aufgangs wahr. Da regt sich, was der Keim und die stille Wurzel alles Lebens im nächsten Jahreskreise sein wird. Dann und wann fällt ein Sonnenstrahl durch die Nebel und zaubert einen Geruch hervor, der uns wie aus einer jenseitigen Sphäre heraus anweht. Wir ahnen etwas, wofür die Menschen in den kommenden Jahrzehnten immer deutlichere Organe haben werden: die ätherische Welt, die sich hinter dem Vorhang der Sinneswelt verbirgt. Sie dringt durch, sie rieselt herein. Warum gräbt man eigentlich die Gärten und Acker um, bevor der Winter kommt? Natürlich auch, damit später das, was auf der Erde wächst, gut von unten herauf wachsen kann. Man tut es aber in erster Linie, damit das, was aus den Höhen kommt, tief in die Erde eindringen kann: das Leben der Erde befruchtend. Die Menschen gehen über die Äcker und säen den Samen. Unsichtbar sät der Himmel mit. Das beginnt in der Adventszeit. Der Himmel sät, auch wenn er den Schnee rieseln lässt und wenn er die Kälte schickt. Der Bauer weiß, dass der Boden im nächsten Jahre umso fruchtbarer sein wird, je tüchtiger er durchgefroren ist.

An diesem Punkte möchte man die Wendung vollziehen, die in den alten Weihnachtsspielen erfolgt, wenn der Sternsinger sagt:

> »Ihr liabe meini Singer fangt's anders an,
> den *Stern* zu grüßen woll'n wir's heben an.«

In der Adventszeit müssen wir lernen, den Stern zu grüßen. Wenn die Dünste des alten Jahres ganz zu Ende gegangen sind, ist der Raum frei, die Atmosphäre gereinigt, und die Sterne fangen an, in unser irdisches Dasein hereinzurieseln. Mit den Sternenkräften sät der Himmel das neue Leben in den Schoß der Erde. Haben nicht auch die Schneeflocken Sterngestalt? Die Adventswochen sind die Empfängniszeit der Mutter Erde. Und zu Weihnachten wird die Erde zur Maria und gebiert ihr Kind. Tief im Innersten der Erde ist durch die Sterne ein Lichtkeim gezeugt worden. Die innersten Tiefen der Erde werden zur Krippe, in der ein Kindlein erstrahlt. Dieses erhebt sich, um aufzusteigen. Auch dic Krippe im Erdenschoß ist von Ordnungen und Figuren umgeben, wie sie sich in Bethlehem schlicht angedeutet haben in Hirten und Königen, Maria und Josef und schließlich auch in Ochs und Eselein, die dabeistehen, um etwas von dem neuen Licht zu empfangen. Rings im emporsteigenden Kreise wohnen, wie in zwölf Stuben, die Sterne, die in dieser Jahreszeit zu Besuch auf die Erde kommen. Deshalb sagt der Volksmund, dass im Erdenschoß in den Weihnachtsnächten alle Blumen, die im Frühling hervorsprießen werden, schon ihre Köpfe bewegen und mit ihren Glöcklein läuten. Warum haben so viele Blumen die Form von Sternen? Weil die Sterne in der Winternacht in die Erde Einzug halten. Da unten sind die Formen des Pflanzen- und Blumendaseins übersinnlich schon da. Im Frühling werden sie auch für unsere Sinne wahrnehmbar. Wichtig ist der Augenblick, wo das Kind des neuen Lebens dort unten geboren wird. Es ist eine Wahrheit, dass die zwölf Nächte, die auf die Heilige Nacht folgen, ein Geheimnis in sich bergen. Da ist es so, als ob das Kind sich aus der Krippe erhoben hätte und anfinge, emporzusteigen; es geht im Kreise nach oben wie auf der Wendeltreppe in einem Turm und kommt an den zwölf Kammern vorbei, in denen die Kräfte der Sterne wohnen.

So bereitet sich in den heiligen Nächten zwischen Weihnachten und dem Dreikönigstag vor, was sich in den zwölf Monaten des neuen Jahres entfalten wird. Die Sterne offenbaren sich aus den Höhen, und in den Erdentiefen entsteht eine heilige Ordnung. Der Friede, den sie stiften, atmet uns entgegen aus dem Paradiesesglanz des Pflanzenreiches, der uns immer wieder erfrischt.

Was wir davon lernen können, ist dies: Wir müssen ganz tief unten beginnen, wenn wir einen inneren Weg gehen wollen, so wie die Erde tief unten beginnt, wenn sie ein neues Leben hervorbringt. Fangen wir nicht in der Tiefe an, so hängen wir unser ganzes Leben in der Luft. Tiefste Sammlung, Ruhe und Andacht sind dazu erforderlich. Nur in der Krippe des tiefsten Inneren kann der Mensch Maria werden und die eigentliche Weihnachtsgabe empfangen. Was sich die Menschen üblicherweise zu Weihnachten schenken, kann nur allzu leicht ablenken von den eigentlichen Christnachtsgaben, die uns aus dem Füllhorn der Sterne, aus der ätherischen Welt durch das Besondere der Winternatur zuströmen. Jede Nacht, wenn die Sterne hell funkeln, aber auch, wenn Wolken sie verhüllen, sind die Lüfte voll von Offenbarung. In der Nacht der Nächte können wir wie niemals sonst unsere Seele dafür aufschließen. Dann zieht der Friede in uns ein, den der Weihnachtsspruch verheißt.

*

Mit dem Atem der Erde, der zur Wintersonnenwende einen so wunderbaren Neubeginn erfährt, ist seit 2000 Jahren der Christus auf das innigste verbunden. Mit dem Lichtkeim, der da im Erdeninnern geboren wird, steigt er selber in den zwölf Nächten der Weihnachtszeit empor. Das ist seit Langem in Vergessenheit geraten. Heute aber dürfen wir das Christentum wieder im kosmischen Sinne empfinden. Wir dürfen wissen: Durch ein richtiges Erleben der Jahreszeiten, insbesondere da, wo sich der Jahreskreis selbst aus den Urbrunnentiefen des Daseins neu gebiert, kommen wir an die Sphäre des gegenwärtigen Christus heran, denn er wohnt in der ätherischen Welt, die sich in der Adventszeit bis an unsere Sinne heran kundtut. Dass wir Weihnachtsbäume in unsere Zimmer stellen und die Lichter daran anzünden, alle solchen bedeutungsvollen Sitten stammen aus den heidnisch-kosmischen Ahnungen nördlicher Völkerströmungen, die das Geistige in der Natur wahrnehmen und begleiten konnten. Da ist, ohne dass man es sich recht eingestand, bereits eine Ehe zwischen Christlichem und Heidnischem geschlossen worden. Gegenüber der kosmischen Kraft des Weihnachtsfestes hat die Kirche die Barriere nicht aufrechterhalten können, die sie sonst gegen alles Heidnische aufgerichtet hat.

Wenn uns auch die alten Weihnachtszauberstimmungen entfallen sind, es ist doch richtig, die Advents- und Weihnachtszeit zu durchschreiten mit dem Bewusstsein, dass da im Jahreslauf etwas Besonderes vor sich geht. Durch unser Leben mit dem erneuerten Kultus haben wir wieder angefangen zu fühlen, was Weihe ist. Was bedeutet es, wenn Menschen oder Dinge geweiht werden? Es bedeutet, dass sie zu ihrem geistigen Ursprung, zu dem urbildlichen Zustand zurückgehoben werden, den sie hatten, bevor sie aus dem Geistigen in das Stoffliche herunter verdichtet wurden. Der geistige Urstand alles Daseins, das Quellhafte, das Frische, das ganz Junge, das Weihnachtskindmäßige in allem, das wird aus der Verschüttung wieder hervorgerufen durch ein echtes Weihen und Konsekrieren. Der Satz, dass man dieses oder jenes »wieder in Ordnung bringt«, setzt voraus, dass allem Dasein ursprünglich eine Ordnung innewohnt. Die stammt noch aus den Sternen. Auf der Erde geht die Sternenordnung verloren. Sie wird verschüttet, wenn sie nicht in Chaos und Auflösung übergeht.

Das ist der eigentliche Sinn der Menschenweihehandlung: dass sie den Menschen in Ordnung bringt dadurch, dass sie in ihm sein Urbild, den Menschen, wie er von Gott gedacht ist, freilegt. Das höhere, aus dem Geiste stammende Wesen des Menschen senkt sich in unsere Seele herein. Das ist letztlich der Friede, der in uns entsteht, wenn wir andächtig vor dem Altar versammelt sind, und der auch angesprochen wird, wenn diejenigen, die an der Kommunion teilgenommen haben, den Friedensgruß empfangen. Und wie der Mensch eine Weihe empfängt durch das Sakrament, so empfängt das ganze Jahr, die ganze Erde eine Weihe rein durch das Priestertum der allgütigen Natur in der Weihe-Nacht. Da werden im Erdenschoß die Ordnungen wieder lebendig, die die Sterne in sich tragen und die im Erdendasein verloren gegangen sind. Oh, könnten die Menschen die Ordnungen, die in der Weihe-Nacht aufleuchten, aufgreifen und danach ihre Kultur bauen, statt aus den öden Zweckmäßigkeiten, die sich doch alle selbst ad absurdum führen. Wenigstens die Sehnsucht danach, auf Erden Abbilder der Sternenordnung zu schaffen, das Kosmische hereinleuchten zu lassen in das Irdische, sollte an Weihnachten lebendig sein. Die drei Weihnachts-Weihehandlungen sind eine Urweihe. Sie schöpfen die Menschenweihe aus der Erdenweihe. Aus den Sternenhöhen werden in der Mitternachtsstunde des Jahres die heiligen Gefäße neu gefüllt. Trotz aller Nöte und Untergänge wird mit der Zeit doch wieder etwas von dem aufleben, was man früher mit dem 24. Dezember verband, den man den Adam- und Eva-Tag nannte: Da ist das Paradies wieder da. Da ist uns der Urstand, der Geistursprung unseres Erdendaseins greifbar nahe, und wir schöpfen aus ihm als aus der heiligsten Quelle.

*

Auf diesem Wege wird uns der neue Weihnachtsinhalt vertraut. Wir können nicht mehr davon leben, bloß auf das Weihnachtsereignis vor 2000 Jahren zurückzuschauen. Damals ist der Christus in menschlicher Gestalt gekommen. Die Christgeburt war physisch lokalisiert. Nur da, wo Jesus von Nazareth einherging, konnte der Christus von den Menschen unmittelbar wahrgenommen werden. Auch die Gegenmächte waren physisch lokalisiert: als damals auf Capri Tiberius im Cäsarenwahn zum Instrument dämonischer Mächte wurde. Heute kommt der Christus aufs Neue an die Erde heran, aber nicht so, dass man sagen kann: Hier oder da ist er. Man wird auch von dem Antichrist nicht sagen können: Dieser oder jener ist oder war es. Heute ist sowohl das Licht wie der Schatten allgegenwärtig, weil im Ganzen eine neue Wirksamkeit der übersinnlichen Welt hereinbricht. Die Sphäre der geistigen Welt, die am nächsten unserer Sinneswelt benachbart ist, die Welt der Ätherkräfte, muss von den Menschen gefunden werden. Denn darin vollzieht sich das neue Weihnachtsereignis. Da ist der Christus schon anwesend. Man sieht ihn bloß noch nicht, weil die Augen dafür noch nicht offen sind.

In den Worten, in denen der Christus selbst von seinem Wiederkommen spricht, deutet er darauf hin, dass auch bei seinem zweiten Kommen die Ordnungen der himmlischen Heerscharen um ihn herum anwesend und wirksam sein werden. »Wenn aber des Menschen Sohn kommen wird auf den Wolken des Himmels, in seiner Gloria und alle seine heiligen Engel mit ihm, dann wird sich um ihn die Welt der irdischen Völker versammeln.« Das ist es, was im Grunde schon hinter den Vorhängen der Sinneswelt geschieht. Die ganze übersinnliche Welt ist vor unseren Toren. Das Mittelpunktslicht in ihr ist die Christuswesenheit. Und im Kreise herum die Sterne aller führenden Geistesmächte. Und wenn sich diese Wesensschicht des Daseins in unser Erdenleben hereinspiegelt, dann werden Ordnung und Friede unter den Menschen lebendig. Das braucht nicht mit äußeren politischen Ordnungen und mit einem äußeren Frieden identisch zu sein. Der Friede der Zukunft muss gefunden werden selbst mitten im Kriegsgetöse.

Auf Erden herrscht nicht Ordnung, sondern Chaos. Warum? Die Welt hat sich in äußerer Hinsicht in einem überstürzten Tempo entwickelt, vor allem in der Technik, aber die Menschen sind innerlich nicht mitgekommen. Die Folge ist, dass alles zusammenstürzt. Das Chaos ist die Quittung dafür, dass man äußerlich tätig war, ohne die Golddeckung der Innerlichkeit zu besitzen. Erst wenn sich die Geschehnisse, die sich in unserer Zeit hinter dem Vorhang des Wolkendaseins in der Christussphäre ereignen, in unser menschliches Leben hereinspiegeln können, dann leuchten neue Ordnungen und Figuren auf. Zahlengeheimnisse erfüllen sich, die in der Offenbarung Johannis angedeutet sind, wo von den 144 000 gesprochen wird. Wenn die Menschen über allen klaffenden Hassabgründen dazu heranreifen, die Ordnungen des Sternendaseins und des hierarchischen Christus-Umkreises hereinzulassen, dann werden sich in allen Völkern Gemeinschaften bilden, die nicht aus dem Blute stammen. Über den einzelnen Völkern steht in dem ordnungstragenden Urbilde die für die Gemeinschaft erweiterte

12-Zahl: 12000. Die Völker ordnen sich in der Sphäre der Urbilder auch zu einem Zwölferkreis, der, wie der der zwölf Apostel, die ganze Menschheit repräsentiert. Dadurch entsteht geistig die Zahl 12 mal 12000: 144000. Aber diese Zahl wird noch lange als ein Geheimnis in der Menschheit schlummern. Sie ist die Zahl des Friedens, der Harmonie zwischen den Gegensätzen. Mengenmäßig werden es vielleicht ganz kleine Kreise sein, in denen sich etwas von diesen Urbildern und Verheißungen erfüllt. Aber so wird »Friede auf Erden« zu keimen beginnen als Spiegelung dessen, was sich in den Höhen offenbart.

Die Mitternachtsstunde des Jahres

In früheren Zeiten wussten die Menschen, dass die Mitternacht die Geisterstunde sei. Ein jeder war bestrebt, zu schlafen oder wenigstens unter dem schützenden Dach seines Hauses zu sein, wenn die Uhr Zwölfe schlug, weil er sonst fürchtete, dem Bösen zu begegnen. Geschah aber wirklich die Flucht in den Schlaf nur aus negativen Gründen? Wollte man nur dem Gespensterschauer der irdischen Geisterstunde ausweichen? Fühlte man sich nicht auch von dem Mysterium einer Hilfe und Segnung angezogen, die der Seele aus dem Schoße des Schlafes gerade in der »Mitte der Nacht« entgegenkam? Wenn man bis auf den heutigen Tag sagt, der Schlaf vor Mitternacht sei der beste, so ist damit ursprünglich wohl nicht nur gemeint, dass er am meisten physische Erquickung vermittele, sondern dass die Seele des Schlafenden im Augenblick der Mitternacht am tiefsten aus dem Jungbrunnen der himmlischen Sphären trinken könne. Es muss für die Schlafenden in den Himmeln eine segnende Geisterstunde geben, von der die irdische Geisterstunde nur ein beängstigend gespensterhaftes Gegen- und Schattenbild ist.

*

Der Schlaf ist ein Bruder des Todes. Er trägt die Seele auf seinen Schwingen in die gleichen Sphären empor, in die auch das seelisch-geistige Menschenwesen emporwächst, wenn es durch die Pforte des Todes geschritten ist. Hier gilt nicht das neuere kopernikanische Weltbild, auf das die Menschheit so stolz ist, das aber nur auf die physikalisch-materielle Außenseite der Welt zutrifft. Die Welt der Schlafenden und Verstorbenen folgt den Figuren des alten ptolemäischen Weltbildes, das man nur belächeln und für überholt erklären konnte, als man nicht mehr verstand, dass es sich nicht auf die Welt der Verkörperung, sondern auf die des Vorgeburtlichen und des Nachtodlichen, auf das leibbefreite Sein im Seelenreich und Geisterland, bezieht: Die Erde ist, wie sie räumlich vom Mantel der Luftschicht, der Atmosphäre, umgeben ist, überräumlich-geistig eingehüllt von den sieben Sphären, von denen Mond, Merkur, Venus, Sonne, Mars, Jupiter, Saturn mit ihren Himmelsbahnen nur räumliche Grenzandeutungen sind.

Aus allen echten Schilderungen dessen, was das Menschenwesen jenseits der Todespforte durchzumachen hat, seien es die aus altem Schauen stammenden mythischen, seien es die gedankengeformten der neueren Geistesforschung, geht hervor, dass entscheidend für den Aufbau des fortschreitenden zukünftigen Menschenschicksals der Eintritt und Durchgang durch die mittlere der sieben Sphären ist: die Sonnensphäre. Bis dahin hat das Menschenwesen die Stufen der Läuterung durchmachen müssen. Alles, was es an Unreinem, Ungutem, Unvollkommenem aus dem Erdenleben an sich trug, hat es in den drei unteren Sphären, dem Seelenlande, zurücklassen müssen. Es mag sein, dass nicht viel von ihm übrig ist, wenn es an die Pforte der Weltenmitte herankommt. Hier bringt »die Sonne« es an den Tag, was der eigentliche unverlierbare Ertrag des beendeten Erdenlebens ist. Auf den größten Teil des Menschenwesens ist dämmernde Nacht herabgesunken. An der Grenze von Seelenreich und Geisterland betritt das Menschenwesen die Sphäre der Weltenmitternacht: Und das ist – so paradox es unserem Erdendenken auch erscheinen mag – die Sonnensphäre. Der Teil von uns, der die Prüfung besteht, wird erwürdigt, auf der Wanderung durch die Sphären des nachtodlichen Lebens an der entscheidenden Schwelle »die Sonne um Mitternacht zu schauen«. Die in der Mitte der Welt geschaute Sonne ist der Brunnen, aus dem das Menschenwesen die große Verjüngung, die Kraft zum Aufbau seines Zukunftsschicksals, trinkt.

*

Wenn der nächtliche Schlaf das ist, was er eigentlich sein soll, d.h. wenn das Menschenwesen sich durch die Art seines Tageslebens nicht mit einer solchen Schwere vollsaugt, die in der Nacht die Schwingen der Seele lähmt, so hebt er uns in kurzgedrängter Folge die gleichen sphärischen Stufen empor. Er hat dann auch seine Mitternacht, in der er uns in die Sonnenmitte der Welt trägt. In älteren kindlicheren Zeiten fiel die innere Mitternacht des Schlafes noch mit der irdisch-zeitlichen Mitternachtsstunde zusammen. Aber auch den heutigen Menschen, der oft genug die Nacht zum Tage machen muss, kann der Schlaf zu der »Sonne um Mitternacht« führen. Von Engeln getragen, kommt die Seele an der Quellstätte der Schöpfung vorbei, wo das Weltenwort in den Geistessphären beständig spricht: »Es werde Licht!« Nur die Sonne der Nacht macht den Schlaf im tiefsten Sinne erfrischend und verjüngend, sodass das Aufwachen am Morgen wie ein neues Geborenwerden ist. Ohne sie bringt der Mensch aus dem Jungbrunnen der Nacht nicht die Sonnigkeit eines verjüngten Gemütes mit, die ihm von innen heraus den Tag erhellt. Der typische moderne Mensch hat die kosmische Tiefe des Schlafens eingebüßt; er bleibt ohne den Sonnen-Segen der Nacht und geht, selbst wenn er genügend viele Stunden auf die Nachtruhe verwendet, müde, verbraucht und bedrückt seinen Weg. Statt Gast der Sonne in der himmlischen Geisterstunde zu sein, wird er ein Raub der irdischen Gespensterstunde, vor der frühere Generationen sich in den Schlaf flüchteten. Weil seine Seele in der Nacht nicht bis zu der Sphären-Höhe der geistigen Sonne gelangt, mangeln ihr auch am Tage die Flügel zum Höhenflug des Genius. Weil die Sonne ihm nicht die Mitternacht erhellt, verdunkeln ihm Nachtgespenster den sonnenhellen Tag.

*

Einmal im Jahresablauf berührt das Geheimnis der »Sonne um Mitternacht«, das sonst den überräumlichen Sphären-Höhen des Himmels vorbehalten ist, unsere physisch-irdische Welt. Der Segen der geistigen Sonne senkt sich im rhythmischen Wandel der Natur einmal voll zur Erde hernieder. Das geschieht zur Wintersonnenwende, wenn die physischen Licht- und Wärmewirkungen der äußeren Sonne auf das geringste Maß zurückgetreten sind. Die physische Sonne ist wie in größte Erdenferne gerückt; die Nacht hat auf Erden ihr größtmögliches Übergewicht über den Tag erlangt: Es ist Jahres-Mitternacht. Es geschieht aber zum Segen der Erde, dass die Sonne physisch zurücktritt. Sie tut es, um für ihr lebenszeugendes Strahlenwirken im neuen Jahreskreise selber an die Quelle des kosmischen Lebens zu treten und daraus ihre Kraft zu erneuern. In dem kosmischen Bethlehem des »Geisterlandes«, der geistigen Sonnensphäre, wird zur Wintersonnenwende die Erdensonne neu geboren. Die Sonne selber ist »mitten im kalten Winter, wohl zu der halben Nacht« das lichte Kind in der Krippe des Himmels, das die dunkle Höhle aller Finsternisse verheißungsvoll erhellt. Der *status nascendi*, das allererste urkräftige Wachstum der neugeborenen Jahressonne, ist das Geheimnis der 13 »heiligen Nächte zwischen den Jahren« und insbesondere der Weihe-Nacht, die diesen herausgehobenen Zeitraum eröffnet. Die physische Sonne gibt den Raum und Weg frei, sodass die himmlische Geisterstunde der »Sonne um Mitternacht« nicht nur in diese Nächte, sondern sogar in das physische Tagesleben ihre verjüngende Vollmacht ausgießen kann, die Gespenster der irdischen Geisterstunde vertreibend.

Als in dem Erdenstädtchen Bethlehem, abseits vom lärmenden Menschengewimmel, in der als Stall dienenden Felsengrotte das Jesuskindlein geboren wurde und gleich einer strahlenden Sonne von der Krippe aus das Dunkel erleuchtete, entstand ein reines Menschen-Abbild des kosmischen Sonnen-Mysteriums, das sich in der gleichen Jahresstunde erfüllte. Welten-Weihenacht wurde zum Erden-Weihnachts-Ereignis. In den Hirten, die auf dem Felde schliefen, lebte in klassischer Seelen-Kraft das »Schauen der Sonne um Mitternacht« auf, und zwar so, dass sie innewurden, wie das kosmische Mysterium gnadenvoll zusammentraf mit der Erdengeburt des ersehnten Messias.

Wir folgen mit dem Strome des sakramentalen Lebens der schöpferischen geistig-physischen Bahn der Sonne in der Jahres-Mitternachtsstunde, wenn wir das Weihnachtsfest mit den drei Weihehandlungen feiern, die am Heiligen Abend um Mitternacht beginnen und in den

Weihnachtstag hineinführen. Die »Sonne um Mitternacht« wird auch zu der Quelle, aus der sich der sakramentale Strom für ein kommendes Jahr aufs Neue füllt, wenn sich uns, die wir an der Krippe in Bethlehem knien, zur Mitternacht das Fenster zum kosmischen Bethlehem auftut, in das sonst die Engel nur die schlafenden und verstorbenen Seelen tragen: leibbefreit im Geisterland.

Die Welt ist heute mitternächtig im Sinne der gespenstischen irdischen Geisterstunde. Man braucht nicht die Mitternachtsstunde abzuwarten, um dem Bösen zu begegnen. Wer die Weihnachtsseite der Mitternacht kennt und alljährlich tief in seine Seele aufnimmt, die Geisterstunde Christi, in welcher durch das Bild vom Kindlein in der Krippe die Sonne im kosmischen Bethlehem sichtbar wird, der kann helfen, das Weihnachtslicht in die äußere Mitternachtsfinsternis zu tragen.

Das neue Jahr im Lichte der Epiphanie

Der Jahreswechsel, mitten zwischen Weihnachten und Epiphanias, hat immer, wie es sich auch im Namen des Januar-Monats ausspricht, den Januskopf mit den beiden Gesichtern, dem zurück- und dem vorausschauenden. Was hat das vergangene Jahr gebracht und was wird das neue Jahr bringen? Welche äußeren und inneren Aufgaben erwachsen uns sowohl aus dem Geschehenen wie aus dem Erreichten für das neue Jahr und für die vor uns liegende Zeit überhaupt?

Dem, was das neue Jahr *äußerlich* bringen wird, sollten wir ohne Furcht und mit innerer Bereitschaft auch für Schweres entgegensehen. Was es *innerlich* bringt, hängt von uns selbst ab. Werden wir es zu inneren Fortschritten bringen, die den eventuellen äußeren Fortschritten die Waage halten und die nachher doch den Segen des durchstandenen Leides ausmachen werden?

Man kann die Zweifelsfrage aufwerfen, ob es überhaupt möglich sei, etwas davon zu wissen, was das neue Jahr bringt. Man kann aber ganz gut wissen, was es bringen wird, wenn die Menschheit sich weiter bloß in den Materialismus hineinbohrt und die letzten Verbindungen mit den höheren Welten abreißen lässt. Man kann vor allen Dingen wissen, was dennoch über unseren Häuptern geschieht, denn es geschieht bereits und wartet auf die Möglichkeit höherer Kraftentfaltung. Schwarze Wolken finstern herein, die Dunkelheit des bloß erdgebundenen Menschenstrebens widerspiegelnd. Aber es sind auch die über den Wolken vor sich gehenden Heilsgeschehnisse erkennbar. Es ist sehr wohl möglich, im Aufblick zu dieser Sphäre ein prophetisches, apokalyptisches Bewusstsein und Wissen zu entfalten und daraus Sicherheit angesichts der wachsenden Schwierigkeiten des Lebens zu schöpfen. In den Tagen des ersten Urchristentums wollte der Apostel Paulus von allen seelischen und geistigen Begabungen, die damals in den Gemeinden lebendig waren, insbesondere die Gabe der Prophetie gepflegt wissen. Wichtiger als das Zungenreden, wichtiger als die Heilungen sogar, war ihm, dass in den Gemeinden die Gabe der Vorausschau, die Gabe des apokalyptischen Wissens von dem, was über unseren Häuptern geschieht, gepflegt wurde. An dem Aufblick zu dem Licht, das ihm vor Damaskus aufgegangen war, sollte sich dieses Bewusstsein entzünden. Diese Mahnung des Apostels gilt für uns heute wohl noch mehr als für die urchristlichen Gemeinden. Wir brauchen nicht blind und mit verbundenen Augen in die Zukunft zu gehen. Wenn ein Vorsatz für das neue Jahr berechtigt ist, dann der, dass wir uns gegenseitig stärken in dem Bewusstsein, dass der Christus da ist, dass er in seinem Kommen über den Wolken in eine neue Menschheitsnähe eingetreten ist. Christus der Gegenwärtige, der immerfort Kommende, das muss die Grundvokabel unseres Glaubens gerade in dem jetzt neu angefangenen Jahre sein.

*

Die Silvesternacht ist nicht nur eine Angelegenheit des Datums in einem äußerlich aufgefassten Kalender. Sie ist die Mitte der 13 heiligen Nächte und damit so recht der Gleichgewichtspunkt der Weihnachtszeit, die von der Nacht der Hirten bis zum Tag der Könige geht. Und diese Weihnachtszeit ist doch wohl die lehrreichste Zeit im Jahreslauf. Das eigentliche Weihnachtsfest gehört noch ins alte Jahr. Am Ende der Weihnachtsoktave kommt dann das Epiphaniasfest, das zum neuen Jahr gehört. Weihnachten an und für sich schaut nach rückwärts, Epiphanias schaut nach vorwärts. Die Wendung von dem rückwärts gerichteten zum zukunftsgewandten Blick müssen wir innerlich mitmachen. Dann kann der Epiphaniasgedanke die beste Hilfe sein, um in eine apokalyptische Haltung für das Jahr, das neu begonnen hat, einzutreten. Weihnachten denkt an die Geburt des Menschen Jesus zurück. In dem Menschen Jesus war die Quintessenz aller Menschheitsgeschichte vorhanden, weswegen auch die Evangelien einen so großen Wert auf die

Stammbäume legen. Das Edelste, das aus der Geschichte der Menschheit reifen konnte, war Mensch geworden in Jesus von Nazareth als einem Menschen, der aus seinen früheren Erdenschicksalen* den innerlichsten Ertrag aller Kulturen in sich trug. Und wenn wir nicht nur auf die Matthäus-Weihnachtsgeschichte, sondern auch auf die im dritten Evangelium hinschauen, so müssen wir sagen: Durch das lukanische Weihnachtskind tritt auch die Quintessenz der ganzen Himmelsgeschichte, dessen, was in den Vergangenheiten über den Häuptern der Erdenmenschen stattgefunden hat, in den Erdenlauf mit ein. Denn da handelt es sich um ein Wesen, das unmittelbar aus dem Paradiese kommt, das die Paradieses-Erbschaft aufbewahrt hat während all der Wege, die die Menschheit immer tiefer und tiefer in den Erdengrund hinein hatte gehen müssen. Weihnachten lässt uns in die Vergangenheit blicken; es stellt heilige menschliche Gestalten vor uns hin, in denen sich alle Vergangenheiten vermenschlichen und verkörpern. Epiphanias aber bezieht sich auf die Geburt des Christus, so wie Weihnachten auf die Geburt Jesu. Und das Christuswesen fassen wir nur, wenn wir verstehen, dass in ihm alles Zukunft ist. Es ist die immerwährende Zukunft selbst. Es ist diejenige göttliche Wesenheit im Weltenall, die das Werden als solches zu ihrem Wesen hat, niemals das Gewordene, wenn wir auch Christus im Evangelium in Szenen sehen, die für uns scheinbar in der Vergangenheit liegen. In jeder Szene des Evangeliums müssen wir von dem Jesus-Aspekt zu dem Christus-Aspekt vorschreiten, um darin die immerwährende Zukunft zu entdecken.

»Epiphanias« heißt »Lichterscheinung von oben«, weshalb auch in manchen Gegenden das Epiphaniasfest das »Erscheinungsfest« genannt wird. Schon dadurch wird deutlich, dass der 6. Januar nicht einfach nur der Tag der Heiligen Drei Könige ist. Sterne sind immer am Himmel; es muss schon mit dem Stern, dem die Könige gefolgt sind, noch eine besondere Bewandtnis haben. Hinter ihm muss sich eine Epiphanie verbergen. Da hat sich das, was die fortwährende Epiphanie,

* Näheres im Buch des Verfassers »Kindheit und Jugend Jesu« (Verlag Urachhaus, Stuttgart)

d.h. die fortschreitende Lichtoffenbarung von oben ist, gewissermaßen zum ersten Mal gezeigt. Es ist ja auch in der christlichen Tradition so, dass man am 6. Januar sowohl das Gedächtnis der Anbetung der drei Könige als auch das Gedächtnis daran gepflegt hat, wie Jesus nach 30 Jahren von Johannes dem Täufer im Jordan getauft worden ist. Dieser Doppelinhalt des 6. Januar zeigt, dass nicht nur ein einzelner geschichtlicher Augenblick gemeint ist. Indem ein weiterer miteinbezogen wird, der 30 Jahre später liegt, erleben wir eine lebendige Vorwärtsbewegung. Die Spannung zwischen den beiden festlichen Inhalten reißt uns in den Strom der werdenden Zeit mit hinein.

Was war denn der Stern der Könige? Es ist ein großes Missverständnis, ein zu niedrig gegriffenes Stockwerk, wenn man meint, die drei Magier aus dem Morgenland seien Astrologen gewesen und hätten nur eine besondere Sternkonstellation am Himmel beobachtet, sozusagen das Geburtshoroskop des Knaben, von dem das Matthäus-Evangelium erzählt. Das kann nebenbei auch eine Rolle gespielt haben, denn selbstverständlich standen auch die Sterne in einer besonderen Figur, als ein solcher Mensch wie Jesus von Nazareth geboren wurde. Mit dem Stern, dem die drei Könige folgten, ist doch noch etwas anderes gemeint, gerade auch damit, dass wir diesen Stern wie einen Führer vor den drei Königen herwandeln sehen. Das tut eigentlich ein Stern nicht; dieser Stern aber tat es. Hier kann uns eine Stelle aus einem Vortrag von Rudolf Steiner weiterhelfen. Am 30. Dezember 1904 sprach er über das Dreikönigsfest. Er beschreibt die drei Könige aus dem Morgenland als Eingeweihte, die durch ihre Seherkraft über Länder und Meere, also über Raumesdimensionen hinweg geistig-seelische Tatsachen ins Auge fassen konnten. Es heißt da:

»Von einem Stern geführt sein, heißt nichts anderes, als die Seele selbst als einen Stern sehen. Man sieht die Seele als Stern, wenn man sie als leuchtende Aura sehen kann … Was den Magiern leuchtet, ist nichts anderes als die Seele des Christus selbst.«

Wenn wir solche Aufschlüsse, die aus einem neuen hellsichtigen Forschen stammen, recht verstehen, so haben damals in verschiedenen Gegenden des Orients eingeweihte Menschen den Seelenblick auf eine

Seele, die reifste Menschenseele, gelenkt, die im Begriffe war, sich auf der Erde als Mensch zu verkörpern. Und indem sie aurisch über alle räumlichen Entfernungen hinweg die Seele dieses Menschen sich zur Geburt hinbewegen sahen, erkannten sie, wie sich in die Aura dieser Seele in einer Epiphanie von oben her eine größere Lichtquelle hineinergießt. Sie sahen also nicht nur die Geburt eines Menschenkindes, sie wurden vielmehr inne: Wenn dieser Mensch herangewachsen sein wird, so wird in ihn jene große führende Aura, die Seele des Christus selbst, einziehen. So verstanden war, was die drei Könige schauten, in doppeltem Sinne ein prophetisches Erlebnis. Sie sahen nicht nur die Geburt eines Menschen voraus; sie schauten noch weiter in die Zukunft hinein und nahmen wahr, welche Epiphanie sich einmal über diesem Menschen erfüllen würde. Das ist der Grund, weshalb man den Tag der drei Könige auch den Epiphaniastag nennt. Es war nicht nur ein Stern, was am Himmel erstrahlte: Die Könige schauten eine große Epiphanie, die kraftvoll führend war; der Geist der Führung in der ganzen Menschheitsgeschichte war es, der sich ihnen da zeigte. So konnten sie auf getrennten Wegen schließlich an den Ort kommen, wo das Menschenknäblein geboren wurde, das seine Christuszukunft über sich hatte.

In dem gleichen Vortrag von Rudolf Steiner finden wir den Hinweis, dass der 6. Januar bei vielen Völkern der alten Welt immer schon ein höchster Feiertag war: als Osirisfest. In dem Namen des Osiris fasste sich der Götterdämmerungsmythos der alten Welt zusammen. Der Sonnengenius Osiris ist durch seinen finsteren Gegner Typhon zerstückelt worden; in jedem einzelnen Menschen ist ein Stück von ihm begraben. Aber einmal in der Zukunft, das war die Gewissheit der alten Völker, wird Osiris auferstehen, nämlich dann, wenn der Stern der Liebe, der noch in den höheren Welten glänzt, sich zur Erde begibt, sodass alle irdische Leidenschaftlichkeit der Menschen den Adel empfängt durch die himmlische Liebe. Man kann also sagen: Die drei Könige aus dem Orient haben gesehen, dass die Erfüllung dessen bevorstand, was sie an ihrem Osirisfest als messianische Zukunftshoffnung und -erwartung beseelt hatte.

*

Das Auftauchen des Sternes, von dem das Matthäus-Evangelium spricht, ist so recht eine Epiphanie, ein gegenwärtiges, aber zugleich prophetisches Ereignis. Der Träger einer fortschreitenden Sonnenoffenbarung, einer sich geltend machenden Epiphanie, ist im Erdenumkreis aufgetaucht. Bei der Jordantaufe, 30 Jahre nach jenem Tag der drei Könige, wird der »Stern«, d.h. das, was als große Epiphanie hinter dem Stern stand, in den Menschen Jesus von Nazareth einziehen. Und das wird von Johannes dem Täufer miterlebt, von dem es im Johannes-Evangelium heißt, dass sich ihm der Himmel auftat und dass er in den offenen Himmel hineinschaute in dem Augenblick, da er Jesus von Nazareth taufte. Das ist aber nur die erste Erfüllung der Sternprophetie. Man kann sagen: Als der Stern erschien, war das der Anfang der Apokalypse. Die drei Könige waren die ersten Apokalyptiker. Sie schauten in der Christus-Zukunft die messianische Erfüllung, die nicht mit einem Schlage, sondern durch große Schritte des heiligen Werdens in der Menschheit Wirklichkeit werden würde.

In den »Drei Jahren« entfaltete sich der »Stern«. Denken wir an den Augenblick, als die drei Jünger auf dem Berge Tabor mit Jesus zusammen waren: Auf einmal leuchtete aus der menschlichen Jesusgestalt das helle Licht der Christuswesenheit hervor, und alles Irdische verklärte sich in diesem Licht. Da schreitet die Epiphanie weiter. Und sie schreitet abermals vorwärts in den Geschehnissen nach Ostern, in denen der Auferstandene die Jünger aussendet, bis zum Pfingstereignis hin. Da zeigt sich, dass der »Stern« führen kann. Die Führungsgewalt des Sterns wird in der apostolischen Aussendung offenbar, die wie von innen heraus die Apostel über die Länder der Welt hin wandern lässt. Der Stern hat nicht nur die Könige geführt, er führt auch die Apostel, als sie zu der apostolischen Sendung in die Welt hinausziehen. –

Es ist ein epiphanischer Gang, den das Neue Testament macht von den Evangelien, die auf das zurückschauen, was vor 2000 Jahren geschehen ist, zur Offenbarung Johannis, die in die Menschheits- und Erdenzukunft vorausschaut. Die Paulusbriefe, die dazwischenliegen, gehören bereits zur Apokalypse. Zwar kennt Paulus auch das rückschauende Element, aber der Zukunftsblick ist ihm wichtiger. In der

Damaskus-Mittagsstunde schritt für ihn die Epiphanie vorwärts. Damaskus war eine große prophetische Vorwegnahme der Menschheitszukunft. Paulus erlebte das neue epiphanische Licht als Erstling, als Vorläufer einer Menschheit, die von unserer Zeit an ihr Damaskus finden soll. Und wenn es zunächst auch nur einige sind, denen die Binde vor den Augen zerreißt: Nur so wird die Menschheit ihre wahren Wege in die Zukunft finden.

Und schließlich ist dann auch Patmos, der Empfang der großen Apokalypse durch die Seele und den Geist des Apostels Johannes, ein weiteres Stadium der Epiphanie. Hier führt der »Stern« durch das Werden der Welt von einem Äon zum anderen. Die große Zukunftsschau entfaltet sich: Die sieben Siegel werden geöffnet, die sieben Posaunen erklingen und die sieben goldenen Schalen werden ausgegossen. Der Leitfaden der prophetischen Kraft in der Seele, das ist uns die Apokalypse.

Es kann ein rechter Neujahrsimpuls werden, daran zu denken, dass die Epiphanie vom Weihnachtsstern bis zur Wiederkunft Christi führt. Der Lebenslauf des Menschen Jesus von Nazareth war auf 33 Jahre beschränkt. Der Lebenslauf des Christus hat damals erst begonnen, und er schreitet von einer Epiphanie zur anderen, von einer Klarheit zur anderen. Und wenn in unseren Tagen die alte Weihnachtsstimmung nur noch schwer aufgebracht wird, so brauchen wir darüber nicht zu trauern. Ist es nicht verständlich, dass die Weihnachtsstimmung, die aus der Rückschau auf ein Vergangenheitsereignis stammt, verblasst, wenn der, der damals erst als ein Stern über der Menschheit auftauchte, wieder da ist? Die Menschheit muss heute von einem Vergangenheits-Weihnachten zu einem Zukunfts-Weihnachten, zu einem apokalyptischen, epiphanischen Weihnachtsfest den Weg finden. Man muss auch heute noch an das Weihnachten denken, das sich irdisch in Bethlehem in Palästina zugetragen hat. Vor allem aber bedürfen wir heute des Blickes auf die Menschheit im Großen. Seit dem Anfang unseres Jahrhunderts ist der Christus wieder da. Und was über unseren Häuptern geschieht, ist die Gegenwartsentfaltung des Weihnachtssterns, die große Epiphanie der neuen Gegenwart Christi, seiner beginnenden Wiederkunft. Wir stehen in der dynamischen Zukunft mitten darin.

Die Zukunft ist bereits Wirklichkeit um uns herum. Wir können in den Büchern der Zukunft lesen, indem wir ein apokalyptisches, prophetisches Bewusstsein pflegen und so dem Kommenden entgegenleben. Auch Paulus bezeichnet das große menschheitlich werdende Damaskuslicht, die Parusie, das neue Kommen Christi, als Epiphanie. Er ermutigt seinen Schüler und Helfer Timotheus, alles daranzusetzen, um nun auch die Epiphanie zu erleben und den Christus im Geiste zu treffen. Dabei gebraucht er den überaus aufschlussreichen Ausdruck von den »individuellen Zeiten«. Der da kommt, kommt nicht kalendermäßig an dem und dem Datum, er kommt zu den individuellen Zeiten; für jeden, wenn die Stunde reif ist:

»Spanne deine ganze Kraft an bis zum Sichtbarwerden (zur Epiphanie) unseres Herrn Jesus Christus, wie ihn jeweils zu den individuellen Zeiten zeigen wird
der Selig-Gepriesene und allein Mächtige,
der König aller Könige, der Herr aller Herren,
der allein Unsterblichkeit hat, der da wohnt in einem Licht, da niemand zukommen kann, den kein Mensch gesehen hat noch sehen kann, ihm gebührt alle Verehrung und ewige Gewalt.«

(1. Tim. 6.)

Der Kampf des Lebens mit dem Tode

Die Karwoche hat ihren Inhalt durch die Begegnung von Tod und Leben. Was will uns der Kontrast zwischen dem Golgatha-Kreuz und dem Leben, das aus allen Zweigen bricht, sagen? Wo steht das Kreuz, das vor 2000 Jahren auf Golgatha stand, heute? Damals haben die Menschen einen Gott gekreuzigt, weil sie ihn nicht erkannten. Heute erkennt die Menschheit das Göttliche noch viel weniger als damals und kreuzigt es deshalb erst recht. Aber die heutige Menschheit verkennt nicht nur das Göttliche: Sie verkennt bereits das Geheimnis des Lebens. Im 2. Brief an die Korinther sagt Paulus von der göttlichen Gloria: »Wenn die Obersten dieser Welt diese Herrlichkeit erkannt hätten, so hätten sie den Herrn der Herrlichkeit nicht gekreuzigt.« Heute muss man sagen: Weil die Menschen das Geheimnis des Lebens nicht mehr erkennen, schlagen sie das Leben und den Herrn des Lebens allenthalben an das Kreuz des Todes.

Was ist eigentlich Leben? Wenn der Winter langsam dem wärmenden Licht des Frühlings weicht, offenbart sich in dem zarten grünen Hauch, der die erstorbene Welt überzieht, bereits der Zauber des Lebens. Dann aber wachsen und springen unter der steigenden Sonne und dem Frühlingsregen die Knospen schnell und bringen schöpferisch eine unermessliche Fülle von grünem Laub, blühenden Blumen, schenkenden Früchten hervor. Niemand kann mit den Gedanken, die heute wissenschaftlich maßgebend sind, dieses Wunder erklären. Man kann es höchstens beschreiben. Wir haben uns längst so daran gewöhnt, dass wir unser Nichtverstehen gar nicht mehr bemerken. Die Menschheit hat Gedankenformen ausgebildet, die nur das Tote begreifen, weil sie sich an der Materie entlangtasten. Schließlich meint man sogar, man könne das Geheimnis des Lebens aus der Materie ableiten. In Wirklichkeit ragt hier eine andere Welt in die des Stoffes herein. Das Leben ist die nächste Sphäre der übersinnlichen Welt, die im Ganzen bis in ihre höchsten göttlichen Bereiche hinein dem Bewusstsein der Menschheit entfallen ist. So ist es auch kein Wunder, dass die Menschen das Leben nicht wirklich zu schätzen wissen. Da sie es nicht erkennen, vergeuden und verlieren sie es. Sie schlagen das Leben der Welt und ihr eigenes an das Kreuz der Materie. So ist Golgatha allgegenwärtig unter uns, und es gehört zu einer rechten Karfreitagsbesinnung des modernen Menschen, eine »Bilanz des Lebens« zu ziehen. Sehen wir auf die Summe des Lebens, über welche wir auf unserem Erdenplaneten verfügen, so kommen wir zu der erschreckenden Feststellung, dass sie gewaltig im Rückgang begriffen ist. Wir stehen vor einem solchen Lebensdefizit, dass es niemals wieder gedeckt werden kann. Der Planet ist in einem Absterbeprozess größten Stils begriffen, und das ist des Menschen Tat. Mit allen Triumphen des Menschengeistes haben wir im Grunde ein großes Massensterben gezeitigt. Die Massenvernichtung von Menschen, die in den jüngsten Vergangenheiten stattgefunden hat, ist nicht einmal das Einzige. Im Tierreich und im Pflanzenreich findet in nicht weniger beunruhigendem Maße ein Massensterben statt. Die Maschine erobert den Raum, den bisher lebendige Wesen eingenommen haben. Der tote Apparat verdrängt das Lebendige. Tierarten ohne Zahl sind im Aussterben. Versteppungen unabsehbaren Ausmaßes ergreifen die Kontinente, weil man mit mechanischen Methoden, durch Entwässerung des Bodens, mit chemisch erzeugten Düngestoffen und anderen Mitteln des Todes dem Leben gerecht zu werden meint. Man kann mit diesen Methoden die Summe des Lebens auf der Erde nur immer noch mehr verringern.

Die Schätzung des Menschlich-Lebendigen ist auf einem erschreckenden Niveau angelangt. In den Jahren des Krieges verrieten sich gelegentlich die wahren Tatbestände. Erinnern wir uns an die entsetzlichen Augenblicke, als man die Leichname derer, die man in den Lagern des Grauens getötet hatte, auf Haufen warf und nur noch sah, wer vielleicht eine Goldplombe im Mund oder einen Goldring am Finger hatte. Und es gab ja noch viel brutalere Erwägungen, die das Lebendige nur noch nach dem plumpen Materialwert bemaßen. Unter allerlei Verhüllungen und Maskierungen setzt sich diese Denkungsart vielerorten fort.

*

Zu dem *enthüllten* Tod, der in dem Massenmorden der modernen Kriege, in den gar nicht mehr zu zählenden Opfern des modernen Verkehrs sichtbar wird, tritt vor allem der *maskierte* Tod hinzu, der im lebendigen Menschen seinen Eroberungszug angetreten hat und eine Seelenprovinz nach der andern an sich reißt. Er will den Menschen schon während seines Lebens zu einem Leichnam machen, zu einem abgestorbenen, gefühllosen, lieblosen Statisten des Weltgeschehens, zu einem Rad an der Maschine der Nützlichkeit. Wenn es heute wichtig wird, die Geister unterscheiden zu lernen, so darf sich das nicht mehr allein auf die Unterscheidung guter und böser Geister, also von Engeln und Dämonen, beziehen. Diese Kunst beginnt bereits da, wo es heißt, Lebendiges von Totem zu unterscheiden. Jeder meint, dass er das selbstverständlich könne. Das ist aber eine gefährliche Täuschung. Wenn wir prüfen, was im Menschen an Geistigkeit wirksam ist, so haben wir als Maßstab anzulegen, ob es eine Geistigkeit ist, die das Leben, oder eine solche, die den Tod vermehrt. Heute ist durchweg eine Geistigkeit herrschend, die etwas Lebendiges nirgends hervorbringen kann und deshalb im Dienste des Todes steht. – Ist denn das Denken etwas Totes? Haben wir nicht die erstaunlichsten Triumphe des Menschengeistes zu verzeichnen? – Gewiss, aber dienen nicht die meisten neuen Erfindungen dazu, besser vernichten und töten zu können? Im Grunde liegen diese »neuen Ideen« alle in einer Richtung. Es gab im letzten Stadium der großen Kriegskatastrophen Augenblicke, in denen die Menschen meinten: Nun kommen ganz neue Mittel der Kriegsführung, ganz neue strategische Ideen in Anwendung. Es waren in Wirklichkeit keine neuen Ideen, es war nur ein konsequentes Weiterdenken in der Maschinenlogik, die es auch vorher schon gab. Man ließ die letzten Hemmungen fallen, die man gegen Gott und Menschen noch hatte. Es spielte keine Rolle mehr, dass es sich um Menschen handelte. Der »totale Krieg« kam auf, indem man die Kriegsführung hemmungslos maschinisierte. Man wollte den Krieg wie eine große Maschinerie ablaufen lassen. So sehen im Grunde die heutigen Errungenschaften des Menschengeistes alle aus. Lebenspendende, produktive, schöpferische Ideen bringt die heutige Menschheit nicht hervor. Sie kann geistreich sein und die unerhörtesten Erfindungen machen, aber sie tut es nicht aus schöpferischen Gedanken. Sie tut es, weil sie die Maschine, das System denken lässt. Auch was man heute Organisation nennt, ist größtenteils die Zwangsläufigkeit des Systems und führt zur Verbeamtung des ganzen Lebens. Man möchte zwar die Zahl der Beamten verringern, aber das System lässt es nicht zu, und der Apparat wächst ins Unermessliche. Hat man einmal die mechanischen Prinzipien in den Garten des Lebens hereingelassen, so wird man ihrer so leicht nicht wieder Herr.

Selbstverständlich sollen die berechnenden Gedanken, nach denen sich heute Arbeit und Leben richten, in ihren Ergebnissen nicht einfach für wertlos erklärt werden. Es sollte aber eingesehen werden, dass mit solchen Gedanken der Geist nur scheinbar schöpferisch in die Welt des Stoffes eingreift. Das heute übliche Denken gehört nicht zu den eigentlichen *inneren* Leistungen des Menschen; es ist vielmehr zu seinen allzu vielen *äußeren* Aktivitäten zu rechnen. Das Denken, das sich bloß in der toten Hirnrinde des Menschen abspielt, ist nur scheinbar lebendig. In Wirklichkeit denkt da der Tod. Lebensfeindliche Todesgeistigkeit geht davon aus. Man bringt nützliche Gegenstände, Stoffe und Apparate hervor, indem man die Materie zerlegt und zersetzt, um sie anders wieder zusammenzusetzen. Aber alles das ist ein großes Schauwerk der Vergänglichkeit und des Todes. Und wenn in unseren Tagen die Analyse der Materie so weit vordringt, dass man bis an den Bereich der Atomenergie herankommt, so findet man zwar Geistigkeit, aber es ist Todesgeistigkeit in letzter Enthüllung. Der reale Ungeist steigt in unheimlicher Gespenstergröße aus dem Abgrund empor. Liest man dann einmal in einer Zeitung die Überschrift:

»Atomenergie – Lebensspender oder Todeswellen?«, so fragt man sich: Ist hier vielleicht einer darauf gekommen, um was es sich handelt? Konsequente Einsichten werden hierin aber doch wohl erst auftauchen, wenn erkannt wird, was eigentlich »Leben« ist. Man kann nicht wissen, was Leben ist, solange man im Materialismus verharrt und eine übersinnliche Welt, deren unterste Sphäre das Lebendige ist, leugnet.

*

Wir mussten als Menschheit an eine kosmische Karfreitagsstation herankommen. Heute haben wir sie erreicht. Wir sind auf unserem Golgatha, auf der Schädelstätte des Menschengeistes, angelangt. Hier ist das Ende alles natürlichen Lebens: Das Kreuz als das Zeichen des Todes ist aufgerichtet. Und wie vor 2000 Jahren auf den Karfreitag der Karsamstag folgte, dessen Geheimnis die Höllenfahrt Christi war, so sind wir heute zugleich an die Höllenfahrt des Menschengeistes herangekommen. Schon dünstet aus dem Abgrund das unheimliche Heer kalter dämonischer Gewalten hervor, die der Mensch mit seinen seelenlosen Gedanken selbst entfesselt. Das vierte Siegel der Offenbarung Johannis zeigt uns das heutige Karfreitagsbild: Auf dem fahlen Pferde reitet der Tod, und die Unterwelt, der Hades, die Hölle, folgt ihm nach. – Der biblische Satz: »Der Tod ist der Sünde Sold« kann als ein allermodernstes Wort das apokalyptische Lebensdefizit unseres Zeitalters beleuchten. Es handelt sich nur in diesem Worte nicht um die Sünde, die der einzelne Mensch begeht, sondern um die Sünde als Zustand der in die Gottferne gestürzten Menschheit. Hierzu gehört vor allem der Sündenfall der Erkenntnis, durch den die Menschen in ein totes Denken eingemündet sind. Der Sold dieser Sünde kann nur ein allgemeiner Todesbann sein, der sich auf Erde und Menschheit legt.
Als damals die Karfreitagsfinsternis und das Erdbeben vorüber waren, gab es in Jerusalem gespensterhafte Totenerscheinungen, die die Menschen erschreckten. Es musste im Reich der Toten etwas geschehen sein, man wusste nur nicht was. Dann, am Ostermorgen, fanden wenigstens einige nachträglich den Schlüssel. Sie erkannten, dass in der Welt der Toten wirklich etwas geschehen war. Einer war dort

eingetreten, über den der Tod keine Gewalt hatte, der vielmehr dem Tode als Sieger gegenübertrat. Der Herr des Lebens selber hatte in die Welt der Verstorbenen eine solche Bewegung hineingebracht; er hatte auf die Golgatha-Stunde die Höllenfahrt-Stunde folgen lassen. – Warum wetterleuchten und irrlichterieren in unserer Zeit so viele undurchschaute übersinnliche Ahnungen und Erlebnisse durch die Welt? Ist vielleicht wieder im Reiche der Toten, in das so viele Millionen von Seelen infolge der Zeitgewitter haben eintreten müssen, etwas geschehen? Ist vielleicht auch jetzt ein Ostern nahe, durch welches deutlich wird, dass es wieder der Herr des Lebens selber ist, der die Welt der Toten in Bewegung versetzt? Wie damals der Ostermorgen der nachträgliche Schlüssel für alle rätselhaften Erregungen war, so wird das Damaskus-Schauen, das hier und da in der Menschheit aufleuchtet und die neue Nähe des Auferstandenen zeigt, nachträglich alle Wirkungen und Rätsel unserer Zeit beleuchten und erhellen.

*

Wie finden wir den Übergang von dem Golgatha und der Höllenfahrt des Menschengeistes, in denen wir darinstehen, zu einer Auferstehung und Himmelfahrt des Menschengeistes? – Die Auferstehung Christi ist nicht einfach nur ein momentanes Ereignis, das am Ostermorgen geschah. Als »der Sieg über den Tod« war sie der Abschluss eines Kampfes, der durch das ganze Leben des Christus hindurchging. Mit welchen Waffen und mit welcher Kraft hat er diesen Kampf geführt? In ihm lebte die glutvolle Feuergewalt innerer Regsamkeit und Aktivität. Sie lebte in dieser Art im Augenblick der Jordantaufe in ihm auf und kämpfte die drei Jahre hindurch mit den Todesmächten. Das Leben selbst trat in dieser inneren Aktivität einmalig gewaltig in Erscheinung und rang schließlich die Gewalt des Todes nieder. Die feuerverwandte innere Aktivität äußerte sich als Vollmacht des Geistes über den Stoff. Da brauchte nur ein Wort zu einem Menschen gesprochen oder einem Kranken die Hand aufgelegt zu werden, und Lebensströme ergossen sich. Ein fortwährender priesterlicher Dienst vollzog sich, auch ohne einen äußeren Altar. Das ganze Menschenleben Christi war ein sakramentaler Vorgang. Sein Wesen war ein fortwährendes Gebet und eine Opferflamme. Von da aus verstehen wir, was in der Gründonnerstagsabendstunde geschah, als er den Jüngern Brot und Wein gab und sprach: Dies ist mein Leib, dies ist mein Blut. Die Verwandlungs-Vollmacht des Geistes über den Stoff offenbarte sich. Hier herrschte nicht der Todesgeist, der das unterweltliche Geistige in der Materie entbindet, nein, die überweltliche Lebens-Geistigkeit durchdrang und verwandelte den Stoff. –

Können wir in uns etwas von dieser inneren Aktivität beleben, die den Sieg über das Tote und den Tod erringt? Wir müssen uns in aller Ehrlichkeit eingestehen, wie schwach unsere Seelen sind. Die Fülle der äußeren Aktivitäten hat in unserer Zeit so zugenommen, dass eine innere Aktivität demgegenüber kaum mehr aufkommt. Das Leben läuft für den modernen Menschen ab wie ein Film. Er macht keine wirklichen Anstrengungen mehr, einen Einfluss darauf auszuüben, und zwar umso weniger, je mehr Fleiß und Betriebsamkeit im äußeren Sinne er entfaltet. Er kommt nicht zu sich selbst, weil er nicht zu der inneren Ruhe kommt, die die Voraussetzung zu jeder inneren Aktivität ist. Das Innere regt sich höchstens einmal unter der Einwirkung eines schweren Schicksalsschlags, vielleicht auch durch ein besonders glückhaftes Erleben. Vielleicht regt es sich dann und wann auch noch in Dichtern, Malern, Bildhauern und Musikern: letzte Reste des Lebensvorrats unter der Depression des Todes. Das Minimum an innerer Aktivität, bei dem die Menschheit heute angelangt ist, stellt die eigentliche Christusferne des Zeitalters dar. Wir können uns Christen nennen; haben wir aber nichts von dieser inneren Aktivität, so sind wir keine Christen. Wer nur die undurchschaute Todesmagie des äußeren Betriebes mitmacht und ihr nicht etwas von dem Feuer der inneren Regsamkeit entgegensetzt, kann nur ein Namens-Christ sein.

*

Wie kommen wir dazu, den inneren Antrieb wieder zu entwickeln, der zum Lebensgeist und nicht zum Todesgeist führt? Es gilt vor allem, unser Denken, das auf seiner Schädelstätte angelangt ist, aus dem Bann der Kreuzigung zu befreien. Wenn es lernt, sich wieder mit Ehrfurcht zu paaren, entreißt es sich der Tyrannei der Gehirngebundenheit und hört auf, bloße kalte Klugheit zu sein. Denken wird wieder mit Danken und Andacht verwandt. Das Herz muss lernen, mit dem Kopf mitzudenken. Dann steigt ein Denken über den Horizont – Rudolf Steiner hat es in seiner »Philosophie der Freiheit« und in vielen anderen Büchern geschildert –, in welchem die innere Aktivität wieder darinnen ist. Das schöpferische Prinzip flammt im Menschengeist wieder auf; lebendiger Geist schwingt sich über den bloßen Scheingeist empor. Der erste Schritt besteht darin, in der rechten Art aufmerksam zu werden auf das Lebendige. Jede Pflanze durchbricht nicht nur im Frühling, sondern zu allen Zeiten den Materialismus. Das Geheimnis des Lebens, das aus den Zweigen bricht, lehrt uns umzudenken. Allein schon die Einsicht, dass man mit den heutigen Kopfgedanken das Leben nicht versteht, schafft Atemluft für den inneren Menschen. Und dann werden weite Ausblicke frei. Wir stehen vor dem untersten Stockwerk der Welt, die hinaufgeht bis zu den Cherubim und Seraphim. Hier *muss* sich Ehrfurcht in unser Denken mischen. Das Denken, das mit der Existenz einer übersinnlichen Welt rechnet, ist bereits im Begriffe aufzuerstehen. Das auferstehende Denken erkennt die übersinnliche Welt. –

Beim Denken anzufangen, ist nicht leicht. Mindestens gleichzeitig sollte der moderne Mensch in eine treue Übung der Frömmigkeit als solcher eintreten. Wir entreißen uns der Todesmühle des äußeren Betriebes, wenn wir uns wenigstens zu gewissen Zeiten des Tages bewusst hineinstellen in die geistige Welt, uns als Glied einer übersinnlichen Welt fühlen. Das wäre der allererste Anfang im Lebendigmachen der innersten Aktivität, die wir »Glauben« nennen können. Wir fangen an zu glauben, womit nicht gemeint ist, »an irgendetwas« zu glauben. Glaube ist die Kraft des Mutes in der Seele. Durch das Erlöschen der inneren Aktivität hat sich der Mensch heute in jeder Hinsicht in eine Lebensdefensive drängen lassen. Er hat Angst nicht nur vor Armut, Krankheit und Tod. Angst und Sorge beherrschen sein Leben und machen es zu einer fortwährenden Flucht vor sich selbst.

Hier ist echter Mut erforderlich. Die Seelen sind ganz schwach geworden, weil sie keinen Glauben haben. Sie weichen jedem Alleinsein aus. Ohne die Augenblicke des Alleinseins aber finden wir den Anfang des inneren Weges niemals. Nur durch sie lerne ich, mich in innerer Tätigkeit in die höhere Welt hineinzustellen, sodass ich sagen kann: Ich erhebe meine Seele zu Gott, ich liebe Gott. Der Glaube wird zum Gebet, und die Seele wird aus ihrer Angst, Schwäche und Feigheit erlöst. Nur darf es keine egoistische Frömmigkeit sein. Jeder Egoismus macht den Menschen schwach. Die schwächsten Seelen sind die groben Egoisten. Die stillen, selbstlosen Menschen haben tausendmal so viel Kraft.

Der Anfang zu einem rechten christlichen Gebet ist das Hingabegebet, das Glaubensgebet. Es wächst hinein in das »Gebet in Christi Namen«. Wie eine Feuersäule steht die Gestalt Christi vor uns, wenn wir ihn uns von der inneren Aktivität durchglüht denken, durch die er schließlich den Sieg über den Tod errang. Die innere Aktivität, die wir in uns entfalten können, kann zunächst nur eine Sehnsucht nach diesem Feuer-Lebenswillen Christi sein, ein Gebet, daran Anteil haben zu dürfen. Je mehr wir aber durch die Kraft des Glaubens lernen zu sprechen: »Nicht ich, sondern Christus in mir«, fließt in unser Gebet das Gebet Christi, in unsere innere Aktivität die des Christus mit ein. Wir erhalten gnadevoll Anteil an einem Frömmigkeitselement, in dem nicht nur wir als Menschen beten und opfern. Die Siegergewalt und Auferstehungsvollmacht Christi hilft unserer Schwachheit auf und lässt uns die mannigfaltigen Fesseln der Todesverzauberung abstreifen. Wir erfahren die Wahrheit des Christuswortes: »Ich lebe, und ihr sollt auch leben.« Das ist auch das Mysterium des am Altare in Gemeinsamkeit gefeierten Sakramentes. Der Auferstandene ist in den Seelen wirksam und trägt sie über sich selbst hinaus. Die gemeinsame Anbetung in Christi Namen baut das Reich des Lebens in das ersterbende Erdendasein herein.

Mitten in dem Golgatha und der Höllenfahrt des Menschengeistes wird der Ausblick frei auf die Auferstehung und Himmelfahrt des Menschengeistes; nicht in einen jenseitigen Himmel, wohl aber in den

Himmel der Geist-Erhebung, der wirklichen Erhöhung des auch in uns an das Kreuz der Materie genagelten wahren Selbstes.
Das von Paulus mehrmals zitierte alttestamentliche Wort: »Der Gerechte wird seines Glaubens leben«, will sagen: Der Mensch, der sich innerlich in Ordnung bringt, hat durch die Kraft des Glaubens die Vollmacht, sein Leben, seine Lebendigkeit dem Tode zu entreißen und zu steigern. Nicht ist gemeint, dass er sein äußeres Leben verlängern könnte: Der Grad und die Wertigkeit seiner Lebenskräfte steigen; das Lebensdefizit wird ausgeglichen. Und dann wird das Christuswort zur Erfahrung: »Wer an mich glaubt, von dessen Leibe werden Ströme des lebendigen Wassers fließen« (Joh. 7).

Die Passionszeit im Jahreslauf

Das Heraufdrängen des Frühlings mit dem farbig-leuchtenden Treiben und Springen der Knospen macht wie nichts anderes die Lebens-Zauberkraft offenbar, die hinter dem rhythmischen Reigen der Jahreszeiten steht. Was unsere Sinne von der Natur sehen, ist immer nur ihr irdisch-physischer Leib. Das *Leben* der Natur, ihr Ätherisches, gehört bereits dem Bereiche des Übersinnlichen an. Aber im zeitlichen Werden können wir es dennoch gewahr werden. In der Aufeinanderfolge der Jahreszeiten, in ihrem groß-schwingenden Rhythmus offenbart sich uns die Sphäre des Lebendigen, der »ätherische Leib« unserer Erde, durch den sie ein großes atmendes Lebewesen ist. Das recht feiernde Miterleben der Jahreszeiten wird für die Gegenwart und die Zukunft ein wichtiger Weg der Seele zu Christus sein. Nachdem das erste Christus-Ereignis durch das gnadenvolle Entgegenkommen der Gottheit die physisch-greifbare, irdische Tatsachenwelt zum Schauplatz gehabt hat, will sich das Christus-Wesen heute im Ätherischen offenbaren, in der zur Erde gehörigen Lebenssphäre, auf die das Evangelium mit dem Bilde der Wolke deutet. Christus ist seit seiner Auferstehung und Himmelfahrt der »Herr der Himmelskräfte auf Erden«. Und die Jahreszeiten sind die Metamorphosen der auf Erden wirkenden Himmelskräfte. Allerdings ist es nicht einfach schon der natürliche Bestand und Rhythmus der Jahreszeiten als solcher, wodurch wir die Christus-Sphäre finden. Mit dem farbig-wechselnden Faden der Natur ist der goldene der christlichen Feste in eins verflochten. Wir müssen nur das vor allem in der protestantischen Ära entstandene beziehungslose Nebeneinander von Naturverlauf und Fest-Kalender überwinden, das zur Prägung des Wortes »Kirchenjahr« geführt hat. Die recht verstandenen und recht gefeierten Feste bilden miteinander das *Christusjahr*, und zwar im engsten Zusammenhang mit der rhythmischen Folge der Jahreszeiten. Der Farbenwechsel an unseren Altären ist eine ganz wesentliche Hilfe für die Seele, in der schwingenden Architektur des Jahres heimisch zu werden und darin »dem Christus im Ätherischen« zu begegnen. Und das mag in der Zukunft vielleicht sogar am stärksten erlebt werden, wenn wie in den vier Passionswochen, die dem Osterfest vorangehen, die Farbe des Festes scheinbar krass mit dem Jahreszeiten-Gewand der Erde kontrastiert.

*

Das Farbenspektrum des christlichen Jahres, wie wir es feiern, enthält sieben Abschnitte, deren jeder durch das betreffende Fest eröffnet wird, sodass die Festeszeit ein Weiterklingen und schließlich den Ausklang des Festgedankens mit seinen Farben und Worten bedeutet: Weihnachten, Epiphanias, Ostern, Himmelfahrt, Pfingsten, Johanni und Michaeli. Zwei Fest-Zeiten dagegen haben mehr einen Vorbereitungscharakter, indem sie auf die großen festlichen Jahreshöhepunkte von Weihnachten und Ostern hinführen: Das sind die jeweils vier Advents- und Passions-Wochen. Die zehnte Farbe taucht mit ihren Grundworten immer in den Zeiten zwischen den Festen auf, also zwischen Epiphanias und Passion, zwischen Pfingsten und Johanni, zwischen Johanni und Michaeli und schließlich zwischen Michaeli und Advent. Von den beiden Hinleitungsfesten ist hier im Besonderen zu sprechen. Blau und Schwarz sind Vorbereitung und Vorübung. Das Blau der Adventszeit hilft Andacht, innerliche Welten- und Seelen-Ruhe mitten in der Unrast des abklingenden bürgerlichen Jahres herbeizuführen, zur Vorbereitung auf das lichte Weiß der Weihenacht. Das Passions-Schwarz, das so radikal dem Grünen und Blühen des erwachenden Frühlings widerspricht, lässt uns den Hinter- und Untergrund von Sünde und Tod erleben, den alles bloß-natürliche Leben hat; es ist das Grab, aus dem das höhere Leben aufsteigt. So bereitet es uns auf das Oster-Rot, das Fest des höheren Lebens, vor. Dabei gibt es eine stille Wachstums-Kontinuität vom Advents-Blau bis zum Oster-Rot. Sie tritt in der Epiphanias-Zeit durch das feierlich-priesterliche Rotviolett in Erscheinung, die Farben-Mitte zwischen Blau und Rot. Nur dass zwischen Blau und Violett das Weihnachts-Weiß und zwischen Violett und Rot das Passions-Schwarz jeweils eine festliche Zäsur bewirkt, zuerst eine Zäsur der Erfüllung, dann eine solche der Vorbereitung. Dadurch, dass wir die auf Ostern hinführende Passionszeit, zum Unterschied von der wesentlich längeren Fastenzeit der römisch-katholischen Tradition, auf vier Wochen bemessen, wird sich in Zukunft ihr Sinn und Charakter immer noch prägnanter und kräftiger offenbaren. Durch die Angleichung der Zeitdauer und der Zahl der Sonntage an die Adventszeit wird ihr Vorbereitungscharakter ganz deutlich. Der erste der vier Passions-Sonntage wird mit der Zeit als ein Neubeginn in der Folge der Feste und Farben selber allmählich ein wichtiges Fest werden, ähnlich wie der erste Advents-Sonntag trotz des Vorbereitungscharakters der Zeit, die er einleitet, immer schon als ein wichtiges Fest erlebt worden ist.

*

In der Geschichte des christlichen Lebens ist die Abmessung und Sinngebung der vier Passionswochen etwas bedeutungsvoll Neues. Im Protestantismus begeht man als die eigentliche Passionszeit im Grunde nur die letzte Woche vor Ostern, die Karwoche. In gewisser Weise ist diese dort auch eine Vorbereitung auf das, was folgt. Aber eigentlich ist im protestantischen Leben der Karfreitag vielfach noch mehr der Höhepunkt des Jahres als Ostern selbst, wodurch es kommt, dass sich hier der Charakter der Passion im Grunde auf das ganze Jahr ausdehnt. Schon das Vorherrschen der schwarzen Farbe macht offenbar, dass man, ohne es deutlich zu beabsichtigen, in einer permanenten Karfreitags- und Passions-Stimmung verweilt.
Was im Leben der römisch-katholischen Kirche die bereits am Aschermittwoch beginnende Fastenzeit von der Passionszeit, wie wir sie feiern, vor allem unterscheidet, ist, dass sie nicht eigentlich als Vorbereitung zukunftszugewandt ist: Sie ist vielmehr Folge und Nachklang

dessen, was vorangegangen ist. Die ausgelassene Stimmung, die sich in den Karnevals- und Fastnachtsgebräuchen ausdrückt und die vom Mittelalter her vielfach schon unmittelbar nach der Weihnachtszeit anhebt, geht auf alte Menschheitszeiten zurück. Wenn um die Zeit der Wintersonnwende die Erd-Seele am tiefsten in das Erdendasein hinuntertaucht, so entfesselte sie dort dereinst ganze Heere von Gnomen, Kobolden und anderen Elementarwesen, die im Erdenstoffe regsam sind. Das bis ins Mittelalter hinein noch ganz naturoffene Wesen des Menschen ließ die Wirkungen, die davon ausgehen, ohne Hemmungen in sich herein und gab sich ihrem Tanz und Taumel hin. Daraus entstanden im römischen Süden die Saturnaliengebräuche und im europäischen Norden die Wildheiten der Raunacht. Die römisch-katholische Kirchenströmung wies diese aus vorchristlichen Zeiten herrührenden Gebräuche nicht ab, sondern ließ sie sich auch auf christlichem Boden entfalten, wodurch die nach verschiedenen Landschaften differenzierten Fastnachtsausgelassenheiten entstanden. Dann aber legte die mittelalterliche Kirche, kaum dass der Höhepunkt der Koboldereien erreicht war, den Hebel radikal herum und ließ mit dem Aschermittwoch die strenge Fastenzeit beginnen. Die Menschen, die bis dahin auf unbegrenzte Art die Wirkungen der Naturreiche in sich hereingelassen hatten, sollten sich nun durch die Wochen der Fastenzeit hindurch, vor allem in dem, was sie als Speise und Trank zu sich nahmen, auf besondere Weise gegen das Hereinwirken der irdischen Naturkräfte abschließen. Das Pendel sollte kräftig nach der anderen Seite ausschlagen.

Nun hat aber seit Langem, ohne dass es deutlich bemerkt worden ist, das Menschenwesen die alte Offenheit für die Elementarkräfte der Natur verloren. Die alten Karnevals- und Fastnachtsgebräuche büßen immer mehr ihre Erfülltheit und Echtheit ein. Dies ist auch an der abstrakten Verallgemeinerung abzulesen, die sich ihrer bemächtigt, indem nun auch in Gegenden, die früher von solchen Sitten gar nichts wussten, die Menschen in den allgemeinen Trubel mithineingeraten, wobei schon längst deutlich ist, dass von einer echten inneren Fröhlichkeit kaum noch irgendwo die Rede sein kann. Mit den Karnevalssitten verliert aber, das muss wohl erst ganz neu eingesehen werden, auch das Fasten seinen Sinn. Das Fasten wird zwar als Gesundheitsmaßnahme durchaus seinen Sinn behalten und vielleicht in Zukunft von noch größerer Bedeutung werden als früher, aber als religiöse Sitte ist seine Zeit längst abgelaufen. Das Menschenwesen ist so verhärtet, dass es weder nach der Seite der Bejahung noch nach der der Verneinung der Naturkräfte viel tun kann, um auf sein inneres seelisches Leben in gesundem Sinne einzuwirken. Die Bemühungen um Lenkung und Erziehung des eigenen Innenlebens können immer weniger mit äußeren Mitteln zum Ziele kommen; sie müssen innerlichere Wege gehen. Damit hängt es zusammen, dass weithin die äußerlich beibehaltenen Gepflogenheiten der Fastenzeit einen längst eingetretenen Leerlauf zudecken.

*

In den vier Vorosterwochen muss eine dem heutigen Stand des Menschenwesens angepasste Metamorphose des einstigen äußeren Fastens Platz greifen. Dabei wird das recht verstandene Wort »Askese« aber durchaus in Geltung bleiben. Das griechische Wort »askesis« ist nämlich nie ein negativer Begriff gewesen, der bedeutet, dass man z.B. bestimmte Dinge nicht isst und nicht trinkt. Askesis bedeutet im positiven Sinne »Übung«, und damit war ursprünglich die Vorübung, das Trainieren gemeint für die Olympischen Spiele, in denen der Bestgeübte den Siegeskranz errang. So ruft in den vier Passionswochen das Schwarz an unseren Altären unsere Seelen zur inneren Arbeit und Übung auf. Dem aufsteigenden Frühling uns hinzugeben, haben wir das Recht nicht, wenn wir nicht gerade in dieser Zeit innerlich an uns arbeiten. Der Kontrast zwischen den leuchtenden Farben in der Natur und dem Passions-Schwarz am Altare soll uns nach innen weisen. Folgen wir diesem Aufruf, so befinden wir uns auf dem Wege zu dem im äußeren Frühling verborgenen inneren Sonnenaufgang hin, der das Geheimnis des Osterfestes ist. Auf dem Grunde aller Dinge, auch wenn sie sich in die Pracht und Schönheit des Frühlings kleiden, schlummert zunächst der Tod. Auch in uns selbst ist er der Herrscher, insofern er der Sünde Sold ist. Es muss der Anfang und das Prinzip des vorösterlichen Übens sein, dass der Mensch sich seiner Gottferne, seiner Sündhaftigkeit und Schwäche bewusst wird. Im protestantischen Leben wird der theologische Satz von der Sündhaftigkeit der Menschennatur viel im Munde geführt, wodurch er aber auf die Dauer für die Menschen unserer Zeit sein Gewicht immer mehr verliert. Es handelt sich hier um eine tief-ergreifende Wahrheit, die ihren Sinn nicht als theologischer Lehrsatz, wohl aber in der schweigenden treuen Übung der Seele gewinnt. Die Passionszeit wird in Zukunft ganz sinnlos sein, wenn sich nicht gerade in ihr die Seele mit der vollen Kraft dieser Übung erfüllt, damit von hier aus Ernsthaftigkeit und Gewicht in die anderen Abschnitte des Jahreslaufes hineingetragen werden können. Wieviel gnadenvoller wird das Osterfest sein Licht und seine Kraft spenden, wenn der Mensch mit dem Ertrag dieser treuen Übung von der Passionszeit her die Osterschwelle überschreitet. In den sakramentalen Worten der Passionszeit, in denen das klagend am Boden liegende Menschen-Ich spricht, vollzieht sich etwas von dieser Übung. Dabei führt ein bedeutungsvoller Schritt aus den ersten drei Passionswochen in die Karwoche hinüber. Zuerst lässt der Wortlaut der heiligen Handlung den Menschen seine innere Armut empfinden: Leer ist die Stätte des menschlichen Herzens. Dann aber muss aus dem Bewusstsein des Geistverlustes, der zu der inneren Leerheit geführt hat, die Sehnsucht erwachsen, die sich wie ein Opferfeuer im Herzen des Menschen entzündet: Es brennt die Stätte des menschlichen Herzens. So webt sich in die Vorosterwochen etwas hinein vom Geheimnis des Mit-Christus-Sterbens, damit dann am Osterfest das Geheimnis des Mit-Christus-Auferstehens die Seele berühren und erfüllen kann.

*

Der Übergang von der Passion zum Osterfest ist eigentlich das ganze Jahr hindurch in den inneren Aufbau der Altarhandlung hineingeheimnisst. Immer geht der Wandlung die Opferung voran. So kann der Mensch jederzeit den Weg zum Auferstehungsgeheimnis suchen durch die Zone der recht vollzogenen Opferung hindurch. Am Anfange des Offertoriums müssen die Mitbetenden sich ihrer Gottesferne und Unwürdigkeit bewusst werden: Das Herz ist leer. Das wird unterstützt durch die Worte, durch die sich der Opfernde vor Gott als dessen »unwürdiges Geschöpf« bezeichnet und seine Abirrungen, seine Verleugnungen des göttlichen Wesens und seine Schwächen bekennt. Und wenn dann der Weihrauch emporsteigt, so bedeutet das, dass auf dem Altare des Herzens das Opferfeuer entzündet wird: Das Herz brennt. Es könnte einer die Frage aufwerfen, ob es Sinn habe, zu dem Vielen, was schwer ist in unserer Zeit, noch mehr Schweres hinzuzufügen durch das übende Sich-Bewusstmachen der menschlichen Sündhaftigkeit. Es ist dabei aber so wie beim echten Mitleid. Wer das Leiden eines anderen oder auch das objektive Leiden der Menschheit mitleidet, dem wird das eigene persönliche Leiden leichter. Nichts gibt so viel Kraft, mit den Schwierigkeiten des Lebens fertigzuwerden, als die Seele in der Fähigkeit zur Hingabe und zum Opfer zu üben.

Werden die Passionswochen zu einer besonderen Zeit der Opferübung im Menschenherzen, so verwebt sich von da aus Echtheit und Tiefe in das ganze menschliche Leben. Ein religiöses Element entfaltet sich, das allen Oberflächlichkeiten und illusionären Scheinhaftigkeiten des Lebens ein Ende macht.

Die Karwoche

Die jährlich wiederkehrende Zeitspanne von Palmsonntag bis zum Ostersonntag ist das wunderbarste Kompendium der Christus-Mysterien. Ein bewusstes und seelenkräftiges Ergreifen des Farben- und Klangwertes, den die einzelnen Tage innerhalb der regenbogenartigen Oktave dieser Woche besitzen, wird in der Zukunft die allergrößte Hilfe sein im Erringen eines größeren und vertieften Bildes vom wahren Wesen Christi. Ein Stationenweg wird sichtbar von menschheitlich-kosmischer Größe und Weite. Die frommen Stationen, vor denen an alten Wallfahrtsorten die Pilger in strenger Folge ihre Andachtsübungen verrichtet haben, beschränkten sich auf die eigentlichen Leidensstufen, das heißt auf die Szenen, die den schmerzensreichen Karfreitags-Weg Christi nach Golgatha darstellen. Dadurch hat die Vorosterzeit einseitig den Charakter der Passionszeit, das heißt der Leidenszeit angenommen, und Christus ist der Schmerzensmann geworden, dessen Anblick in der Seele das menschliche Mitleid und die Selbstzerknirschung weckte, da man ihn die Strafen erleiden sah, die man selbst verdient hätte.

Dass der Christus unendlich viel mehr als der duldende Schmerzensmann, dass er in allem und jedem der machtvollste Kämpfer und Überwinder ist, kann sogleich aus dem Bildkalender der Karwoche abgelesen werden, und zwar nicht nur, wenn wir vom Karfreitag aus zum Ostersonntag hin weiterschreiten, sondern auch, wenn wir die dem Karfreitag vorangehenden Tagesstufen vom Palmsonntag an betrachten. Der Ostersieg über den Tod krönt eine Reihe von siegreich bestandenen Schlachten; und auch hinter dem scheinbar passiven Erdulden von Geißelung und Kreuzigung erscheint die heroisch-glühende Vollmacht des Siegers. Nur wird der Schauplatz des Kampfes immer mehr von außen nach innen verlegt, wodurch die Karwoche erst nach ihrer Mitte den Charakter der »stillen Woche« annimmt. Am Anfang steht die große Herausforderung zum Entscheidungskampf: der Einzug in Jerusalem am Palmsonntag und die Tempelreinigung am Montag. Ein Einzelner ruft eine ganze Welt in die Schranken. Am Dienstag blitzt das Schwert des Wortes in den Antworten, die Jesus auf die listigen Fragen der hassenden Gegner gibt. Dann aber wird statt gegen Menschen gegen die unsichtbaren Gegengewalten des Kosmos gekämpft, schließlich gegen den Tod selbst. Die Grabesruhe des Karsamstags verhüllt den strahlenden Eintritt des Siegers in die zum finsteren Reich der Schatten gewordene Welt der Toten. In der Osterfrühe ist die Todesmacht selbst in Ketten geschlagen.

*

Die Karwoche hebt sich als die Woche des Frühlingsvollmondes in Hinsicht auf das in ihr waltende kosmische Element aus dem Ganzen des Jahreslaufes heraus. Wenn draußen in der wiedererwachenden Natur die Kräfte des Lebens farben- und formenfreudig ihr neues Schöpfertum beginnen, dann ist auch die mit den verschiedenen Wochentagen verknüpfte Einstrahlung der sieben Planetensphären in besonderer Farbigkeit und Bildekraft wirksam. Das Urphänomen eines jeden Wochentages tritt deutlicher als sonst hervor. Nacheinander haben Mond, Mars, Merkur, Jupiter, Venus, Saturn und Sonne ihren Frühlingsfeiertag. Sie haben, die seelische Tonart bestimmend, auch bei den Christus-Inhalten jener Ur-Woche mitgewirkt. Einer nach dem anderen beugten sich die Planetengeister dem Herrn des Kosmos und begannen, ihm nun auch auf Erden dienend, ihr Wesen zu verwandeln.
So betrachtet ist die Karwoche ein bedeutungsvoller Weg von der alten zur neuen Sonne. Am Palmsonntag ragen die Sonnenfeste uralter Zeit in das Christusdrama herein. Aber der Herr der Sonne verbindet sich durch seinen Kampf mit den Gewalten der finsteren Tiefe nunmehr mit der Erde. Der Ostersonntag ist das Fest der neuen, im Erdensein

aufkeimenden Sonne. Der Christus-Umwandlung der Sonne geht die der anderen Planeten voraus. Das sind die kosmischen Begleitvorgänge zu dem, was sich in jenen sieben Tagen auf der Ebene des menschlichen Schicksals in Jerusalem zuträgt.

*

Dem, was in der Welt alt geworden ist, ohne seine ursprüngliche Echtheit und Kraft zu bewahren, was mondenhaft erstarrt ist und nur noch Eigenlicht vorspiegelt wie der Mond mit seinem erborgten Licht, wird am Karmontag der Abschied erteilt: Draußen unter den Menschen wird die religiöse Dekadenz und Korruption in der Szene der Tempelreinigung gegeißelt. Im Seelenbereiche stellt die rätselhafte »Verfluchung des Feigenbaumes« die Absage an die alten ekstatisch-seherischen Kräfte dar, die zwar am Tage zuvor das Volk noch Hosianna rufen ließen, die aber im Erlöschen und nicht mehr verlässlich sind.

Am Kardienstag müssen sich die Marskräfte der Wortgewalt Christi fügen. Den Tag über steht der, dem die Widerstreitenden eine Falle stellen wollen, den Angreifern Rede und Antwort. Wie Schwertschläge sind die Gegnergleichnisse von den bösen Weingärtnern und von der königlichen Hochzeit. Am Abend auf dem Ölberggipfel schließt das Wort Christi den Jüngern die Apokalypse auf: Durch Stürme und erschütternde Prüfungen müssen die Zukunftswege der Menschheit führen, insbesondere in den Zeiten der zweiten großen Christusoffenbarung, die im Ätherischen, auf den Wolken, vor sich geht. Vielleicht kann unsere Gegenwart einen besonders aktuellen Zugang zu den Mysterien der Karwoche finden, indem sie sich in den Szenen des Marstages gespiegelt findet.

Der Karmittwoch zeigt den Scheideweg, an den die merkuriale Kraft der seelischen Beweglichkeit kommen muss, wenn die Menschheit in die Feuerzone der Christusnähe hineinwächst: Entweder sie artet in die Unrast aus, die Judas zum Verräter macht, oder sie wird in Andachtskraft umgewandelt, wie Maria Magdalena es zu tun vermag.

Der Gründonnerstag ist von dem jupiterhaften Schimmer einer neuen Weisheit durchwoben. Die Geistnähe des Sakramentes ist zugleich eine

Quelle des Lichtes: Die Abschiedsreden, die das Johannes-Evangelium wiedergibt, zeigen die ganz mit der Liebe eins gewordene Weisheit.
Der christliche Venustag ist der Karfreitag: Offenbarung der Weltenliebe. Das zu Erduldende, von der Geißelung bis zur Kreuzigung, zeigt nur, dass die Liebe alles trägt und dadurch alles besiegt, sogar die Todesmacht selbst.
Saturn schließlich tritt in den Dienst Christi, als die Grabes- und Sabbatruhe mit ihrer bleiernen Schwere das Sprengen der Höllentore und den dadurch bewirkten Sonnenaufgang im Reiche der Verstorbenen verhüllt.
Bis auch auf Erden die Ostersonne den Bann aller Hemmungsgewalten bricht und in der Lichtgestalt des Auferstandenen der Keim einer neuen Leiblichkeit und Schöpfung erscheint.

Golgatha und der Gral

Das strenge Golgatha-Kreuz stellt das neusprießende Leben des Frühlings infrage. Es schreibt die Rune des Todes in das Feld des Lebens. Es gemahnt uns, dass alles natürliche Leben, so schenkend und beglückend es auch sei, den Tod zudeckt, der das Schicksal aller irdischen Kreatur ist.

So jedoch, wie das natürliche Leben den Tod verhüllt, so enthüllt der Tod das wahre Leben. Erfahren wir es nicht immer wieder an Sterbenden, dass die Todesnähe das wahre Wesen des Menschen, das hinter so vielen Masken und Hüllen verborgen war, augenblickelang aufstrahlen lässt? Haben wir je geahnt, dass eine solche Majestät im kümmerlichen, sündhaften Menschen schlummern kann! Und lassen wir uns, wenn dann der entseelte Leib auf der Totenbahre liegt, tief genug erschüttern, werden wir dann nicht durch Mitleid wissend? Ist uns dann nicht gegeben, die Geistgestalt zu suchen und zu finden, die sich dem Leibe entringt? Ganz gewiss werden Zeiten kommen, in denen der Schmerz die Menschen sehend machen wird für das Seelisch-Geistige dessen, den ihnen der Tod entriss.

*

Niemals aber war der Tod ein größerer Enthüller als in der Golgatha-Stunde. Das fühlte die ganze Kreatur. Die Erde erbebte und erzitterte bis in ihr Innerstes hinein. Die Sonne verfinsterte sich, und drei Stunden lang herrschte tiefe Nacht in der Mittagszeit. Der Sturm, der durch die Elemente fuhr, war nichts anderes, als dass die Macht der Finsternis sich wehrte. Sie musste ihr Geheimnis preisgeben. Der

Tempelvorhang zerriss von oben bis unten. Unter der Todesdecke wurde die Schicht des wahren Lebens freigelegt. Der Herr des wahren Lebens siegte über die Todgewalt.

Wir bauen tastend die Szenerie vor uns auf: Wie sie ihn ans Kreuz nageln, wie sie dann das Kreuz aufrichten. Wer sieht denn zu? Lauter fremdes Volk, das neugierig herumsteht. Die Jünger sind nicht dabei. Sie haben, zwischen Furcht und Hoffnung hin- und hergerissen, zerschmettert vom Fortgang der Dinge, ihr Bewusstsein verloren. Der Bann des Gethsemaneschlafes liegt auf ihren Seelen. Sie sind nicht da, weil sie nicht bei sich selber sind. Aber es heißt ja in den drei ersten Evangelien: »Eine Gruppe von Frauen, die Jesus und seine Jünger von Galiläa her begleitet hatten, schaute von ferne zu.« Die Frauen haben einen Vorsprung im Bewusstsein, sie sind die eigentlichen Zeugen des Dramas. Wie haben wir uns das vorzustellen, dass sie von ferne zuschauten? Der Golgatha-Felsen liegt unmittelbar vor den Toren der Stadt. In etwa 30 m Entfernung zieht sich die Stadtmauer hin, die ziemlich direkt gegenüber eines ihrer Tore hat, das »Gartentor«. Es heißt so, weil es links von dem kahlen Felsen der Schädelstätte in ein liebliches Gartengelände hinausführt. Oben auf der Mauer ist ein Weg, den man begehen kann und der sich jeweils über den Toren zu einem freien Platz erweitert. Oben auf dem Gartentor stehen die Frauen und schauen der Kreuzigung zu. Bitterster Schmerz erschüttert ihre Seelen.

Was in den Frauen vor sich geht, die das Golgatha-Geschehen mit dem ganzen Herzen mitmachen, hat eine Vorstufe gefunden in einer von ihnen: in Maria Magdalena, die dem Herrn in Bethanien die Füße salbte. Als sie das tat, war ihr Bewusstsein durchaus von ähnlichen Vorstellungen erfüllt wie das der anderen Menschen, die vom Jubel des Palmsonntags her glaubten, Jesu Sendung unter den Menschen stehe vor endlichem Durchbruch und reicher Vollendung. Aber tief unter der Schwelle ihres Bewusstseins leitete sie dennoch ein Vorgefühl der Golgatha-Tragödie. Jesu selbst spricht es offen aus: »Lasst sie; sie tut es jetzt schon für meinen Tod.« Maria Magdalena, ganz Empfindungsseele, ist in ihrem Tun weisheitsvoller, prophetischer, als in ihren Gedanken. Aus einem gleich großen spontanen Gefühl heraus wird sie in der Frühe des Ostermorgens die Bevorzugte sein. Sie wird die Erste sein, die dem Auferstandenen wenigstes ahnend begegnet. Wie sie das große Vorgefühl des Todes hatte, ohne den Todesgedanken zu denken, hat sie dann auch das große Vorgefühl der Auferstehung, ohne schon zu wissen, was das ist. In der Golgatha-Stunde selbst steht sie zurück. Sie ist zwar dabei, aber sie ist vom Schmerz völlig überwältigt. Der Bogen ihres Wesens geht von der stillen Stunde in Bethanien sogleich zum Ostermorgen hinüber.

In der Golgatha-Stunde hebt sich aus der Gruppe oben auf dem Gartentor eine andere Frauengestalt heraus. – Als das, was da vorne geschieht, alle Fassungskraft des Menschenherzens übersteigt, sinkt schnell im Sturm der Elemente die tiefe Finsternis herein. Will sie das Entsetzen schonend verhüllen? Sie ist das Gegenteil von einem Vorhang, sie ist eine Offenbarungsverfinsterung. Sie nimmt den Sinnenschein weg, damit die tiefere Schicht, in der das eigentliche Licht und Leben ist, sich offenbaren kann. – Eine der Frauen löst sich aus der Gruppe; sie wagt es, in die Finsternis hineinzugehen und unter das Kreuz zu treten. Das ist die »Mutter des Herrn«, wie sie im Johannes-Evangelium genannt wird. Sie geht aber nicht dorthin, um aus der Nähe etwas zu sehen, was sie aus der Ferne bei der Dunkelheit nicht sehen kann: Sie geht vielmehr dorthin, *weil* sie etwas sieht. Da geschieht etwas, wovon sie sich unwiderstehlich gerufen, angezogen fühlt.

Und siehe da, von der anderen Seite her ist noch einer in die Dunkelheit hineingeschritten. Auch aus dem Kreise der Jünger, die in Seelen-Dunkelheit verharren, ist einer aufgebrochen, *weil* er etwas wahrgenommen hat: Johannes. Unter dem Kreuz treffen sich Maria und Johannes. Noch lebt der, den man an das Kreuz geschlagen hat. Er spricht zu den beiden. Aber eigentlich braucht er nicht zu sprechen, sein Wesen spricht, sie nehmen an ihm etwas wahr. Muss nicht unsere heutige Menschheit gerade auf dieses Geheimnis aufmerksam werden? Mehr als mit Worten spricht Christus durch das Blut, das aus seinen Wunden strömt. Was die beiden, die vom Zerreißen des Vorhangs berührt und herbeigerufen worden sind, schauen, ist *das Mysterium des Blutes Christi.*

Wie sollen wir das verstehen? Die Gralssage, in deren Bildern durch stille Rinnsale ein Wissen von diesem Geheimnis in spätere Jahrhunderte geflossen ist, fußt auf der Überzeugung, dass in jedem Jahre am Karfreitag die Kraft des heiligen Grales, d.h. die Kraft des Blutes Christi im heiligen Kelchgefäß erneuert wird, indem sich die Taube des Heiligen Geistes darauf herniedersenkt. Warum überschwebt die Taube am Karfreitag den Gral? Weil sie wiederholt, was sie am Ur-Karfreitag auch schon tat. Da senkte sich wie ein heller Lichtstrom mitten in der Finsternis die Taube des Heiligen Geistes hernieder dahin, wo das Blut aus den Wunden des Gekreuzigten strömte. In jener Todesstunde wurde das Gralsmysterium geboren.

Maria ist durch ihr ganzes Wesen vorbereitet, dieses Wunder zu schauen. Senkte sich nicht die Taube des Heiligen Geistes bereits auf sie hernieder, als, von oben her gelenkt, im Lichte der heiligen Geistwelt die jungfräuliche Geburt geschah? Damals war sie *seinsmäßig* von der Weltenjungfräulichkeit des Heiligen Geistes durchdrungen. Dreißig Jahre später, in dem großen Abschiedsgespräch, das Jesus mit ihr hatte, bevor er zu Johannes dem Täufer ging, geschah dann ein erstes Zerreißen des Vorhangs.* Ihr Mit-Leid mit dem Menschheitsleid des jungen Jesus machte sie wissend. Sodass die Taube, als sie über dem Jordan erschien, die große Umwandlung beleuchtend, die in Jesus geschah, zur gleichen Zeit auch die »Mutter des Herrn« überschwebte, ein neues inspiriertes Bewusstsein in ihr entzündend. Damals trat zu der seinsmäßigen die *bewusstseinsmäßige* Erfülltheit mit dem Heiligen Geiste hinzu. Die drei Jahre lebte sie als eine andere, als eine Verwandelte, mit. Während in Maria Magdalena die Empfindungsseele Wahrträume hat, kommt in ihr die Bewusstseinsseele zu einem höheren Erwachen.

Und nun erfährt sie das Wunder zum dritten Male: Die Taube senkt sich auf das Blut des Gekreuzigten hernieder, und sie fühlt sie auch über sich selbst, über ihrem eigenen Herzen, über ihrem eigenen Blute. Das ist es, was sie in die Finsternis hat hineinschreiten lassen.

* Siehe auch das Buch des Verfassers: »Kindheit und Jugend Jesu«.

Und Johannes, der kurz zuvor als Lazarus ins Grab gelegt und als Johannes wieder auferweckt worden war, gehört erst recht zu denen, die mit der Taube des Heiligen Geistes Zwiesprache halten können. Wie für Maria Magdalena von der Bethanien-Szene zum Ostermorgen, so führt für die Marienseele ein Bogen von der Golgatha-Stunde sogleich nach Pfingsten hin. Denn am Pfingstmorgen wird Maria als die große Versteherin die Mitte des geisterleuchteten Jüngerkreises sein. Und wiederum ist die Taube über dem Gral, aber der Gral sind jetzt die Menschenherzen, aus denen die pfingstlichen Flammen hervorschlagen.

Maria und Johannes bleiben unter dem Kreuz. Zwei fremde Männer gesellen sich zu ihnen. Wenn schon die nächsten Freunde versagen, so müssen aus der Ferne die Zeugen des Wunders herbeieilen. Da ist ein Hauptmann aus Nordeuropa, aus ganz fernen Gegenden, der mit der Lanze in die Seite des Gekreuzigten sticht. Und Joseph von Arimathia, der das Blut, das aus den Wunden fließt, in der heiligen Schale sammelt, die beim Abendmahl gedient hat. Diese beiden werden auch sehend mitten in der Finsternis. Der Hauptmann spricht: »Er ist wirklich Gottes Sohn.« Und Joseph von Arimathia hat sich vielleicht in diesem Augenblick entschlossen, zu Pilatus zu gehen und ihn um den Leichnam zu bitten, um ihn dann nebenan in seinem Garten zu bestatten. Als der am Kreuz Hängende zu Maria und Johannes sprach: »Siehe, das ist dein Sohn, siehe, das ist deine Mutter«, entstand eine neue geistige Blutsverwandtschaft, weil beide vom Mysterium des Blutes Christi schauend durchdrungen waren. Johannes war fortan in einem besonderen Sinne der Erste unter den Brüdern Christi. Es hätte gar nicht einmal der Worte bedurft, damit die Gralsbruderschaft als heilige Tatsache entstand. Sie machte ihre erste Bewährung durch, als Maria im Kreise der Verstehenden den vom Kreuz genommenen Leib des Herrn auf ihrem Schoße trug.

*

»Wer hat des irdischen Leibes hohen Sinn erraten?
Wer kann sagen, dass er das Blut versteht?« (*Novalis*)

Das Blut ist Träger des Lebens. Mit dem Blute strömt das Leben aus. Aber eben, dass das Verströmen des Blutes den Lebensverlust, den Tod, bedeutet, zeigt, dass das natürliche Leben noch nicht das wahre, reine Leben ist. In unserem Menschenblute sind Leben und Tod vermischt. Unsere Lebenskräfte sind sterblicher Natur.

Das Leben jedoch, das auf Golgatha mit dem Blute Christi ausfloss, war ein durch die Todesgewalten nicht mehr zu verletzendes und zu verkümmerndes; es war unvergängliches, unverwesliches, ewiges Leben. Ihm war die golden-leuchtende ätherische Lichtgestalt eigen, die den Bann der mittäglichen Finsternis durchbrach: In ihm leuchtete zum ersten Mal der Gral hell auf. –

Auf unser Blut wirkt nicht nur der Sauerstoff der Luft ein und das, was wir essen und trinken: Viel wichtiger ist die Wandlungsspur, die wir durch das Wärme-Element hindurch unserem Blute durch alles das einprägen, was seelisch-geistig in uns vorgeht durch unser Denken, Fühlen und Wollen.

Wir geben, insonderheit durch unser totes Denken, unserem Blute mehr Tod als Leben – ja fast nur Tod – mit auf den Weg. Von Todeswirkungen ist nicht nur die äußere Zivilisation unserer Tage, sondern vor allem das Blut der Menschen erfüllt.

Das Blut Christi war ganz und gar von innen her durchgeistigt und deshalb *nur* Träger des Lebens: Es war *das Leben selbst.* Wer durch den rechtgeübten Dreiklang von Glaube, Hoffnung und Liebe dahin gelangt, mit innerer Berechtigung sprechen zu können: »Christus in mir«, wird erfahren, wie das Blut und Leben Christi anfängt, in seinem Blute mitzuströmen, und wie über ihm die unsichtbare Tempelkuppel der Gralsgemeinschaft sich zu wölben beginnt.

Siehe, das ist der Mensch!

Der moderne Mensch muss den Osterjubel, dem sich frühere Zeiten so selig hingeben konnten, erst wieder neu lernen. Weder spricht das große Gleichnis der auferstehenden Frühlingsnatur noch deutlich und kräftig zu ihm, noch kann er so ohne Weiteres über ein Ereignis jubeln, das vor 2000 Jahren geschehen ist, selbst wenn es ein noch so großes Wunder war. Die Menschenweihehandlung spricht zu Ostern von dem wonnevollen Frohlocken, das den Kreis der Erdenluft erfüllt. Aber das natürliche Frühlingserwachen ist als solches noch nicht der frohlockende Lobgesang, den die Natur einst anstimmen wird, weil Christus auferstanden ist. Das neue Leben des Frühlings gab es in der Erdennatur auch schon vor dem Christusereignis, aber es war zunächst nur eine harrende Prophetie. Ist es heute zur Feier einer eingetretenen Erfüllung geworden? –

Die Natur kann nicht über ein historisches Faktum jubeln; sie wartet auf eine in unmittelbarer Gegenwart wirkende Kraft. Noch ist das Ostergeheimnis nicht in der Frühlingsnatur wirksam. Die Natur wartet auf den Menschen. Auf die Worte vom Frohlocken und Leuchten im Atem der Erde folgt in der Weihehandlung der Satz, der die Bedingung dafür ausspricht: Zuvor muss Christus in des Menschen frohlockenden Lebenspuls eingezogen sein. Erst der Osterjubel des Menschen, dem der Auferstandene einwohnt, macht aus dem Frohlocken der Natur, das an sich nur eine prophetische Hoffnung ist, eine wirkliche Erfüllung.

Der Mensch lernt das österliche Frohlocken in der Schule des paulinischen Christentums. Das Wort: »Ich lebe, doch nicht ich, sondern der

Christus lebt in mir« ist der Schlüssel zum Ostergeheimnis. In unseren Seelen muss nicht nur der Gedanke an Christi Auferstehung leben, sondern Er Selbst, und zwar so, dass Er fortwährend in uns aufersteht. Das wird dann die Kreatur bemerken, sodass durch das Frohlocken des Menschen der Jubelhymnus der Kreatur ausgelöst wird, auch wenn der Mensch die Natur äußerlich immer noch mehr schändet und hässlich macht. Im Menschen beginnt die Auferstehung der Welt.

*

»Siehe, das ist der Mensch!« Dies Wort ertönt, ob für Erdenohren vernehmbar oder nicht, immer wieder aus den zum Osterfeste hinführenden Stationen des Evangeliums.

Zuerst spricht es Pilatus, als er den blutig Geschlagenen, der die Dornenkrone und den verspottenden Purpurmantel trägt, vor die grölende Menge führt. An dem, der königlicher als ein König ist, sollen wir erkennen, dass der Mensch ein entstellter König ist. – Von Neuem ertönt das Wort von den drei Kreuzen her, die in der Mittagsfinsternis auf Golgatha stehen. Ja, vor einem der Schächerkreuze können wir wohl gewahr werden, wie es zu uns spricht: »Das bist du!« Uns drückt unsere Schuld, und wir erkennen uns wieder in den Schächern am Kreuz. Aber vor dem Kreuz in der Mitte gilt erst recht das Wort: »Siehe, der Mensch«, und zu uns gewendet: »Das bist du auch!« Wie kann das sein? Das Kreuz der Schuld trägt den Unschuldigsten der Welt. Wie komme ich dazu, das auf mich zu beziehen? Christian Morgenstern lehrt es uns:

> »Ich habe den Menschen gesehen in seiner tiefsten Gestalt.
> Ich kenne die Welt bis auf den Grundgehalt.
> Ich weiß, dass Liebe, Liebe ihr tiefster Sinn,
> Und dass ich da, um immer mehr zu lieben, bin.
> Ich breite die Arme aus, wie ER getan,
> Ich möchte die ganze Welt, wie ER, umfahn. –«

Und dann leuchten die Ostergeschichten auf. Auch angesichts der Gestalt des Auferstandenen sollen wir uns dazu aufschwingen, die Worte zu vernehmen und auf uns zu beziehen: »Das ist der Mensch!« Nicht ein Mirakel, etwa die Absonderlichkeit, dass da ein Mensch aus dem Grabe steigt, so wie er hineingelegt worden ist, tritt vor uns hin. Wir sehen in Vollendung, was die Bestimmung eines jeden Menschen ist. Hier ist einmal das Ziel erreicht, vor dem wir nur allzu leicht mutlos zurücksinken: *der Geistesmensch.* Das ist der Auferstandene. Wie finden wir den Weg, in uns das Menschentum zu verwirklichen, das uns hier in seiner Ostergestalt anblickt? Wir Menschen fühlen unsere Ohnmacht. Wie machtlos sind wir gegenüber unserer physischen Umgebung! Wir können sie nur zerstören. Dass wir heute gelernt haben, sie so grandios zu zerstören, gibt uns die Illusion der Macht. Aber es ist nur eine scheinbare Macht des Menschen über den Stoff, weiß er doch im Grunde nicht einmal, was er tut, indem er die übermagischen Explosionen hervorruft. Nichts Lebendiges, nichts Beseeltes kann er schaffen. Krankheit und Tod herrschen über ihn. Er kann ein wenig herumdoktern, zuletzt ist er doch der Tyrannei des Todes ausgeliefert. Warum sind wir so machtlos? Weil der Geistteil des Menschen, der zwar über uns schwebt, nicht eingreift. Als irdische Menschen sind wir zunächst nichts als ein Fragment, ein leeres Gefäß. Wir sind mit unserem ureigensten Wesen noch gar nicht in unseren Leibeshüllen darin. Wie soll also der Geist, der in den Hüllen nicht drin ist, auf diese Hüllen und durch sie auf die physische Umwelt wirken können? Wir leben im geistverlassenen Erdenhause. Ein entweihter Tempel ist unser irdisches Menschensein. Das Dogma des Jahres 869, dass der Mensch nur aus Leib und Seele bestehe, beschreibt in der Tat den Menschen, wie er *noch* ist. Darin liegt aber zugleich auch die Unwahrheit und Ungläubigkeit dieses Dogmas. Der Mensch besteht nicht nur aus Leib und Seele, sondern auch aus demjenigen genienhaften Wesen, das in diesen Hüllen wohnen soll und keimhaft auch bereits darin wohnt. In dem Maße, als es darin Einzug hält, kann dieses eigentliche Geist-Ich des Menschen die Hüllen-Natur verwandeln. Das Ich kann die Seele nicht nur ordnen und harmonisieren, es kann sie auch durchsichtig machen; es stiftet Frieden im Inneren und Liebefähigkeit nach außen hin. Die durchgeistigte Seele beginnt genienhaft auszustrahlen. Ergreift der

Geistkern des Menschenwesens die Hüllen, so durchdringt er schließlich nicht nur die Seele, sondern darüber hinaus auch unseren Leib und unser Blut, das Blut als Träger unseres Lebens. Seele, Leben und Leib können von innen heraus durchleuchtet und verwandelt werden; aber noch liegt der Bann der Gottentfremdung, der Sünde auf dem Menschen. Der Sinn des Christusgeschehens von der Menschwerdung bis zur Auferstehung hin liegt darin, dass in den entweihten Tempel, in das leere und unreine Gefäß des Menschenwesens ein höchstes Ich, das Ich der Menschheit, eingezogen ist. Der Leib eines Menschen ist zum Schauplatz eines großen Verwandlungsdramas geworden. Allen Menschen zugute wurde hier die Menschenform innerlich ganz und gar vom Geiste erfüllt und ergriffen. Ein heiliges Feuer loderte in den drei Jahren des Christuslebens. Von ihm wurden die irdischen Hüllen Seele, Leben und Leib ganz durchgeglüht und durchgeschmolzen. Was dann als Blut aus den Wunden des Gekreuzigten floss, war das durchgeistigte Leben; es war Lebensgeist, ewiges Leben. Und was als Leib in das Grab des Joseph von Arimathia gelegt wurde, war schließlich nur noch die äußere Andeutung eines geistigen Leibes, der ganz und gar vom Feuer des Geistes verwandelten Leibeshülle, des Geistesmenschen selbst. Was in dem Drama des Christuslebens, in Menschwerdung, Golgatha-Tod und Auferstehung vor sich gegangen ist, war die Erfüllung des Menschenwesens, ein erstes Mal in seiner ganzen Größe. Der dem Grab Entsteigende war der erste vollständige Mensch. In dem Menschen Jesus von Nazareth verwirklichte sich in einmaliger Majestät der später von Paulus geprägte Grundsatz: »Nicht ich, sondern Christus in mir.« Das war die erste, aber auch sogleich die vollkommenste Einwohnung Christi im Menschenwesen. Von da an kann jeder Mensch zur Behausung des Christus werden. Nicht ein fremdes Ich zieht dann in den Menschen ein, Verwandlung bewirkend. Er ist nun erst recht Er Selbst, weil das Christus-Ich das höhere Ich aller Menschen ist. Die Einwohnung Christi weckt in der Menschenseele die schlummernden Keime des Geistesmenschen auf. Das Christus-Ich hilft unserem eigenen wahren Ich, hereinzukommen und zuzugreifen, wirksam zu werden in der Durchgeistigung unseres ganzen

Wesens, sodass wir das Mysterium der Auferstehung erfahren. Nur der Christ fängt an, wirksam zu werden in der Durchgeistigung unseres ganzen Wesens, sodass wir das Mysterium der Auferstehung erfahren. Nur der Christ fängt an, ein vollständiger Mensch zu sein. Ohne die Christus-Einwohnung ist der Mensch für alle Zeiten ein Fragment. Erst durch Christus wohnt unser Geist in uns.

Auf gar keine Weise kann die echte Einwohnung mit einer passiven Haltung verbunden sein. Sie bedeutet· innerlichste, feuerverwandte Aktivität. Paulus sagt nicht, dass wir *durch* Christus sterben und auferstehen: Wir sollen *mit* ihm durch Tod und Auferstehung gehen. Damit ist das Bündnis gemeint, das Christus in uns mit unserem wahren Selbst schließt. Er macht unseren Geist zu der Feuerflamme, die den Ostersieg über den Tod erringt. Durch die helfende Kraft des Auferstandenen können wir, wenn auch erst nur ahnend und andeutungsweise, von innen heraus verwandelnd auf unsere Hüllen wirken. Und besonders in der Osterzeit dürfen wir uns in der Sphäre der Verwandlung, die die Welt der Geistleiblichkeit ist, heimisch machen.

*

Dreimal spricht die Oster-Weihehandlung vom Frohlocken. Die Natur kann frohlocken, wenn im Menschen durch die österliche Christuswirkung der innerste Lebenspuls zu frohlocken beginnt. Schließlich ertönt noch der Lobgesang von der »frohlockenden heilenden Kraft«, die vom Pulsieren des Christus-erwärmten Herzens ausgeht. Ein Arzt wird geahnt, der die Welt durch die Freude des Osterjubels heilt. Das ist der Ostermensch in uns. Mag er auch vorerst noch zart und keimend sein: In der Puppe regt sich der Schmetterling. Einmal wird er das Gehäuse durchstoßen und seine Flügel entfalten. Schlüpft der Falter aus, so ist der seelisch verarmten Menschheit der reine Osterjubel zurückgewonnen.

Ostern und das Weltall

An Ostern dürfen wir einander mit strahlendem Freude-Gruß begegnen, wie die Christen der Ostkirche es seit urchristlichen Zeiten tun. Ist doch Ostern der Geburtstag eines neuen Weltalls, der immerwährende Geburtsaugenblick einer neuen Erde und eines neuen Himmels. Die rechte Osterfreude hat kosmische Ausmaße; in den Jubel des österlichen Menschen stimmt die Kreatur, das Reich der Elemente, mit ein: Der Kreis der Erdenluft frohlockt in Wonne.

Aus den Tiefen des gesprengten Erdengrabes erhebt sich der Auferstandene, und die Natur blüht auf in neuem Licht. Maria Magdalena ist die erste Zeugin des neuen Lebens ringsumher: Sie schaut im Garten den Gärtner. Jahr für Jahr mischen sich fortan die Blüten des Karfreitags- und Osterzaubers unter die des natürlichen Frühlings. Vierzig Tage darauf sehen die Seinen den Auferstandenen voll und ganz zum Herrn der Elemente werden.

An Karfreitag und Ostern geschah eine Umkehrung des Sündenfalles. Seit unvordenklichen Zeiten ist alles in einer Abwärtsbewegung begriffen. Der Mensch fiel und riss die Kreatur immer tiefer in den Erdenstoff mit hinein. Nun beginnt nach dem tragischen Fall die Aufwärtsbewegung; und nicht zufällig ist der steigende Frühling die Jahreszeit des Ostervorganges. Eine wachsende Sphäre erleben wir Jahr für Jahr: Die Seele der Erde erhebt sich aus den Erdentiefen und tritt ihre Himmelfahrt an; vom Ostermorgen an wächst das Wunder der Auferstehung, die Sphäre des Auferstandenen, mit empor. Den Himmelfahrtsaufschwung können wir schon vom Osterfeste an spüren. Christus ist in den Rhythmus des Erdenlebens eingezogen. Es war nicht ein magischer Götterakt, durch den das neue Weltall erschaffen wurde, sodass es von da an ein für alle Mal dagewesen wäre. Es wäre ja sonst sehr viel einfacher, das Osterfest zu feiern. Man brauchte nur ein großes Dankfest zu begehen für das kosmische Wunder, das ohne Zutun der Menschheit von den Göttern vollbracht wurde. Es wäre auch nicht erforderlich, die Stationen der Karwoche vor dem Osterfest aktiv als innere Stufen zu durchschreiten, um ein Recht zum Feiern des Osterfestes zu erwerben. Es ist aber eine der tiefsten christlichen Wahrheiten, dass die Ereignisse, die dem Ostermorgen vorangingen, unseren Seelen ermöglichen sollen, an den fortschreitenden Osterprozess einen mitschöpferischen Anschluss zu finden. Wir müssen lernen, mit Christus zu leiden und zu sterben. Jahr für Jahr, durch unser ganzes Leben hindurch, müssen wir Fortschritte darin machen. Denn die Voraussetzung für das Aufsteigen des zu Ostern geborenen neuen Weltalls ist, dass die Menschen dabei mittun. Ob der Osterkeim aufgeht, hängt von uns ab.

*

In vier Sätzen können wir versuchen, das heute noch fast allgemein verschleierte Ostergeheimnis auszusprechen: »Die Gottheit schuf die Welt nicht von außen her, sondern von innen heraus.« Das bezieht sich auf die ursprüngliche Schöpfung der Welt. »Die Welt erkrankte und verdarb nicht von außen her, sondern von innen heraus.« Das war der Sündenfall. »Die Heilung der Welt erfolgt nicht von außen her, sondern von innen heraus.« Das ist der Sinn des Mysteriums von Golgatha. »Die Neuschöpfung der Welt erfolgt nicht von außen her, sondern von innen heraus.« Das ist das, worin wir mit dem alljährlichen Begehen des Osterfestes darinnenstehen. Auf uns ist gerechnet als auf die Mitarbeiter Gottes an der Zukunft der Welt. –

Die erste Weltschöpfung geschah nicht einfach von außen her. Die Gottheit ließ aus ihrem eigensten Innern den Liebewillen strömen, und dieser verdichtete sich zur Weltenwärme. Das Feuer der Liebe Gottes ist der erste Zustand der Welt. Und als die Schöpfung weiterschritt und sich verdichtete, kamen die anderen Elemente hinzu, zur Wärme das der Luft und des Wässrigen; und schließlich kristallisierte sich die feste Erde heraus. Davon spricht die Schöpfungsgeschichte des Alten Testamentes, indem sie beschreibt, wie der Geist Gottes über dem Urgewässer brütete. Da die alten Sprachen für Geist und Luft das gleiche Wort benützen und da fernerhin das Bildwort »brüten« Wärme-Ausstrahlung meint, ist hier also wirklich von Wärme, Luft, Wasser und Erde die Rede. Auf der Himmelsleiter der Elemente stieg aus dem Herzen Gottes die Schöpfung zu sich selbst herab. Im Menschen kam die Weltschöpfung zu ihrer vorläufigen Vollendung. In ihm entstand eine kleine Welt, ein Mikrokosmos, der den Makrokosmos, die große Welt, abbildet. Auch er musste sich aus den vier Elementen seine Leiblichkeit aufbauen. Er hat nicht nur einen physischen Leib. In seinem Organismus, in seinen Lebenskräften, ist er auf das wässrige Element angewiesen, in seiner Seele auf den Atem, das Wehen des göttlichen Windes in der Welt, und im Wärmeelement darf er als Geist-Wesen wohnen. Auch im Menschen schwebte, als er noch ganz den Schöpferabsichten Gottes entsprach, als er erst im Begriffe war, sich in eine sich verfestigende Erdenleiblichkeit hineinzuverkörpern, das Geistige über dem Urgewässer.

Dann aber ward die ganze Welt entstellt. Wodurch? Der Sündenfall wurde nicht von außen her bewirkt, sondern von innen heraus. Da trat eine Versuchermacht heran und verlockte den Menschen, der als Geistiges über dem noch Fließenden seiner Erdennatur schwebte, schneller, früher als es gedacht war, hinunterzusteigen. Als der Geist des Menschen nicht mehr über dem Wässrigen schweben blieb, sondern hinunterstieg; als das Wärme-Element sich in das Flüssige, wässrige Element hineinbegab, entstand das Blut, das den Einflüsterungen des Verführers zugänglich war. Im Blut verhärtete sich dann das Menschenwesen. Das Leben, das an das wässrige Element gebunden war, wurde getrübt und verfälscht. Der Tod hielt Einzug in das Menschenwesen. Die Sünde durchdrang das menschliche Blut, und der Sünde Sold war der Tod. Und nun riss der Mensch, da alles erst im Werden war, die Kreatur-Reiche in seinen Sturz mit hinein; es entstand das, was wir heute Materie nennen, der Erdenstoff mit seiner Schwere. Ganz von innen heraus wurde die Welt krank.

Da die Erkrankung der Welt im Menschen begonnen hat, muss im Menschen auch die Heilung beginnen, und zwar, weil die Krankheit in seinem Blute entstanden ist, ebenfalls in seinem Blute. Das ist das von Gott immer noch aufgesparte Mysterium unseres Blutes, dass hier das Wärme-Element unseres Wesens, in dem wir geistig leben, mit dem Wässrigen, das unsere Lebenskräfte trägt, verbunden ist. Wir können mit unserer Innerlichkeit nicht direkt auf unsere Leiblichkeit einwirken. Unser Geist kann nicht einfach den Stoff verwandeln. Aber alles, was innerlich in uns vor sich geht, wirkt auf die Wärme ein. Im Blute spiegelt sich, vom Erröten oder Erblassen angefangen, was in unserer Seele vor sich geht. Wir haben Einfluss auf unsere Leiblichkeit durch unsere Innerlichkeit, wenn auch zunächst nur auf den Wärmeteil derselben; aber von da aus pflanzt sich die Auswirkung unseres Innern fort auf den Atem, das Luftelement; weiter auf das Wässrige, das Lebenselement, und schließlich auf das Feste unseres physischen Leibes. Wäre das Ich des Menschen nicht durch den Sündenfall geschwächt, wäre es nicht sich selbst entfremdet, so könnte der Mensch aus eigener Kraft da, wo es abwärts gegangen ist, eine Aufwärtsentwicklung bewirken; er könnte vom Blut aus die Folgen des Sündenfalles überwinden. Aber hier zeigte sich mit schnell wachsender Deutlichkeit die tragische Begrenztheit des Menschenwesens. Immer stärker geriet der Mensch unter die Tyrannei des Todes. Dann kam der Eine und wurde Mensch. Ein Ich wohnte in dem, der drei Jahre lang in Menschengestalt über die Erde ging, das stark genug war, um zunächst das Blut den Widersachermächten zu entreißen und ganz und gar zu durchgeistigen. Das war das Wunder des Karfreitags, als das Blut aus den Wunden des Gekreuzigten floss und Gralsinhalt wurde. Was da im Blute Christi als großes neues Schöpfungswunder begonnen hatte, schritt fort: Am dritten Tage war auch der irdische Leib dem Tode entrissen, ganz zur Geistgestalt verwandelt. Das war die Heilung der Welt. Das ganz durchgeistigte Blut: Karfreitag; der ganz durchgeistigte Leib: Ostern. Sie waren die Erstlingsbestandteile des neuen Himmels und der neuen Erde.

*

Und nun haben wir Menschen einen Anschluss zu finden an das, was Christus für uns vollbracht hat. Wir müssen ihn am Anfang, nicht am Ende suchen. Wir können nicht sogleich auf einen Osteranteil rechnen, ohne zuvor den Karfreitagsanteil gewonnen zu haben. Nur ganz von innen heraus gewinnen wir Anteil an der neuen Welt: indem wir in unserem Blut das Blut Christi mitströmen lassen. Als bloßes Lippenbekenntnis bedeutet der Satz: »Nicht ich, sondern der Christus in mir«, nichts. Wir müssen ihn so in uns verwirklichen, dass wir auch sprechen könnten: Nicht mein Blut, sondern das Blut Christi in meinem Blute. Das ist der *Glaube.* Glauben aber heißt, das Blut Christi in das eigene Blut aufnehmen, das Herz öffnen, sodass durch unsere Adern ein höheres Element mitpulsieren kann. Wenn Christus in uns lebt, dann ist eine Macht in uns, die den Tod überwindet, und zwar in jedem einzelnen Blutstropfen. Es ist ein rechtes Osterwort: »Ist einer in Christus, so ist er eine neue Kreatur.« Kann einer mit Recht sagen: »Christus in mir«, so beginnt in ihm die neue Schöpfung; in ihm wird das neue Weltall geboren. Zur Osterzeit erklingen an unseren Altären die Worte, die uns zu einer innerlichen Anleitung werden können: von der Wärme, die des Herzens Schlag in frohlockende, heilende Kraft verwandelt. Ja, die Wärme muss es sein, aber nicht die durch unsere Herzenskälte zu beeinträchtigende Wärme, sondern die Schöpfungswärme eines neuen Urbeginns, die Liebe Christi. Wir dürfen frohlocken, weil in unserem Herzen der Pulsschlag Christi mitpulsiert, weil in unseren Adern sein Blut mitströmt.

Ist im Zeichen des Karfreitags die Wärme-Wandlung des Blutes errungen, so wird zu Ostern am Altare das andere Wort vom »Frohlocken« mit Recht ausgesprochen: dass Christus in den frohlockenden Lebenspuls des Menschen eingezogen ist. Und zugleich wird das Wort zur vollen Wahrheit, von dem wir ausgegangen sind: von dem wonnevollen Frohlocken, an dem »der Kreis der Erdenluft« teilnimmt. Beginnt das Frohlocken nicht im Menschen, so kann auch die Kreatur nicht Ostern feiern.

Paulus spricht vom Seufzen der Kreatur. Wir müssen und dürfen an Ostern vom Frohlocken der Kreatur sprechen. Aber doch nicht als von etwas, das von selber kommt. Sagt doch Paulus an der gleichen Stelle: Die Kreatur wartet auf die Offenbarung der Söhne Gottes; das heißt, die Natur wartet auf den Menschen. Es ist durchaus richtig, diese Worte auch so zu prägen: Die Kreatur-Reiche warten mit Sehnsucht darauf, dass unter den Menschen endlich die Söhne Gottes zu leuchten anfangen. Wenn das Ostergrün aus dem Rot des blutwarmen Menschen hervorleuchtet, dann bekommt das Frühlingsgrün um uns her mit allem Blühen überhaupt erst seinen Sinn. Wir haben erst ein Recht, uns durch den Frühling erfreuen zu lassen, wenn wir der Natur den innersten heiligsten Tribut entrichtet haben, ihr die Ausstrahlung des Christuswesens entgegenzutragen. Das eigentliche Karfreitagswort lautet: »Christus in uns«. Demgegenüber heißt das eigentliche Osterwort: »Wir in Christus«. Denn dann ist Der in uns, der größer ist als wir. Er ist in uns und zugleich um uns herum, weil er von uns ausstrahlt.

Christus ist da in unserer Welt, in unserer Gegenwart. Aber er ist, menschlich gesprochen, unter den Menschen heimatlos. Nur da hört er auf, heimatlos zu sein, wo Menschen das Wort verwirklichen: »Christus in mir«, indem sie ihm in ihren Herzen Wohnung geben. Zugleich findet dann der heimatlose Mensch Heimat in Christus, weil er Den in sich aufnimmt, der wie eine Sphäre aus dem Mittelpunkt seines eigenen Wesens wächst und ausstrahlt. Ostern ist eine ganze Sphäre, in der wir Heimat und Bürgerrecht erwerben können. Lernen wir in der Osterzeit zu sprechen: »Wir in Christus«, so entsteht um uns herum durch die Liebesstrahlung unseres Herzens eine neue Kreatur. Und wenn das auch nur in den bescheidensten Anfängen unter uns lebendig sein kann, so gebührt es sich dennoch, in dankbarer Freude über die Geburt des neuen Weltalls einander zuzurufen: »Christus ist auferstanden!« Und jeder antwortet: »Ja, er ist wahrhaftig auferstanden!«

Himmel und Himmelfahrt

Voll von farbigem Licht und atmender Wärme, von Blütenschimmer und Blütenduft, voll von Vogelflug und Vogelgezwitscher ist die nachösterliche Atmosphäre. Und wo alles Leben der Erde frohlockend in die Höhen strebt, blicken auch wir zum Himmel empor. Welch ein unermüdlich-schöpferisches Spiel der stetig wechselnden Wolken am Himmel des Frühlings! Welch ein drängendes Kraften und Sich-Verwandeln dort droben! Kein Wunder, dass auch auf dem Erdengrund alles so machtvoll wächst und gedeiht. Himmel und Erde wetteifern in Werdelust.

Keine Jahreszeit lässt uns so unmittelbar verspüren, was der Himmel ist mit seinen Kräften. Wie armselig und hilflos sind da die bewussten Gedanken und Vorstellungen, die der heutige Mensch mit dem Worte Himmel verbindet! Was ist »der Himmel«?

Seit Langem schon ist die neuere Naturwissenschaft bemüht, den Aberglauben abzuschaffen, der den Menschen zum Himmel emporschauen lässt als zu der erhabenen Wohnung der Gottheit, der himmlischen Heerscharen und der seligen Geister. Das fromme Traum- und Trugbild soll weichen, und der Ausblick soll frei werden in die Weiten des unendlichen Raumes, der nur da seine weltenstrenge Urkälte mildert, wo, der Sonne und der Erde gleich, die Gestirne ihre einsamen mathematischen Bahnen ziehen. Trotz und neben dem naturwissenschaftlichen Weltbilde ist jedoch, aus uralten Empfindungs- und Denkgewohnheiten heraus, weithin in den Seelen die naive Vorstellung lebendig geblieben, die Himmel und Erde einander gegenüberstellt als ein Jenseits und ein Diesseits.

Gegen den dualistischen Jenseitsglauben, der das Weltganze in eine Zweiheit auseinanderreißt, wehrt sich das moderne naturwissenschaftlich erzogene Denken mit Recht. Auch eine Weltanschauung, die das Geistig-Übersinnliche des Kosmos mit umspannt, muss sich gegen diesen Dualismus wenden.

Wo wäre denn die Grenze zwischen dem Diesseits und dem Jenseits? Im Bereich der Wolken? Über der die Erde atmosphärisch umhüllenden Luftschicht? Am Rande des planetarischen Systems unserer Sonne? Oder gar erst in den unendlichen Fernen des Fixsternhimmels? Die alten, noch spirituell getragenen Weltanschauungen und Sprachen legen es uns nahe, den Himmel sphärisch vorzustellen, also als den Innenraum einer Kugel. Sehen wir empor, am Tage zu den Wolken und in die blauenden Weiten, in der Nacht zu den funkelnden Sternen, so dringt unser Blick in die große Weltkugel, die allumfassende Sphäre hinein vor. Der »Himmel« beginnt nicht erst jenseits der weiten, durch die Gestirne angedeuteten Kugel-Oberfläche: Er ist der sphärische Raum selbst, den die Weltenkugel umschließt. All unser Erdendasein, was alles unsere Sinne wahrnehmen und unsere Seelen erspüren, es ist lebend-webend in dieser Sphäre geborgen. Nicht jenseitig-fern ist uns der Himmel, er umhüllt, trägt und durchdringt uns und mit uns alles diesseitige Dasein. Wir atmen in ihm, und wie unser Atem, so ist auch der planetarische Atem unserer Erde ein stilles, zwischen Rede und Antwort gleichmäßig wechselndes Gespräch mit ihm. Das materialistisch-naturwissenschaftliche Weltbild bestreitet den Dualismus, indem es das Diesseits mit seinen Gesetzmäßigkeiten ins Unendliche erweitert und so alles Jenseitige verdrängt. In einem spirituellen, das Geistig-Übersinnliche mit umspannenden Weltbild ist alles Diesseitig-Irdische von dem Kräftewirken und dem Leben des Jenseitig-Himmlischen tausendfältig durchdrungen.

Das Verhältnis von Himmel und Erde ist jedoch, so innig auch beide miteinander verbunden sind, nicht immer das gleiche. Darin beruht das Lebens- und Werdewunder der Jahreszeiten, dass die Erde im Hindurchgehen durch Frühling, Sommer, Herbst und Winter infolge eines großen Aus- und Einatmens ihrer Seele bald ganz verbunden und hingegeben ist an den Himmel, bald sich wieder von ihm loslöst, um zu sich selbst zurückzufinden.

Eine dualistische Weltbetrachtung, die Erde und Himmel getrennt einander gegenüberstellt, ist noch am ehesten berechtigt, wenn die Erde sich in ihrem Winterzustand befindet. Da ist die Erdenseele aus den Himmelshöhen ganz heimgekehrt und von den Erdentiefen eingeatmet. Nicht nur die Sonne ist der Erde ferne gerückt: Der ganze Himmel mit seinen Kräften schaut wie aus stolzer, kühler Feme auf die Erde herab. Demgegenüber ist der Sommer die alljährlich wiederkehrende Widerlegung des Dualismus. Da hat die Erde ganz voll ausgeatmet. Ihre Seele hat sich in alle Himmel ergossen, ist mit den licht- und wärmegesättigten Himmelshöhen vermählt, und alle Reiche der irdischen Natur sind geschwellt von den sie durchdringenden Kräften des Himmels.

Im Hochsommer und im Tiefwinter, zur Johanni- und zur Weihnachtszeit, hält die Erdenseele ihren Atem an. Sie geht durch kosmisch-erhabene Ruhe-Stationen hindurch: die Ruhe der größten Verhimmlichung und die Ruhe des größten In-sich-selber-Seins. Dazwischen liegt jedes Mal ein Stadium spannungsreicher dramatisch-dynamischer Selbstverwandlung: wenn im Frühling, in der Oster- und Nach-Osterzeit, die Erdenseele sich machtvoll drängend dem Himmel entgegenhebt und wenn sie im Herbst, zur Michaeliszeit, Abschied von den kosmischen Höhen feiert, um in die Tiefen des Irdischen zurückzutauchen. Die Zeit zwischen Ostern und Pfingsten ist diejenige, in welcher das Zusammenspiel der Erdenseele mit den Himmelskräften am spürbarsten und sinnenfälligsten vor unsere Seele hintritt. Wenn vor und um Ostern das geschmückte Grün des Pflanzenreiches durch die Scholle bricht, so sprengt zugleich die Erdenseele das große Grab, das sie den Winter über gefangen hielt.

Und nun, wie von schweren Fesseln befreit, wallt sie bald in still seligem, bald in stürmischem Frohlocken himmelwärts, in die Atmosphäre, in das Fruchtbarkeit spendende Wechselspiel der Wolken emporatmend. Ein wunderbares seelisches Wachstum, ein freudevoll ausströmender Steige-Sinn erfüllt den nachösterlichen Erdenumkreis.

In der Zeit, in die unser christliches Himmelfahrtsfest fällt, feiert die Natur um uns her *die Himmelfahrt der Erdenseele.*

*

Die vierzig Tage, in denen die Jünger zu Jerusalem die große Schicksalsgnade erfuhren, Umgang pflegen zu dürfen mit dem Auferstandenen, waren nicht zufällig mit dem Abschnitt des Jahreslaufes identisch, in welchem die Erdenseele neu den Himmel sucht und im Bunde mit den sie durchdringenden Himmelskräften ein neues Leben auf den Erdengrund hinzaubert. Es war, als ob die weltverjüngende Macht, die in der Gestalt des Auferstandenen vor die Jünger hintrat, von der Erdennatur gespiegelt und verbildlicht würde.

Das war das erstaunliche Wunder, das die Jünger nicht begreifen, sondern nur von ferne ahnen konnten und das auch die gesamte Christenheit erst allmählich voll zu verstehen imstande sein wird: dass der Christus sich in einer neuen Leiblichkeit offenbarte, dass er durch seine Auferstehung für das irdische Leibessein, ja, für die Erde selbst, den Urbeginn eines neuen Werdens und Lebens begründet hat.

Wenn ein Mensch stirbt, so reißt eine tyrannische Macht sein seelisch-geistiges Wesen aus der irdisch-leiblichen Hülle und damit überhaupt aus dem irdisch-diesseitigen Bereich heraus. Unser wahres Wesen ist unsterblich, aber da der Tod Macht über uns hat und uns jeglicher Vollmacht über das Irdische zu berauben trachtet, ist der Schauplatz unserer Unsterblichkeit eine jenseitige Sphäre, die durch eine Kluft von allem Irdischen getrennt ist. Der auf Golgatha durch den Tod ging, war mehr als ein Mensch. Und er besiegte den Tod. Ihn vermochte die dunkle tyrannische Macht nicht in ein Jenseits zu verweisen. Er blieb der Todgewalt zum Trotz triumphierend im Diesseits-Irdischen gegenwärtig, in das er aus den Götterhöhen des Himmels zur Menschwerdung herniedergestiegen war. Auferstehung ist mehr als Unsterblichkeit, und deshalb ist ihr Schauplatz die Erde und nicht eine jenseitige Welt. Dem Auferstandenen war die höchste Vollmacht des Geistes über den Erdenstoff zu eigen, und so vermochte er, durch die neue, unverwesliche geistige Leiblichkeit, in der er sich zwischen Ostern und

Himmelfahrt den Seinen offenbarte, den Keim und Urbeginn einer neuen Erde zu stiften. Die Wirkensrichtung seines Wesens war nicht von der Erde weg, sondern zur Erde hin. Das mussten die Jünger staunend gewahren, als der Auferstandene in ihrer Mitte fragte: »Habt ihr hier etwas zu essen?«, und als er zu Thomas sprach: »Reiche deine Finger her und deine Hand.«

Die überraschende Größe dessen, was sich am Ende der vierzig Tage zutrug, lag zunächst einfach darin, dass den Jüngern das Wunder der Begegnung mit dem Auferstandenen aus dem stillen, andachterfüllten Raume des Coenaculums folgte hinaus in die freie, von Werdelust durchatmete Natur auf dem Ölberggipfel. Das Wechselspiel der Wolken und Winde war ein so gänzlich anderer Hintergrund für das Ostermysterium! Der Auferstandene schien selbst den lebenerzeugenden Naturgewalten rings umher ähnlich zu werden.

Nichts ist falscher als die Vorstellung, der Auferstandene sei durch die Himmelfahrt in das Jenseits zurückgekehrt, aus dem er einst herniedergestiegen war. Er wurde nicht der Erde untreu, als die Wolke, die sich vor ihn hinwob, ihn vor den Blicken der Jünger »hinwegnahm«. Er verband sich nur umso inniger mit dem Erdensein. Wird doch auch die Erdenseele nicht der Erde untreu, wenn sie im Frühling bis zum Sommer hin ihre Himmelfahrt feiert. Wie im natürlichen Gang der Jahreszeiten Himmelskräfte in Fülle der Erde zugutekommen durch die Himmelfahrt der Erdenseele, so sind erst recht der Erde in sonnenhafter Fülle geistig-göttliche Himmelskräfte zugutegekommen und einverleibt worden durch die Himmelfahrt Christi. In einem wunderbaren seelischen Wachstum schauten die Jünger den Auferstandenen. Mit der wachsenden, steigenden Erdenseele sahen sie den Christus wachsen und steigen. Und als er ihren Blicken entschwand, kam das nur daher, weil ihre Seelen nicht stark genug waren, ihm zu folgen in seinem wunderbaren, der Erde zugutekommenden Wachstum. Nicht in einen jenseitigen Himmel wurde der Auferstandene vierzig Tage nach Ostern entrückt. Vielmehr wurde er damals zum »Herrn der Himmelskräfte auf Erden« erhöht. In die ganze Erdensphäre sich ergießend, übergehend in die irdische Allgegenwart, bewirkte er, dass die Erde anfing, zu einem Himmel zu werden. Ein höchstes, göttliches Jenseits wurde unzertrennlich mit dem irdischen Diesseits, es allmählich mehr und mehr durchdringend und durchseelend, verwoben und vermählt.

*

Das recht gefeierte und erlebte Himmelfahrtsfest wird einmal am meisten dazu beitragen, dass der Irrtum widerlegt wird, das Christentum sei eine »Jenseitsreligion«. Kein anderes Fest im christlichen Jahreslauf kann deutlicher zeigen, dass der Hunger und Durst unseres Zeitalters nach einer neuen Natur- und Diesseitsreligion eben gerade durch ein recht verstandenes und recht erlebtes Christentum gestillt werden kann: »Christus ist der Herr der Himmelskräfte *auf Erden«*, er ist die in das irdische Diesseits eingezogene Gottheit, der neue, wahre Erdgeist. Alljährlich, wenn die Erde frühlingsselig ausatmet, atmet auch das Wesen und die Kraft des auferstandenen Christus mit dem Atem der Erde den Höhen entgegen. Es erneuert sich bei jeder Himmelfahrt der Erdenseele das Geheimnis der Himmelfahrt Christi, der der Geist der Erde ist. Blicken wir in der Zeit des Himmelfahrtsfestes zu den wechselnden, leuchtenden oder spendenden Wolken empor, so ahnen wir dort die Erdenseele und zugleich eine kosmische Spur des mit der Erdenseele verbundenen Christuswesens. Wieder wohnt er im Wolkensein, das ihn einst vor den Blicken der Jünger hinwegnahm. Der Regen, den die Frühlingswolken der Erde spenden, ist ein äußerlich sichtbares Bild für den Segen aus den Höhen, den der Auferstandene in dieser Jahreszeit den Menschenseelen spendet, die ihn als den Herrn der Elemente zu erleben vermögen. Aus dem Himmelfahrtserlebnis wird sich einmal, wenn die geistige Kraft und Wahrnehmungsfähigkeit der Seelen groß genug sein wird, in besonderer Art das Erlebnis der Wiederkunft gebären: In dem Wolkensein, das ihn als den gen Himmel Fahrenden hinwegnahm, wird er sich als der Menschensohn dem geistigen Schauen offenbaren.
Vorerst können wir gerade in der Zeit des Himmelfahrtsfestes lernen, die Spuren und Spiegelungen der Himmelskräfte auf Erden mit

fühlendem Herzen zu erkennen, zu lieben und zu pflegen. Zu den schönsten Spiegelungen der gen Himmel gefahrenen Erdenseele gehören die Blüten und Blumen in ihrer farbigen Pracht, vor allem die Rosen, die dann um Pfingsten und Johanni in ihrem leuchtendsten Rot erglühen. Die wahren Erdenspiegelungen des mit der Erdenseele emporatmenden Christus sind die rot-erglühenden Flammen des pfingstlichen Geistes in den Seelen der Menschen.

Höllenfahrt und Himmelfahrt

Als die Jünger nach den wunderbar erfüllten vierzig österlichen Tagen ratlos dem Entschwindenden nachsahen und als die »zwei Männer in weißen Kleidern« zu ihnen sprachen: »Er wird wiederkommen, wie ihr ihn gesehen habt gen Himmel fahren« – wurden sie da auf eine ferne Zukunft vertröstet, die sie vielleicht selbst gar nicht mehr erleben würden?

Als der Christus noch im Erdenleibe lebte, hatte er einmal zu den Jüngern gesprochen: »Es stehen einige hier, die den Tod nicht schmecken werden, bis dass sie des Menschen Sohn kommen sehen in seinem Reich.« Das war kein Vertrösten auf eine unbestimmte Zukunft. Die Szene, die im Evangelium unmittelbar folgt, zeigt bereits den Anfang der Erfüllung: Auf dem Berge der Verklärung erleben die drei vertrautesten Jünger das beginnende Kommen des Menschensohnes in seinem Reich. So war auch die Himmelfahrtsverheißung, die das Geheimnis der Himmelfahrt mit dem der Wiederkunft verwob, nicht nur ein Zukunftshinweis. Ein Keim und Anfang der Erfüllung war bereits in dem Geschehen enthalten, dessen Zeugen die Jünger, ohne es zu begreifen, eben waren. Und zehn Tage darauf brachte der Pfingstmorgen die große Besiegelung dieser beginnenden Erfüllung.

Gewiss hat das Himmelfahrtserlebnis in den Jüngern zunächst die bestürzende Empfindung eines großen Verlustes ausgelöst: Dennoch muss sich eine Wahrheit dahinter verbergen, wenn uns das Himmelfahrtsfest in jedem Frühling als ein Fest innerlichen Gewinnes und stiller Beglückung wiederkehrt. Für diejenigen, die mit dem sakramentalen Leben der Christengemeinschaft mitleben, lichtet sich der verborgene Freudegehalt dieses Festes immer mehr auf. Vierzig Tage lang ist die österliche Weihehandlung gefeiert worden. Auf dem leuchtenden Osterrot des Altars und der Gewänder sprach das Grün der Figuren von dem neusprießenden Leben der Natur und der Seele. Wenn Himmelfahrt kommt, bleibt das österliche Rot bestehen, aber an die Stelle des Grüns tritt das Gold. Leise werden wir von dem Vordergrund der Sinneswelt, die ihren Frühlingsreichtum entfaltet, zu dem verborgenen schöpferischen Hintergrund aller Dinge geführt. Wir lernen gerade jetzt zu ahnen, dass alle Dinge verborgenerweise auf einem Goldgrunde ruhen, aus dem sie eigentlich stammen. Im Irdischen will sich uns der goldene Himmel offenbaren, der in allen Dingen schlummert. Die Sphäre der Keime und Ursprünge, die übersinnlich allem Sinnlich-Wahrnehmbaren zugrunde liegt, tut sich uns auf und gibt sich uns als der Himmel zu erkennen, in welchen der Auferstandene bei seiner Himmelfahrt eingetreten ist.

*

Wie zwischen Ostern und Pfingsten das Himmelfahrtserlebnis liegt, so liegt zwischen Karfreitag und Ostern der Vorgang, den die alte christliche Tradition die Höllenfahrt Christi genannt hat. Nach der üblichen Vorstellung ist der Christus, sowohl bei der Himmelfahrt als auch bei der Höllenfahrt, in eine jenseitige Welt entschwunden. Den Himmel stellt man sich vor als das obere, die Hölle, das allzu diesseitige Diesseits, als das untere Jenseits.

Welches sind in Wahrheit die Seelenwege, die der Christus durchschritt, als er durch den Golgatha-Tod gegangen war?

Indem er sich des Todesschicksals teilhaftig machte, dem alle Menschen unterworfen sind, trat er in die Sphäre der verstorbenen Seelen ein. Die Wesensrichtung der Verstorbenen ist diejenige, die von der Erde wegführt. Indem die Seelen in die außerirdischen Sphären emporsteigen, lösen sie sich vom Diesseits und werden zu Bürgern des Jenseits. Ist es der Seele leicht, sich zu lösen, so kann das Sterben einem Adlerfluge gleich sein. Die Seelen, denen es schwer ist, sich zu lösen, weil sie sich zu sehr mit unverwandeltem Irdischen vollgesogen haben, bleiben wohl noch lange als Schatten an die Erdennähe gefesselt, die Freiheit des Flügelschlags entbehrend, der sie in die Sphäre der wirklichen Unsterblichkeit emportrüge.

Bevor der Christus als Mensch auf die Erde kam, waren die Menschenseelen durchweg in Gefahr, ihrer Flügelkraft und damit der eigentlichen Unsterblichkeit verlustig zu gehen. Die alten Geisteskräfte versiegten, und das sich verhärtende Irdische übte immer gewalttätiger seine Macht über die Seelen aus. Das dunkle Mysterium des »zweiten Todes« zog in die Menschheit ein. Zu dem Leibes-Tod fügte sich immer erschreckender der Seelen-Tod hinzu, der das Menschenwesen außerstand setzte, sich zu den freien Höhen des wahren Jenseits emporzuschwingen. Damals wurde die Sphäre der Verstorbenen zum Hades, dem Reich der Schatten, zur Hölle, dem dunklen Reiche der Hel, und, wie die neutestamentlichen Schriften sagen, zum Gefängnis. Als aber Christus am Kreuze starb, trat er als einer in die Sphäre der verstorbenen Seelen ein, der im Besitz der wahren Unsterblichkeit war. Er zerriss die Fesseln der Dämmerung und trug den freien Atem des Lichts in das Reich der Schatten hinein. So schildert auch der 1. Petrus-Brief das Geheimnis der Höllenfahrt: »Er ist getötet worden nach dem Fleisch, aber lebendig gemacht worden nach dem Geist. Und so ist er auch hingegangen und hat das Heil verkündigt den Geistern im Gefängnis, die vor Zeiten die Kraft des Glaubens nicht besaßen … So wurde auch den Toten das Evangelium verkündet« (3,19; 4,6).

Die Toten feierten Ostern vor den Erdenmenschen; ihnen machte der Christus durch seinen Tod ihre Schicksalswege in die höheren Sphären wieder frei; durch ihn empfingen sie die Kraft, sich zu trennen und hoch emporzuschwingen. So kann es in der sakramentalen Handlung, die die Christengemeinschaft an den Gräbern verrichtet, heißen, dass Christus durch seinen Tod der Menschen Seelentod überwunden hat. Und wo die alten Glaubensbekenntnisse sagen: »Niedergefahren zur Hölle« – kann es heute heißen: »Im Tode wurde er der Beistand der verstorbenen Seelen, die ihr göttliches Sein verloren hatten.«

Durch die Höllenfahrt Christi wurde der Menschheit *das Jenseits,* als die wahre Sphäre der Unsterblichkeit, wiedergegeben.

*

Aber der Christus blieb nicht in der Sphäre der Verstorbenen; er schritt vorwärts zu der Auferstehung, die mehr ist als Unsterblichkeit. In der Himmelfahrt Christi vollendete sich seine Auferstehung. Sie bedeutete seinen Übergang in die irdische Allgegenwart. Entstand durch die Höllenfahrt eine befreite Jenseitigkeit der seelischen Kräfterichtung, so wurde durch die Himmelfahrt eine wirkliche Kräfte-Diesseitigkeit begründet. So sehr der Himmelfahrtsgedanke innerhalb der früheren und heute noch üblichen Vorstellungen für einen extremen Jenseitsglauben in Anspruch genommen worden ist, welcher Erde und Himmel, Diesseits und Jenseits dualistisch auseinanderreißt, so notwendig ist es heute zu betonen, dass in Wirklichkeit die Himmelfahrt Christi der Erde und dem Diesseits zugute geschehen ist.
Trat der Christus durch seinen Tod in die Sphäre der verstorbenen Seelen ein, die von der Erde fortstreben, so wuchs er vierzig Tage nach Ostern durch den fortschreitenden Vorgang der Auferstehung in eine Sphäre hinein, die verglichen werden kann mit der Sphäre der ungeborenen Seelen, deren Kräfterichtung zur Erde hinführt. Es war kein jenseitiger Himmel, in den der Christus entschwand. Es war die Sphäre derjenigen Himmelskräfte, die sich immerfort lebenzeugend und lebenweckend in alles Irdische hineinergießen wollen. Deshalb spricht die Menschenweihehandlung zur Himmelfahrtszeit davon, dass der Christus erhöht ist »zum Himmelssein *für* das Erdensein« und dass er nun im Erdensein leben kann, »das Erdensein mit Himmelssein verklärend«. Und an der Stelle, wo die alten Glaubensbekenntnisse sagen: »Aufgefahren gen Himmel« – kann es heute heißen: »Er ist seitdem der Herr der Himmelskräfte *auf Erden.*«
Die Jahreszeit um Himmelfahrt kann uns ein Lehrmeister für den wahren Himmelfahrtsgedanken sein. Wenn der Frühling fortschreitet, wird die Erde groß, sie wächst über sich hinaus. Ihre Seele atmet empor und erfüllt den atmosphärischen Umkreis, sodass eine wunderbare

Einheit von Himmel und Erde entsteht. Blicken wir in dieser Zeit zum Himmel empor, so nehmen wir nicht ein fernes Jenseits, sondern ein erhöhtes Diesseits wahr. Die Wolken, Luft und Winde über uns sind kein Jenseits, sie gehören zur Erde, rufen sie doch machtvoll auf ihr das Leben hervor. Der Himmel, den wir in der Frühlingszeit sehen, ist in Wahrheit *unsere* Welt. Durch die Himmelfahrt, die jetzt die Erdenseele vollführt, verliert sie sich dennoch nicht im All. Sie stärkt sich nur zu neuem Leben in sich selbst. Was der wunderbare Kreislauf des Wassers lehrt, wo die Feuchtigkeit, von der Wärme emporgezogen, aufsteigt zum Wolkensein, um sich im Regen als lebenspendendes Nass wieder zu ergießen, das beobachten wir in der Himmelfahrtszeit im ganzen Bereich der Erdenatmosphäre und Erdenseele. Die wahre Kräfterichtung des kosmischen Lebens führt jetzt allenthalben zur Erde hin. Eine wunderbare Diesseitsrichtung antwortet in allem Kräfteweben der Atmosphäre auf den Himmelsdrang der Erdenseele. Diese steigt nur empor, um des Himmels Gaben herunterzuholen. Öffnen sich die Blüten, so geschieht das, weil die Erde anfangen darf, Himmelsinhalte zu spiegeln; verrieseln die Blüten und fruchtet es im Verborgenen des Pflanzenreichs, so sind die Gaben des Himmels bereits auf der Erde angekommen und haben angefangen, irdische Gestalt anzunehmen. So auch ist es mit dem Geheimnis der Himmelfahrt Christi. Aus der besonderen Offenbarungsform, in welcher er vierzig Tage lang unter den Jüngern weilte, wuchs er in eine kosmisch-himmlische Weite hinein. Aber es war der im Irdischen wirkende und lebende Himmel, der ihn aufnahm: die Sphäre der Keime und Ursprünge, aus der das Irdische immerfort geboren wird. Fortan kann das Diesseits immer mehr mit dem Göttlichen durchdrungen werden. Die Höllenfahrt rettete dem Menschen das Jenseits, die Himmelfahrt rettete dem Göttlichen *das Diesseits.*

*

Das Himmelfahrtsgeheimnis recht zu empfinden, bereitet den Menschen auf Pfingsten, das Fest der Seelenerfüllung, vor. Mit der Himmelfahrt der blühenden Erdenseele kann sich eine Himmelfahrt der strebenden Menschenseele verbinden. Wie die Erde im Frühling größer ist als sie scheint, so ist auch der Mensch, wenn er nach dem Geist strebt, größer als er scheint, weil er dann über sich selbst hinauswächst Michael Bauer hat einmal gesagt: »Jeder Aufblick bedeutet die Regung von Willenskräften des Aufstiegs; wer nicht mehr aufblickt, der steigt auch nicht mehr auf.« Die Erde verliert sich nicht, indem sie über sich selbst hinauswächst, sondern findet sich in erhöhtem Sinn wieder; ebenso verliert der Mensch sich nicht, wenn er richtig zum Geist emporsteigt; er findet sich vielmehr erst wirklich selbst in seinem höheren Ich. Blicken wir im Frühling zum physischen Himmel empor, dann schauen wir in eine Welt hinein, die zu uns herniederkraftet. So auch stehen wir, wenn wir mit dem Himmelfahrtsgedanken zu der Christusgestalt emporblicken, einem Wesen gegenüber, das verwandelnd in unser Wesen eingreift und die Flamme des höheren Ich in uns entzünden will. Üben wir den »Aufblick zu ihm«, von dem in der Himmelfahrtszeit die Menschenweihehandlung spricht, so werden wir sein ewiges Kommen gewahr, das sich immer aufs Neue in unserem Innern durch die Flammenzeichen des höheren Ich ankündigt. Das Himmelfahrtsfest ist eine besondere Gelegenheit zum Einleben in das Geheimnis der Wiederkunft Christi. Wenn zu den Jüngern gesprochen wurde: »Er wird wiederkommen, *wie* ihr ihn gesehen habt gen Himmel fahren«, und wenn es heißt, dass Christus auf den Wolken des Himmels wiederkommt, so wie er damals von den Wolken des Himmels hinweggenommen wurde, dann deutet dies darauf hin, dass die Himmelfahrt Christi der Keim seiner Wiederkunft und dass seine Wiederkunft die Vollendung seiner Himmelfahrt ist.

Die Wiederkunft Christi steigert und vollendet die Höllenfahrt sowie die Himmelfahrt. Wer in Christus stirbt, stirbt in den Himmels-Tau hinein, der ihm Mut für das Jenseits gibt. Deshalb nehmen die Verstorbenen, die mit Christus verbunden sind, wie Paulus in den Thessalonicher-Briefen sagt, die Wiederkunft Christi eher wahr als die Erdenmenschen. *Christus gibt der Menschheit das neue Jenseits.* Und wer in Christus sein Erdenleben führt, ist immer mehr imstande, den Christus aus den Wolken des Himmels als Kraft der Begeisterung und

Verwandlung zu empfangen. *Christus gibt der Menschheit das neue Diesseits.* Ein wahres Himmelfahrts- und Wiederkunftsgebet ist deshalb der Novalis-Vers:

»In schweren Wolken sammle ihn, und lass ihn so herniederziehn.
In kühlen Strömen send ihn her, in Feuerflammen lodre er.
In Luft und Öl, in Klang und Tau durchdring er unsrer Erde Bau.«

Christus, der Herr der Elemente

Ein weltverwandelndes Ereignis leuchtete vierzig Tage nach Ostern in die Seelen der Jünger herein. Vierzig Tage lang waren sie in einem Hause beisammen gewesen. Der Raum auf dem Zionsberge in Jerusalem hatte sie umschlossen. Er gab ihnen die Möglichkeit des Innen-Seins, der Sammlung. Und so konnten sie an ihrem Tisch den Gast haben, dessen Gegenwart ihnen ein so großes Rätsel und doch zugleich eine so große Beseligung war: die fortwährende Quelle eines begnadeten Erkennens. Die Apostelgeschichte sagt ja, dass der Auferstandene vierzig Tage lang in ihrer Mitte war und sie über die Geheimnisse des Reiches Gottes belehrte. Dann fügte es das Schicksal, dass sie einmal draußen auf dem Ölberggipfel in der freien Natur die Gegenwart dieses Gastes aufs Neue erleben durften, nun nicht am Tische des Coenaculums, sondern am blütengeschmückten Tisch der Frühlingsnatur. Die Gestalt des Auferstandenen, wie sie sich ihnen jetzt zeigte, war so seltsam anders, so ganz neu; sie war in einem Wachstum begriffen und erhob sich in steigender Licht-Größe vor ihren Seelen. Der Auferstandene im Reich der Elemente: etwas Unerhörtes. Die Welt umher, Luft und Atmosphäre von Pflanzenwachstum und Blütenduft erfüllt, das drängende neue Leben stimmte so seltsam zusammen mit dem Licht und der Wärme, die von seiner Gestalt ausgingen. Was war das für ein bestürzend neues Geheimnis: Christus, der Herr der Elemente? – Aber kaum hatten sie ihn mit schauender Seele recht wahrgenommen, da war es eben jenes Reich der Elemente, die Atmosphäre der Erdenluft, das ihn vor ihren Augen hinwegnahm. Nun war er ihnen erst wirklich entschwunden. Auch die Begnadung, die sich im Innenraum, in der Sammlung des Coenaculums, vierzig Tage lang zugetragen hatte, wiederholte sich nicht mehr. Er war in einen anderen Daseinszustand übergegangen. Nur einen Augenblick lang, als er in die große Verwandlung eintrat, war es den Jüngern möglich gewesen, ihn zu erleben. Jetzt mussten sie ihn neu suchen; vergeblich sehnten sie sich nach ihm. Tiefe, ernste Traurigkeit war der Inhalt der zehn Tage, die folgten. Bis in der Sonnenaufgangs-Stunde am Pfingstmorgen eine erste ahnende Antwort ihre fragenden Seelen berührte. Wieder waren sie in dem Raum der vierzig Tage. Da auf einmal wuchs in ihrem eigenen Innern eine Kraft empor, die ihnen sagte: Er ist nicht fern von uns; jener Augenblick am Himmelfahrtstag hat ihn uns nicht entrückt – nein, er ist uns jetzt sogar näher als zuvor. Sie fühlten ihn in sich; die feurige Flamme der Einwohnung Christi entstieg in ihrem Herzen einem glimmenden Funken. Sie erlebten, wie sie nun selbst in den Wachstumsprozess hineingerissen wurden, der ihn zehn Tage zuvor vor ihren Augen hinweggenommen hatte. Das gab ihnen nicht nur Trost, sondern Antrieb und Kraft; es führte sie hinaus in die Welt und machte sie zu Aposteln. Dennoch müssen wir uns fragen, ob die Jünger durch das Pfingstereignis wohl schon eine volle Antwort auf die Frage bekommen haben, die der beseligende und dann doch so unerbittlich erlöschende Himmelfahrtsaugenblick in ihnen erweckt hatte. Das Rätsel blieb offen. Wann würde sich das fortsetzen, was sie auf dem Ölberg erlebten: der Auferstandene, wie ein König in Gloria aufgenommen von der Kreatur im Reich der Elemente?

*

Zur Zeit des Himmelfahrtsfestes sind wir von dem Blütenmeer der Frühlingsnatur umgeben. Üppiger, prächtiger als sonst blüht alles. Das Geheimnis der Blüte gehört auf das innigste mit dem Geheimnis der Himmelfahrt zusammen. Wie kommt es denn dazu, dass die Pflanzen und Bäume blühen? Wie kommt dieses Wunder zustande, vor dem wir nur deshalb nicht immer wieder neu erstaunen, weil wir uns längst viel zu sehr daran gewöhnt haben? Die Frühlingssonne lockt die Erdenseele emporzusteigen, und so hebt sie sich aus den Erdentiefen, in die sie sich im Winter zurückgezogen hatte. Dann überdeckt sich das

Erdenrund mit der grünenden Fülle des neuen Lebens. Aber noch ist es die Erde, die sich zeigt, wenn die Wiesen sprießen und das grüne Laub aus den Zweigen bricht. Sie zeigt, dass sie sich zum Aufschwung ihrer Seele entschlossen hat. Und dann kommt mit einem Male das Weiß und Rot, das farbige Bunt der Blüten. Das ist nicht mehr die Erde allein. Das könnte sie nicht hervorbringen, wenn das Sichaufschwingen und Emporsteigen ihrer Seele nicht schon bis dahin vorgedrungen wäre, wo ihr eine Antwort des Himmels wesenhaft entgegenkommt. Das Grün ist noch von der Erde, die Blüten sind bereits vom Himmel. Das Blühen um uns her zeigt an, dass die Erdenseele selbst sich in einem Himmelfahrtszustand befindet, in einem Emporsteigen, das bereits zu einer Berührung mit dem Himmel geführt hat. Die bräutlich hingegebene Erde hat sich dem Himmel vermählen können. Das Dichterwort spricht mehr als eine bloß poetische Wahrheit aus:

> »Es war, als hätt' der Himmel die Erde still geküsst,
> Dass sie im Blütenschimmer von ihm nun träumen müsst.«

Im Blühen kommt eine Himmelfahrt der Erdenseele an ihr Ziel. Der Himmel, zu dem sie emporstrebt, ist ja kein blasses Jenseits. Er ist die übersinnliche Sphäre, die all unser Erdensein trägt und durchdringt und dennoch nur da nahe ist, wo Aufschwungskräfte walten, die den Bann der bloßen Diesseitigkeit brechen. In jedem Frühling bringt unsere Erde solche Aufschwungskräfte hervor. Zeigt das nicht die ganze Natur in tausend wunderbaren Gleichnissen an? Ein Baum ist, solange er noch kahl dasteht, eigentlich nichts als eine Frage. Bekleidet er sich aber mit grünem Laub, bildet er dann nicht mit seiner Krone die Erde ab, als ob nun sein Stamm das Mittel wäre, durch das die Erde ein Abbild ihrer selbst dem Himmel entgegenhebt? Die Erde lässt ihren Aufschwungs- und Himmelfahrtswillen erkennen. Und wenn sich dann die gleichen Baumkronen, zuerst an den Kirschbäumen, dann an den Birn- und Apfelbäumen, mit Blüten überkleiden, so ist es, als ob der Himmel, zu dem die Erde sich tausendfältig emporhebt, spräche: Du Erde kannst selbst ein Himmel sein. Und unversehens wird aus den Abbildern der Erde in den Baumkronen ein seligmachendes ausgebreitetes Feld von Abbildern des Himmels auf Erden. Und wenn dann die Blüten so bald schon wieder anfangen, zu Boden zu rieseln, hat dann nur unser furchtsames Erschauern vor der schnellen Vergänglichkeit Recht? Es war ja fast nur ein Augenblick, der uns den Himmelsglanz schauen ließ. Ein leiser Schatten des Verlustes ist da über uns gekommen, den die Jünger so schnell nach dem Aufglänzen des Himmelfahrtslichtes erlitten. Bringt, wenn zehn Tage nach Himmelfahrt die Blütenpracht erloschen ist, das Fest, das dann folgt, die tröstliche Auflösung des Rätsels, wie es damals der Pfingstmorgen tat? So wie im Innern der Jünger das so kurz aufblühende Geheimnis der Himmelfahrt zu den Pfingstflammen heranreifte, so folgt in der Natur auf das farbige Blühen das pfingstflammenartige Reifen in den Fruchtknoten. Millionen unsichtbare Pfingstflämmchen, die uns die Ahnung von den künftigen Gaben des Himmels erwecken, lösen den sichtbaren Farbenschimmer ab. Ebenso wie die Blüten nicht von der Erde, sondern vom Himmel waren, ebenso sind nachher die Früchte an den Bäumen Gaben des Himmels an die Erde, Ergebnisse, Erträgnisse der Himmelfahrt, die die Erdenseele vollzogen hat. Gleicherweise war Pfingsten, wenn die Jünger dies auch nicht sogleich voll verstehen konnten, ein Ergebnis der großen Umwandlung, die sie auf dem Ölberg an der Christuswesenheit gewahr geworden waren. Das Fruchten begann, das aus dem Blühen hervorging. Die Menschenseelen selber waren die Fruchtknoten, umgeben von der Flamme des Reifens.

*

Einmal wird durch das recht verstandene Himmelfahrtsfest der Himmelfahrtsgedanke zu einem Grundprinzip der Frömmigkeit geworden sein. Dann wird das christliche Leben eine ganz andere Stimmung entfalten als in der Vergangenheit. Es gibt wohl keinen schöneren Ausdruck für die Nutzanwendung der Unterweisung, die uns die Himmelfahrtsnatur gibt, als den Spruch von Angelus Silesius:

»Blüh auf, gefror'ner Christ, der Mai ist vor der Tür.
Du bleibest ewig tot, blühst du nicht jetzt und hier.«

Das Christ-Sein soll in der Menschheit so werden, dass man es als einen Zustand des Blühens bezeichnen kann. Blüht aber heute schon der Mensch auf dadurch, dass er Christ ist? Wie kann der Mensch die Himmelfahrtsaufforderung des Angelus Silesius erfüllen? Wodurch blüht der eingefror'ne Christ auf?
Hier erschließt sich uns ein neuer Zugang zum Geheimnis des *Gebetes.* Wahres Beten ist ein Aufblühen der Seele. Nach den Stimmungen der bisherigen christlichen Entwicklung mag das paradox erscheinen. Man hat sich an die Vorstellung gewöhnt, Beten sei ein Eintreten in den allerletzten Ernst der Selbstzerknirschung. Gewiss gehört die Pflege des Gebetes zu den ernstesten Lebensinhalten, dennoch blüht, wenn es recht geschieht, die Seele dadurch auf. Und das Himmelfahrtsfest könnte im Jahreslauf die große Lehrstunde des Betens sein. Dann ist das Gebet kein Sich-Verkrampfen: Beten wird zur Anbetung, d.h. zu einer inneren Erhebung der Seele und einem Freiwerden von der Erdenschwere. Ein Zum-Himmel-Streben ist mit ihm verbunden, wie es in der Natur draußen mit dem Blühen des Pflanzenreiches verbunden ist. Jeder Egoismus im Gebet macht die Seele klein und lässt das Menschenwesen sauer werden. Das Beten jedoch, das zur Anbetung wird, weil der Mensch nicht allein wegen seiner persönlichen Wünsche und Anliegen betet, sondern um Gott zu danken und ihn zu lobpreisen, lässt die Seele über sich selbst hinauswachsen. Zu dem Aufschwungsraum der Erdenseele, den uns die blühende Natur zeigt, tritt der Aufschwungsraum der Menschenseele als Entsprechung hinzu.
Wird nicht die Natur unter dem Himmelfahrtsgleichnis zu einem Tempelraum, in welchem eine heilige Handlung zelebriert wird? Wir dürfen nur nicht an den abstrakten Vorstellungen festhalten, für die der Himmel ein Jenseits ist, durch eine unüberbrückbare Kluft vom Diesseits getrennt. Nicht so und so viele Lichtjahre sind wir vom Himmel entfernt: Uns trennt von ihm nur der einzige Schritt, den wir durch den Aufschwung der Seele vollziehen. *Ohne* diesen Aufschwung sind wir im Diesseits festgefahren. *Mit* ihm berühren wir den Himmel gleich der Erdennatur, wenn die Bäume blühen. Ist mit den Blüten draußen nicht ein sakramentales Gleichnis verbunden? Wenn die

Blütenkelche millionenfältig zum Himmel emporgehoben werden, damit der Himmel sie mit seinem Inhalt fülle, kennen wir das nicht aus unserem Erleben vor dem Altar, wo wir uns doch auch in einer Schule des Gebetes befinden? Am Altare wird der Kelch emporgehoben, eine sichtbare Andeutung wird vollzogen für die Himmelfahrtsbewegung der Seele. Und wenn der Duft der Blumen und Blüten ausströmt, ist es dann nicht, als ob am Altare der Natur der Weihrauch emporstiege? Vor dem Altar des Sakramentes ist der Weihrauch eine andere Sichtbarwerdung der zum Himmel emporstrebenden anbetenden Hingabe. Eine wunderbare Übereinstimmung und Synonymität waltet zwischen dem Tempel des Frühlings und dem Tempel des Altars, zwischen der Aufschwungsgebärde der Natur, wenn sie blüht, und der der Seele, wenn sie betet. Das Himmelfahrts-Motiv offenbart einen geheimen Einklang zwischen Natur und Religion. Es gibt genügend Lebensgebiete, wo Diskrepanzen zwischen der Frömmigkeit und dem Alltagsleben klaffen, wo Natur und Geist sich nicht finden wollen; aber an Himmelfahrt finden sie sich und sprechen beide das gleiche Wort. Dann können wir von dem Gleichnis des Aufschwungszaubers in der Frühlingsnatur lernen für die stilleren Erhebungen unserer Seele. Es gehört zum Wesen von Kultus und Sakrament, es ist der Sinn der Anbetung vor dem Altare, dass hier Menschen sich darin üben, den Himmel auf Erden zu finden. Das unterscheidet die kultische Frömmigkeit von allem bloß lehrhaft-moralischen Predigtwesen, dass hier ein Himmel sich wölbt, in den der Mensch eintauchen darf. So wie die Blüten draußen entstehen, weil die Pflanzenwelt eintauchen darf in den Himmel hier auf Erden, so dürfen wir in das Geheimnis des betenden Aufblühens hineinwachsen, weil sich der Himmel der göttlichen Gegenwart über uns wölbt. Eigentlich beleuchtet der Himmelfahrtsgedanke das Wesen der Religion überhaupt. Darauf muss einmal hingewiesen werden, weil so viel unhimmelfahrtliche Religion in der Welt entstanden ist. Re-li-gio heißt ja »Wiederverbindung«. Wie wollen wir uns denn anders wieder mit dem Himmel, aus dem wir stammen, verbinden als durch ein solches Beten und Anbeten, in welchem das Himmelfahrtsgeheimnis lebt? Wenn einmal das Himmelfahrtsfest seinen

vollen Sinn und seine ausstrahlende Kraft erlangt hat, wird es wieder wahre Religion auf Erden geben.
Wir durchschreiten mit dem Himmelfahrtsgedanken die Menschenweihehandlung. Wenn nach dem Wort des Evangeliums die Gemeinde die Opferung vollzieht, in welcher sich die Himmelfahrtsbilder der Kelcherhebung und des aufsteigenden Weihrauchs entfalten, so stehen wir in einem das ganze Jahr hindurch lebendigen Himmelfahrtsgeschehen. Wir lernen opfern, d.h. mit der eigenen Seele zu wachsen und zu steigen und aus uns herauszugehen. Auf die Opferung folgt die Wandlung, genauso wie Pfingsten auf Himmelfahrt folgt, wenn nämlich der Reifeprozess in den Fruchtknoten die Gaben des Himmels dem Erdendasein einfügt. Das Gebet wird erhört: Ihm antwortet der Himmel durch seinen erdverwandelnden Segen. Im Gang von der Opferung zur Wandlung könnte sich ein ewiger Frühling, ein fortwährendes Blühen und Früchtetragen in den Jahreslauf hereinverweben. Wenn z.B. in der Menschenweihehandlung der Satz immer wiederkehrt, dass die Gnade des Gottesgeistes erdenwärts strömen möge, wie dieses Opfer himmelwärts strebt, so webt sich darin im genauesten Sinne ein Himmelfahrtsgebet durch das ganze Jahr. Um das Pfingstwunder eines höheren Fruchtens wird gebeten: des Geistes Gnadekraft; und das Gebet selber ist ein Zum-Himmel-Emporblühen der sich hingebenden Seele. Die Gnade des Himmels könnte dann wohl auch einmal dazu führen, dass die Menschen, die das Christentum ernstnehmen, die fröhlicheren Gesichter haben und dass sie inmitten allen müden Verwelkens seelisch aufblühende Menschen sind.

*

Was ist nun eigentlich vierzig Tage nach Ostern geschehen? Was war es, das wie eine große kosmische Ahnung und doch zugleich wie eine ungelöste Frage vor den Jüngern auf dem Ölberggipfel aufleuchtete? – Der Auferstandene trat in ein neues Stadium seines eigenen Werdens ein. Auf den fortschreitenden Gestaltenwandel des Christuswesens möge einmal aus dem Wortlaut der Menschenweihehandlung ein Licht fallen. Wenn im dritten Teile das Geheimnis der Wandlung, bevor es die Elemente von Brot und Wein voll erreicht, die Kräfte der menschlichen Seele berührt, wird von dem verwandelten Denken gesprochen, dass in ihm fortan lebendig ist: der Leidenstod Christi, seine Auferstehung und seine Offenbarung. Hier wird mit dem Worte »Offenbarung« der Zustand bezeichnet, in welchen Christus nach dem Durchgang durch Tod und Auferstehung eingetreten ist. In diesem Sinne ist jenes Ereignis, das die Jünger vierzig Tage nach Ostern erlebt haben, der Anfang der Offenbarung. Wie sollen wir das verstehen? Der Himmel, in den sich der Auferstandene damals erhob, ist die Sphäre, aus der uns seine Offenbarung zuströmen kann. Worte wie »Offenbarung« müssen und können heute wieder in ihrem vollen Gewicht genommen werden. Sie sind, wenn man sie recht bedenkt, so unerhört, dass man sie gar nicht ohne eine Atembeklemmung hören oder aussprechen dürfte. Man muss sich von ihnen aus dem Schlaf rütteln lassen. Was ist »Offenbarung«?

Lassen wir einmal die Szene auf dem Ölberggipfel an uns vorüberziehen, wie die Apostelgeschichte sie beschreibt. »Da er solches gesagt hatte, wurde er aufgehoben zusehends« – er wuchs, seine Gestalt wurde größer, die Jünger mussten sozusagen emporschauen, um ihm noch folgen zu können. »Und eine Wolke nahm ihn vor ihren Augen weg.« Damit ist nicht eine Wolke gemeint, die plötzlich dicht über dem Erdboden erscheint, um eine Gestalt, die vorher auf der Erde stand, unsichtbar zu machen. Die Wolke ist die ganze Atmosphäre, der ganze Kräftebereich, wo unter dem Einfluss der Wärme das Wässrige emporsteigt, um sich zur Wolke zu verdichten und als Regen oder Tau wiederzukehren. Das Reich der Elemente nimmt ihn hinweg. Wie kann das sein? Nicht, dass er nun nicht mehr da ist; sondern er wächst in eine andere Sphäre hinein. Die Jünger konnten ihn gerade noch schauen, als er in diese Sphäre eintrat; aber als er sie voll erfüllte, war er so mächtig geworden, dass ihr Auge ihm nicht mehr zu folgen vermochte. Sie sahen ihn nicht mehr, weil ihr Sehvermögen für ihn nicht mehr ausreichte. Wie wunderbar ist es, die Sonne anzuschauen, wenn sie morgens aufgeht. Wenn sie aber höher steigt, gewinnt sie allmählich so viel Licht, dass wir nicht mehr in sie hineinschauen können.

Dann sehen wir buchstäblich die Sonne vor lauter Licht nicht mehr. Und schauen wir dennoch weiter hinein, so werden wir von dem Licht geblendet. So ist es den Jüngern ergangen, als sie ihm nachsahen. Die Himmelfahrt war kein Entschwinden in ein nicht zu erreichendes Jenseits. Der Himmel, der ihn aufnahm, ist die Sphäre des Übersinnlichen in unserer Sinneswelt. »Da standen bei ihnen zwei Männer in weißen Kleidern.« Vorher waren die beiden Gestalten den Frauen am Grabe erschienen. Sie sprechen: »Ihr Männer von Galiläa, was steht ihr da und sehet gen Himmel? Dieser Jesus, welcher von euch ist aufgenommen gen Himmel, wird kommen, wie ihr ihn gesehen habt gen Himmel fahren.« Was soll das heißen? Er ist nicht weg und kann deshalb nicht eigentlich wiederkommen. Er kommt dann wieder, wenn ihm sozusagen die innere Kraft und das seelische Sehvermögen der Menschen nachgewachsen sind. Es muss nun also in der Menschheit auch ein Wachstum vor sich gehen. Das Bewusstsein der Menschen muss erweitert werden. Was heißt es denn, dass er kommen wird, wie er entschwunden ist? Ein Bogen spannt sich zwischen Himmelfahrt und »Wiederkunft«. Die Wolke hat ihn in sich aufgenommen. Und in den Evangelien heißt es: »Er wird kommen auf den Wolken des Himmels.« Im Licht der Himmelfahrtsstunde heißt dies Evangelienwort, dass wir Christus suchen dürfen im Reich der Elemente, da wo im Irdischen das Wässrige, das Luftförmige und das Wärmeförmige sich verbinden, um das Wachsen und Steigen und Fallen, den wunderbaren Kreislauf der Kräfte zu bewirken. Er entschwand aus der Sichtbarkeit, weil die Menschenseelen es nicht vermochten, ihm zu folgen. Durch die Kraft des Christus darf und muss die innere Kraft in uns wachsen, bis wir ihn wieder wahrnehmen oder seine Nähe wenigstens wieder spüren können.

*

Nach dem Wortlaut der Menschenweihehandlung ist die »Wolke« die Sphäre der »Offenbarung«. Wir müssen heute noch bescheiden sagen: Sie *wird* es sein. Aber wir dürfen wissen: Wenn wir auch noch blind sind, von dort her, wohin er entschwand, wird er sich uns offenbaren.

Zu eben dieser Sphäre hin lernen wir den Himmelfahrtsaufschwung der wahren Anbetung zu lenken. Von hier aus wird ersichtlich, welch unerhörtes Wort den Anfang der Menschenweihehandlung bildet. Der erste Satz, der am Altar gesprochen wird, bittet um die Würdigkeit, die heilige Handlung zu vollbringen »aus der Offenbarung Christi«. Wir treten unter die Sphäre, in die hinein der Auferstandene emporgewachsen ist: Zu ihr soll uns die Aufschwungskraft unseres Gebetes tragen. Die ganze Menschenweihehandlung soll nichts anderes sein, als dass wir uns dahin erheben, von wo aus er sich uns offenbaren kann. So wird, um die innere Aktivität auszudrücken, die zum Empfang des Kelches erforderlich ist, von der Kraft des »Bekennens« gesprochen, die uns mit dem verbindet, was »durch Christus geoffenbaret ist«.

Anbetung muss auch Bekenntnis sein. Warum? Weil es nicht ausreicht, wenn nur das Gefühl sich erhebt. Wenn der denkende und bewusste Mensch mitgeht, wird Anbetung zum Bekenntnis. Sich zu Christus bekennen, ist eine fortgeschrittene Art des Betens zu Christus, denn dann sind wir als erkennende Menschen im Gebet darin. Das Gebet hat nicht eigentlich den Sinn, dass ich etwas bekomme, sondern dass ich etwas gebe, dass ich mich hingebe. Anbetung, Bekenntnis ist der Sinn des Gebetes. Wenn ich aber bekennend in die Offenbarung hineinwachse, so wird aus Bekenntnis Erkenntnis. Das ist dann nicht mehr ein bloß irdisch-flaches Erkennen: Die Gnade der Offenbarung neigt sich unserem Bewusstsein. Wenn wir wirklich Heimatrecht gewinnen im Himmelfahrtsbereich des Sakramentes, wo die Menschenseele im Lichte der Gottesgnade durch das Gebet aufblüht, so werden wir immer bewusstere Christen werden und auf dem inneren Felde immer besser wissen, was wir wollen sollen. Sicherheit wird einziehen in unsere Seelen. Wodurch geschieht das?

Denjenigen, die sich richtig vor dem Altar mit den anderen versammeln und in die Kunst des Gebetes hineinwachsen, wird, ohne dass sie es immer sogleich bemerken, anderes einfallen als vorher. Sie kommen auf bessere Gedanken und wissen, welche Entschlüsse sie fassen und welche Wege sie gehen sollen. Man kann ein unendlich fleißiger Mensch sein und viel Erfolg haben oder auch Misserfolg – es fällt einem mit der Zeit nichts wahrhaft Fruchtbares mehr ein. Man hat höchstens noch die Gedanken der Klugheit, die aber für das eigentliche Menschendasein nicht ausreichen. Der betende und sich bekennende Mensch jedoch, der etwas von dem Himmelfahrtsgeheimnis der Aufschwungskräfte weiß und übt, wird lichtvolle Gedanken haben. Die Welt, zu der er sich erhebt, fängt an, sich ihm zu offenbaren. Es ist, als ob sie sich zu einer Wolke verdichtet und als ob ihn aus dieser Wolke ein goldener Regen berührt. Das braucht nicht gleich in Form bedeutender übersinnlicher Erlebnisse oder genialer Erfindungen einzutreten, aber man ist als bewusster Mensch gesegnet. Nicht nur das Gefühl, auch das Bewusstsein des Menschen kann gesegnet werden. Und wir fangen an zu verstehen, warum es gerade das Pfingstfest ist, das auf Himmelfahrt folgt. Warum hat man das eigentlich niemals voll ernstgenommen, dass die erste neue Manifestation des Auferstandenen darin bestand, dass die Jünger inspiriert wurden, dass sie den Heiligen Geist empfingen? Den Pfingstgedanken haben höchstens sektiererische Kreise in den Mittelpunkt gestellt, die unter heiligem Geist ekstatische Absonderlichkeiten verstanden. Das Wesen des Heiligen Geistes ist Offenbarung, Inspiration. Natürlich dürfen wir es uns nicht durch Ungeduld verscherzen, unter die Wolke von Himmelfahrt und Wiederkunft zu kommen und dadurch den Weg zum Pfingstfeste zu finden. Das Geheimnis, dass ein allgegenwärtiges Pfingsten auf eine allgegenwärtige Himmelfahrt folgt, muss uns zu einer wahren Gebets- und Andachtsgeduld erziehen. Aber Sicherheit kann und wird uns auch schon bei den ersten Schritten zuteilwerden, durch die wir uns der Welt der Offenbarung nähern, weil wir dann bereits substanziell von ihr berührt werden. Der Himmel, in dem wir den Auferstandenen suchen dürfen, ist kein fernes Jenseits. In unserem Diesseits stehend und in den Aufgaben, die wir hier zu erfüllen haben, können wir Dem nahe sein, der zum »Herrn der Himmelskräfte auf Erden« geworden ist. Auf der Erde können in uns und durch uns die ersten Früchte der »Offenbarung Christi« reifen. Am Himmelfahrtsfest spricht die Menschenweihehandlung vom durchchristeten Diesseits, indem sie sich zu Christus wendet, der in der Erdenwelt lebt, das Erdensein mit

Himmelssein verklärend. Das Licht der Offenbarung Christi, der Gloria Gottes, erstrahlt nicht nur hoch über uns. Durch das Geheimnis der Wandlung leuchtet es als aufkeimendes Verklärungslicht aus dem Reich der Erden-Elemente hervor. Wie der Frühlingshimmel in der blühenden Erden-Natur ein Echo von himmlischem Leuchten erweckt, so schafft sich die Welt der Offenbarung Christi einen Lichtspiegel überall da, wo im Menschen und in der Kreatur das Leuchten der Verklärung anhebt.

Das Fest der Himmelfahrt

Das Himmelfahrtsfest enthält den Keim eines zukünftigen kosmischen Christentums, indem es uns über das wahre Verhältnis zwischen Himmel und Erde belehrt. Es zeigt uns, wie durch das Mysterium von Golgatha der Abgrund zwischen dem Diesseits und dem Jenseits überbrückt und ein wachsendes Ineinanderklingen von Himmel und Erde, eine wunderbare Frühlingszwiesprache zwischen Oben und Unten, begründet worden ist.

In der Mitte zwischen Frühlings- und Sommer-Anfang ist es das Fest der Elemente. Denn die Elemente bilden die Erde unter dem Schutz der höheren Welten, unter dem Patronat des Himmels. Nur müssen wir, die wir uns daran gewöhnt haben, den Blick bloß noch auf die Außenseite der Naturvorgänge zu richten, in uns den Sinn erst wieder neu erwecken für die Art, wie durch die Elemente der Himmel fortwährend mit der Erde verkehrt.

Die Elemente begleiten den Jahreslauf mit ihrem Spiel. Solange der Winter herrscht, ist auf der Erde alles im eigentlichen Sinne »Erde«. Alles strebt zu dem Element des Festen, des Geformten und Kristallisierten hin. Sogar das Wasser möchte, indem es gefriert, auf seine strömende Bewegung verzichten und sich dem Element des Mineralischen anpassen. Wenn aber der Frühling kommt, dann rauschen die Bäche, fließen die Ströme, steigen die Säfte. Das wässrige Element übernimmt die Führung und bewegt das Verfestigte. Es zeigt sich, dass die Erde ein lebendiges Wesen ist: dass sie nicht nur einen Leib, sondern auch strömendes Leben hat. Und wenn in der Frühlingsmitte der Sommer bereits seine Vorboten sendet, so rückt der Akzent des Werdens auf das dritte Element: Die Luft kommt in eine zauberhaft-neue, schöpferische Regsamkeit. Im Herannahen fängt das vierte Element zu wirken an, das bald als Sommerwärme alles durchdringen wird. Vorerst regt es sich in einer mysterienhaften Zurückhaltung und Verhüllung. Eben dadurch lässt es aus den Sternenhöhen dasjenige Feuer mit herein, das die Griechen das Empyreum, den Feuerhimmel, nannten. Der Ruf der Weltenwärme durchwebt die Atmosphäre; er erreicht aber auch das wässrige Element. Und nun hebt zwischen Luft und Feuchte ein schöpferischer Umgang an. Das Wasser, durch die Sonnenstrahlen, die Abgesandten der Weltenwärme, emporgerufen, beginnt seine Himmelfahrt. Durch seine Vermählung mit der Luft entsteht die Wolke. Sie ist das Götterzeichen dieses Augenblickes zwischen Frühling und Sommer. In der Wolke offenbart sich zwischen Erde und Feuer, zwischen Erdentiefen und Himmelshöhen, die Sphäre eines bewegten Gleichgewichtes. Und so ist sie zugleich das Urbild der Metamorphose, des aus den Höhen gesegneten organischen Sich-Gestaltens und Umgestaltens. Könnten wir uns doch durch den Blick auf die Wolken, seien es die weißleuchtenden Kumuluswolken, sei es auch graues Regengewölk, anfeuern lassen, nie zu stagnieren, sondern mit aufwärtsgerichtetem Blick nach ewiger Metamorphose, nach nie-ruhendem Werden zu streben!

Zwischen Frühling und Sommer ist die Natur reich an Zeichen und Bildern für die Himmelfahrt der Erdenseele. Unter diesen steht das Wolkenwunder obenan. Das jubelnde Steigen der Lerche fügt die Melodie hinzu. Ein Fest des Höhenfluges, des Steigesinnes breitet sich um uns herum aus. Und immer hat in dem Wesensgespräch zwischen den Höhen und den Tiefen der Himmel, in dem Spiel der Elemente das Feuer das erste Wort. Von oben her ertönt das Feuerwort, und die unteren Elemente folgen dem schöpferischen Ruf mit Aufschwungs-Freude und -Schönheit.

*

In der Zeit vor und nach Himmelfahrt wird die Erde zur Hauptperson in einem Mysterien-Drama, an dem wir die Schritte und

Gesetzmäßigkeiten eines uns selbst betreffenden Seelen-Dramas ablesen können. Die Erde hat wie wir Leib, Leben, Seele und Geist. Alles Feste, das Element »Erde«, ist ihr Leib; in dem Fließenden strömt ihr Leben. Das Luft-Element, das mit der steigenden Feuchte die Frühlings-Wunderzeichen an den Himmel schreibt, ist ihr Atem, in welchem ihre Seele webt. Und die Wärme, die aus den Weltenhöhen die Elemente ruft, lässt das zur Erde gehörige Geistige ahnen.
Das Drama beginnt damit, dass der Erdenleib Leben und Seele in sich hineinziehen und an sich fesseln will. Das tut er durch Herbst und Winter hindurch. Das Leben und die Seele der Erde könnten in das Physische hinein verkrampft und verhärtet werden. Dann aber greift von oben die Wärme ein, und durch das Feuer-Element entreißt der Geist der Höhen Leben und Seele dem Bann der Stoffverhaftung. Folgen Wasser und Luft dem Wärmeruf, so erleben wir im Gefühl die leibbefreite Erdenseele. Wir schauen sie im Bild der Wolken an, die zu uns von dem lebendigen Gleichgewicht zwischen Leiblichem und Geistigem sprechen. Die Erde geht durch eine Einweihung. Die Wolken, die über ihr entstehen, ihre Seele dem Himmel entgegentragend, werden zu Sinnesorganen der Erde für das Überirdische.
Die Erde möchte gerne in den Himmel hineinschauen; durch die Wolken, die sie emporsteigen lässt, kann sie das tun. Dann aber verlangt es die erhobene Erdenseele, den Tiefen zuzuflüstern, was sie gesehen hat, damit es auf Erden Himmelsgeheimnisse gebe. Wieder müssen ihr die Wolken dienen. Die Wolken übertragen, was die Erdenseele sagen will, nach unten. Auf der Erde heißt es dann: »es regnet« oder »es fällt der Tau«. So flüstert die Erdenseele der Erde zu, wie sie am besten ihre Blumen blühen, ihre Früchte reifen lassen kann, nämlich nach den Urbildern, die es oben im Himmel gibt. Deshalb sind die Blüten und die Früchte eigentlich keine Erdenerzeugnisse, sondern mit irdischem Stoff ausgefüllte Himmelsfiguren. Darin vor allem liegt das Geheimnis des Reifens, das sich dann durch den späteren Frühling und den Sommer bis zum Herbstbeginn hindurchzieht.
Das Mysterienspiel im Makrokosmos der Frühlingsnatur möchte Bild sein für einen entsprechenden Löse- und Weihevorgang im Menschen,

dem Mikrokosmos; es möchte sich in ihn hinein spiegeln. Auch im Menschen sind die vier Elemente, das Feste, das Flüssige, das Luftförmige und die Wärme seines Blutes, Träger der Vierheit von Leib, Leben, Seele und Geist. Der natürliche Mensch befindet sich jedoch eigentlich in einem fortwährenden Winterzustand: Leben und Seele sind in ihm an den Leib gefesselt, als wären sie in ihn hineingefroren. Wir stecken so tief und so fest in unserem Leibe, dass der Leib, mehr als wir es uns oftmals eingestehen, tyrannisch über unsere Seele herrscht und dass er auch unsere Lebenskräfte, die uns durch ihr Strömen gesund erhalten sollen, festhält und ins Stocken bringt. Der Grund für die tragische Leibverhaftung, in der sich der Mensch unseres Zeitalters befindet, ist der, dass er vom Feuer des Geistes nichts weiß. Durch die Blutwärme beherbergt er es zwar in seinem Wesen, aber er bezieht es nicht auf die Höhen des Geistes, aus denen es doch stammt. Durch den Feuerruf des Geistes, den er in seinem Innersten, bis in sein Herz und seinen Blutkreislauf hinein, vernehmen kann, könnte der Mensch frühlingshaft auftauen und in eine Aufwärtsbewegung eintreten, wie die Erde es tut, wenn im Frühling das Weltenfeuer das Wunderzeichen der Wolken an den Himmel hinzaubert. Und auch die Lebenskräfte des Menschen könnten in den schöpferischen Aufschwung mit emporgezogen werden, wenn der Geist und nicht mehr nur der Leib über sie gebietet. Das bewegte Gleichgewicht, dem die Vollmacht zu fortwährender Gestaltung und Umgestaltung innewohnt, könnte zwischen den Leibestiefen und den Geisteshöhen die belebte Seele, das beseelte Leben beschwingen. Was sich wunderbar zeichenhaft in der weiß-strahlenden Kumulus-Wolke offenbart, könnte im Menschen seine Himmelfahrtsentsprechung finden. Zur Himmelfahrt der Erdenseele tritt dann die der Menschenseele hinzu: durch den Flügelschlag, mit dem sich die Seele der Schwere entreißt.

*

Wie in dem makrokosmischen, so kann auch in dem mikrokosmischen Mysteriendrama die aufwärtsdringende Seele dazu gelangen, die Feuer-Gaben der Höhen zu erlangen, zu erwachen für die Bilder und Klänge des Himmels. Wie das geschieht, lesen wir am deutlichsten an den Erlebnissen der Jünger ab, die nach den vierzig österlichen Tagen durch das Himmelfahrts-Geheimnis hindurch zu den Gaben des Pfingstmorgens gelangen. Da sprechen auch die neutestamentlichen Schriften von den Elementen: von der Wolke und den Flammen. Aber weder die Wolke, die vor den schauenden Jüngerseelen den Auferstandenen hinwegnimmt, noch die feurigen Flammen, die sich zehn Tage später auf einen jeden von ihnen herniedersenken, gehören der äußeren Natur an. In ihnen offenbaren sich die innermenschlichen Entsprechungen zu dem Reich der Elemente. Die Herzen der Jünger brennen in sehnsuchtsvoller Liebe nach dem, den sie zweimal verloren haben: im physischen Leibe durch das Kreuz von Golgatha, in der österlichen Geistgestalt, als die Wolke sich nach den vierzig Tagen wie ein Vorhang vor ihre Seelen wob. Dann aber antwortete diesem ihrem Menschenfeuer das Feuer des Geistes von oben. Das Herzensfeuer sprengte von innen her die Verkapselung ihres Wesens; die Sphäre des Geistes, in der ihr eigenes höheres Selbst sie überschwebte, fand Einlass in ihr Inneres. Und die »feurigen Zungen« waren nicht nur ein neuer Wärmequell; es war kein Zustand der Entrückung und Ekstase, der über sie kam: Die Flammen waren die Quelle eines neuen Lichtes; ihre Seelen wurden leise sehend und hörend für das wahre Wesen der Welt. Weil ihnen der Himmel aufgetan war, hörten und verkündigten sie himmlische Worte.

Der Funke des Pfingstwunders, durch das die Jünger über die Sphäre der Wolke zum Feuerhimmel empordrangen, pflanzte sich still, aber wundermächtig durch die Jahrhunderte des urchristlichen Lebens fort. Neben der »Taufe mit Wasser«, die als Abschluss der vorbereitenden Läuterung an denen vollzogen wurde, die Christen werden wollten, wurde die »Taufe mit Feuer und dem Heiligen Geist« gepflegt. Die erste bereitete den Menschen zum reinen Gefäß, die zweite ließ ihn den höheren, himmlischen Inhalt in seine Seele aufnehmen. Aus dem inneren Feuervorgang der Christusliebe und des Glaubens, wenn durch seelisch-geistige Anfeuerung der Wärme im Herzen und im Blut des Menschen schließlich der Auferstandene nicht mehr nur vorgestellt, sondern wirklich geschaut und als einwohnend erlebt wurde, ging die Geisttaufe hervor. Die Handauflegung war es nicht, wodurch sie herbeigeführt wurde. Diese segnete und befestigte nur den innerlich bereits eingetretenen Vorgang. Und bis tief in die ersten Jahrhunderte der christlichen Entwicklung hinein wurden die Seelen durch die Macht dieses Glaubens leise sehend und hörend für die Welt des Übersinnlichen. Die Wolke der Himmelfahrt trug ihre Flammenfrüchte. –

Die Zukunft des Christentums hängt davon ab, ob sich die Engelsprophetie erfüllt, die den Jüngern zuteilwurde, als vierzig Tage nach Ostern die Wolke gleich einem Vorhang das besondere Wunder der Osterbegegnungen verhüllte: »So wie er euch jetzt in die Sphären des Himmels hinein entschwunden ist, so wird er von dorther dereinst aufs Neue für eure Seelen sichtbar werden.« Die Wolke spannt den Bogen zwischen der Himmelfahrt und der Wiederkunft Christi. Der Auferstandene verlässt nach jenen vierzig Tagen die Erde nicht, um in einen jenseitigen Himmel zu entschwinden. Die Wolke ist das Zeichen für das Reich der Elemente: Mit dieser Sphäre, die das Irdische durchflutet und durchatmet, verbindet er sich. Den Jüngerseelen entschwindet er nur, weil sie für diese Welt blind und nicht sehend sind. Nach zehn Tagen aber regt sich in ihnen der Feuersame eines zukünftigen Schauens. Wenn dieses, das in der Art eines gnadenvollen Vorgeschmacks zu den Wundern des Urchristentums gehörte, in der Menschheit im Ganzen heranreift, dadurch, dass der Feuersame des »wahren Glaubens« aufgeht, dann wird die Wolke, die Sphäre des Elementarischen, d.h. des ätherisch-astralischen Erdenumkreises, die Stelle sein, wo der Vorhang zerreißt, der damals den Jüngern den Osterwunderglanz erlöschen ließ: »Christus kommt auf den Wolken des Himmels.«

Pfingsten: das Zukunftsfest

Das Pfingstfest wird uns nicht aus der Natur geschenkt, es muss aus den allerinnersten Bereichen unserer Seele geschöpft werden. Es ist *das Zukunftsfest;* denn der Heilige Geist, von dem wir zu Pfingsten angeweht zu werden hoffen, ist immer das, was es noch nicht gibt, was vielmehr stets erst durch einen neuen Schöpfungsakt, durch einen Funken, der neu überspringt, ins Dasein treten muss. Der Heilige Geist ist das Zukünftige an und für sich. Damit hängt es zusammen, dass wir in ein rechtes Feiern des Pfingstfestes überhaupt erst hineinwachsen müssen. Dem Wehen des Heiligen Geistes müssen wir entgegenreifen. Pfingsten ist ja das Fest unseres wahren höheren Ichs, das uns erst überschwebt. Und es ist zugleich das Fest der Gemeinschaft, aber nicht derjenigen, die aus menschlichen Vertraulichkeiten hervorgeht, sondern derjenigen, die durch den Zusammenklang unserer höheren Iche, die in Christus eins sind, entsteht.

Das Pfingstfest ist das esoterische Fest im Christentum, das Fest des noch im Verborgenen ruhenden Geheimnisses. Wir müssen uns in aller Ehrlichkeit eingestehen, dass die äußere Gestalt des Christentums zwar immer schon das Pfingstfest gekannt hat, dass aber wirkliche Erfüllungen des Pfingstgedankens doch immer nur abseits von der breiten Heerstraße möglich gewesen sind. Vom Heiligen Geist haben stille Kreise mit Berechtigung sprechen können, die mit dem, was sie erlebten, nicht an die Öffentlichkeit traten. Natürlich haben dann auch die Sekten vom Heiligen Geist gesprochen; das waren aber nur Karikaturen dessen, was in den stillen mystisch-esoterischen Kreisen des Christentums gelebt hat. Diejenigen, die im Mittelalter in der Stille, weit weg von der Welt, die Bruderschaft des heiligen Grals bildeten, kannten das Wesen des Heiligen Geistes. Sie wussten, was es ist, wenn sich auf die heilige Schale die Taube herniedersenkt. Sie erfuhren es; es berührte und erfüllte ihre Seelen als eine höhere, ja als die eigentliche Wirklichkeit. – Was heißt das aber, dass das Erleben des Heiligen Geistes immer der Inhalt des esoterischen Christentums gewesen ist? Es heißt, dass das Pfingstfest nichts für Anfänger ist, sondern vorbereitete Seelen voraussetzt. Es gilt denjenigen Seelen, die im Gebet und im meditativen Leben bereits Fortgeschrittene sind.

Schon am Urpfingstfest, fünfzig Tage nach dem Ostermorgen, mischte sich durch große geheimnisvolle Schicksalsfügungen das an esoterischer Entwicklung, was es bis dahin hinsichtlich des Messiasgedankens gegeben hatte, in das Erlebnis der Jünger hinein. Beim Himmelfahrtsereignis und bei dem Ereignis des Pfingstmorgens waren die Jünger nicht allein. Sie waren Gäste und Gastgeber zugleich inmitten einer größeren Bruderschaft von Menschen aus dem Essäer-Orden. Das waren jene Stillen im Lande, die es sich zur Aufgabe gemacht hatten, durch intensives und unablässiges Gebet die ewige Lampe brennend zu erhalten, bis der Messias käme, sodass vom Paradieseslicht wenigstens dieser eine Funke durchgetragen würde und es nicht völlig finstere Nacht sei, wenn die Sehnsucht der Menschheit in Erfüllung ginge. Es gab in der Religion des Alten Bundes eine *Pilgerschaft der Vielen.* Da zogen sie zu vielen, vielen Tausenden aus allen Ländern der Welt zum Passahfest nach Jerusalem hinauf. Der Tempel war das Ziel dieser Pilgerschaft. Und so fiel denn auch das Golgathaereignis in den Augenblick, in welchem diese große äußere Pilgerschaft der Vielen ihren Höhepunkt erreichte. Es gab aber auch die *– esoterische – Pilgerschaft der Wenigen.* Ihr Ziel war nicht der Tempel, sondern das über dem Grabe Davids erbaute Ordenshaus der Essäer auf dem stillen Zionsberg. Das festliche Zusammensein derer, die aus allen Ländern als Abgesandte der »Stillen im Lande« herbeikamen, erreichte seinen Höhepunkt fünfzig Tage nach Ostern am Morgen des uralt-heiligen Pfingstfestes. Offenbar trafen sich die Essäerbrüder von überall her bereits vorher, um sich durch eine heilige Dekade vorzubereiten. Und zur Einleitung

derselben begaben sie sich, wie es scheint, am zehnten Tage vor Pfingsten gemeinsam auf den Gipfel des Ölberges.
Die Jünger Jesu waren, als sie vierzig Tage nach Ostern mit der großen Schar der Fest-Gäste auf den Bergesgipfel stiegen, scheinbar weiterhin Gäste der Essäer. In Wirklichkeit aber wurden sie nun unversehens zu den Gastgebern. Das Wunder der vierzig Tage, während derer sie im Raum des Abendmahles die Gegenwart des Auferstandenen in ihrer Mitte erlebt hatten, setzte sich unter freiem Himmel fort. Und nun reifte auch den Pfingstpilgern, denen sie zugesellt waren, die Frucht ihres messianisch-meditativen Strebens: Mit den Jüngern schauten sie in heller Glorie den Herrn. Das Himmelfahrtswunder offenbarte sich, das Paulus meint, wenn er im 15. Kapitel des ersten Korintherbriefes sagt: Dann sei der Auferstandene 500 Brüdern auf einmal erschienen. Christus selbst war es, der das erste Wachstum des Urkreises bewirkte. So konnte es sein, weil es Vorbereitete und Fortgeschrittene auf den inneren Wegen gab, auf denen Menschenseelen dem ersehnten Heilbringer hatten entgegengehen können.
Und so waren denn, als die Sonne des fünfzigsten Tages aufging, die Jünger im Essäerkreise, die Essäer im Jüngerkreise. Sie hatten die heilige »Nachtfeier« begangen, wie die vom Orden der Betenden es von alten Zeiten her zu tun pflegten. Das Pfingstfest gab es auch draußen: Das Volk feierte es als das Fest der Erstlinge und meinte damit die ersten Gaben der neuerwachten Natur. Das Äußere war Bild des Inneren: Im esoterischen Zusammenhang war Pfingsten das Fest der Erstlingsgaben des Geistes. Den Anbruch eines höheren Seelenzustandes, das erste Hereinschlagen des Geist-Funkens beging man, wenn der erste Strahl der Sonne an jenem Tage die Nacht durchbrach. Große Erfüllung atmete durch den Raum, als die feurigen Geistesflammen diesmal unmittelbar aus der Ostersonne hervorloderten und das Erleben der inneren Gegenwart des Auferstandenen mit sich brachten.

*

Das Wunder des Pfingstmorgens blüht aus dem der Himmelfahrt hervor wie die Blüte aus der Knospe. Die Himmelfahrt Christi bedeutet

nicht seinen Abschied vom Diesseits. Er entschwindet nicht in ein Jenseits, etwa in die Welt, in der wir unsere Toten suchen. Von dorther war er ja durch die Auferstehung schon wieder hervorgetreten. Wir verstehen das Himmelfahrtsereignis doch wohl am besten aus dem Wort, das Christus zu den Jüngern sprach, als sie darauf wohlvorbereitet sein konnten: »Ich gehe zum Vater. In meines Vaters Hause sind viele Wohnungen. Ich gehe hin, um euch die Stätte zu bereiten.« Das ist eine Verheißung, die sich für die, denen sie gilt, nicht erst nach ihrem Tode erfüllt. Nicht geht er zum Vater, damit die Seinen, wenn sie sterben, in die ewigen Wohnungen aufgenommen werden. Nein, mitten im Leben bereitet er ihnen eine Stätte da, wo die vielen Wohnungen des Vaters sind. Durch die Himmelfahrt tut er das. Durch sie entfernt er sich nicht, sondern steigert und verdichtet seine Gegenwart.
Wovon spricht er, wenn er vom Vater spricht? Der Vater ist das große, umfassende tragende, segnende Wesen; alle Kreatur und auch alle hierarchischen Wesen von den Engeln bis zu den Cherubim und Seraphim sind Glieder an seinem Leibe. Die ganze Sinnes- und Geisteswelt ist sein Leib und seine Seele. Er ist der Vater von uns allen. Aber der Mensch ist zum Vater in ein tragisch-getrenntes Verhältnis gekommen. Der große Riss ist durch die Schöpfung gegangen. Wir Menschen werden zwar auf Erden Ich-Menschen, wir wachsen in eine gewisse Absonderung und Selbstständigkeit hinein. Unser wahres höheres Selbst jedoch ist beim Vater und nicht, bei uns. Zwischen Himmel und Erde ist ein Riss entstanden durch die tragischen Entwicklungen, die aus dem Sündenfall hervorgegangen sind. Der gleiche Riss, der Erde und Himmel trennt, reißt auch den Menschen auseinander. Alle Bedrückungen, Bitternisse und Hemmnisse des Erdendaseins rühren davon her. Das ist im Grunde die Wahrheit, die das Alte Testament in den Vordergrund stellt: dass Gott durch einen Abgrund vom Menschen getrennt ist. Aber das kommt davon her, dass der Mensch von seinem höheren Selbst getrennt ist. Sein wahres Wesen ist in Gott. Sein irdisches Wesen steht vor verschlossenen Türen.
Was nun vierzig Tage nach Ostern geschah, war, dass der Auferstandene in dem immer Leuchtender- und Kräftiger-Werden seiner

Geistleiblichkeit über diesen Abgrund hinauswuchs. Wenn er sagt: »Ich gehe zum Vater«, dann heißt das: Er tut, was die Menschen aus den tragischen Folgen des Sündenfalles nicht können, er überschreitet den Abgrund mit dem Menschsein, das er durch den Tod hindurchgetragen hat. So bahnt er der Menschenseele den Weg zum Vater; er baut die Brücke über den Abgrund zwischen Himmel und Erde, zwischen dem Erdenmenschen und dem wahren Geistesmenschen und damit zwischen Mensch und Gott.

Eigentlich bedeutet ja die Himmelfahrt Christi den Augenblick, von wo an es im vollen Sinne heißen kann: »Ich und der Vater sind eins.« Das ist z.B. in der Kunstgeschichte dadurch in Erscheinung getreten, dass man von einem bestimmten Zeitpunkte an Christus im Bilde des Vaters dargestellt hat. Der Mensch Jesus von Nazareth hat nicht so ausgesehen, wie die meisten Malereien den Christus zeigen. Das bärtige Christusbild ist nicht eine Wiedergabe davon, wie er, als er über die Erde ging, ausgesehen hat. Es ist eine Imagination davon, dass der Sohn und der Vater eins geworden sind. Der Sohn nimmt die Züge des Vaters an. Das ist das Himmelfahrtsgeheimnis. Wenn wir uns von da an zu Christus wenden, kommen wir zum Vater, und wir kommen damit in die Sphäre, in welcher unser eigenes wahres Selbst gegenwärtig ist.

*

So ist es ein pfingstliches Thema, von der Himmelfahrt des Menschen zu sprechen. Wir Menschen dürfen nun den Spuren des Zum-Himmel-Gefahrenen folgen; ein Weg in die Höhen empor ist gebahnt, den auch wir fortan gehen können. Da wachsen uns Flügel. Was wir dazu tun können, ist, dass wir für eine Erwärmung unseres Seelengrundes sorgen. So wie in der äußeren Welt die Luft nur, wenn sie erwärmt wird, emporsteigt, so ist es auch in unserem Inneren. Wenn unsere Seele sich nicht erwärmt, so steigt sie nicht. Und das Mittel, den Seelengrund zu erwärmen, sodass die Seele ihre Himmelfahrt vollziehen kann, ist das Gebet. Allerdings kommt hier weder die Form des Gebetes in Betracht, die mehr kopfmäßig, bloß in Worten verläuft – sie macht den Seelengrund nicht warm –, noch die Form, in die sich in selbstsicherer Überhitzung allerlei Wünsche und Triebe aus der Willensregion hineinmischen, sodass man »um etwas« bittet. Einzig und allein durch das Gebet *aus dem Herzen,* aus dem mittleren, fühlenden Menschen, kann sich der Seelengrund erwärmen. Das ist aber das Gebet, in welchem der Mensch gar nichts will, sondern durch das er sich einzig und allein auf den Weg zum Vater begibt. Dann erwärmt sich das Herz, und die Wärme lässt unsere Seele dahin emporsteigen, wo unser wahres Selbst ist. Dann tritt die Vermählung der Seele mit dem Geist ein, und so vervollständigt sich erst das Menschenwesen. Das Ich, das wir haben, das aber nur ein Form-Ich ist, erfüllt sich mit dem höheren Ich als seinem wahren Inhalt. So kommen wir an diejenige Sphäre heran, aus der sich die Pfingstflammen auf die Jünger herniedersenkten.

Die Pfingstflammen haben ja auf der einen Seite Wärme, Wärmendes, auf der anderen Seite Licht, Erleuchtendes. Ihre Wärme muss aus den Menschenherzen aufsteigen wie ein Feuer. Dann antwortet aus der Sphäre des Vaters, in der aber jetzt Christus und der Vater eins sind, der Geist. Die Lichtflamme des Geistes senkt sich auf die Wärmeflamme des betenden Herzens hernieder. Die Lichtflamme von oben antwortet der Wärmeflamme von unten. Erst wenn wir genügend geduldig und ausdauernd nach Erwärmung gestrebt haben – was aber nicht einfach abgewartet werden kann, sondern getan werden muss –, dürfen wir auf Erleuchtung hoffen. Die Erwärmung ist unsere Sache, die Erleuchtung ist dann die Antwort des Himmels. Die Gegengabe zu dem Himmelfahrtsbemühen der Menschenseele ist das Pfingstgeschenk. Indem die Lichtgeschenke einer höheren Welt auf uns zukommen, breitet sich Pfingsten aus. Jetzt kann das Denken sich verändern und damit die ganze Praxis unseres Menschenlebens, die ja heute so durch und durch aus den intellektuellen Kräften gestaltet wird. Das übliche Denken geht vom Gehirn aus. Es gleitet an den äußeren Dingen entlang und bleibt am Irdischen haften. Warum? Weil der Mensch nicht selber denkt, weil er dem eigenen Denken sein inneres Schöpfertum schuldig bleibt. Klug sein, geistreich sein, Dinge ausrechnen setzt kein Schöpfertum voraus. Das alles sprießt aus dem Gehirn hervor, bei dem einen mehr, bei dem andern weniger. Wenn aber einmal das eintritt, dass *der Mensch* denkt und nicht bloß sein Gehirn und seine Klugheit, dann denkt der Heilige Geist mit, denn dann denkt das wahre höhere Selbst im Menschen, das aber zunächst ohne die Himmelfahrtsgnade des Christus von uns getrennt ist. Die Himmelfahrtsgnade Christi wird uns in Zukunft ein neues Denken geben, und so kann aus dem Anhauch des Pfingstgeistes schließlich eine neue Kultur hervorgehen.

Heiliger Geist – heilender Geist

Das Pfingstfest ist bei all seiner Helligkeit alljährlich eine ernste Mahnung. Es beleuchtet ein Mysterium, das die Christenheit zu verwirklichen bisher versäumt hat. Zu Karfreitag und Ostern gedenken wir der großen objektiven *Seins-Erneuerung,* die durch das Ereignis von Golgatha eingetreten ist. Der Sinn von Pfingsten jedoch ist die *Bewusstseins-Erneuerung,* die durch uns Menschen selber herbeigeführt werden muss. Wir arbeiten an der Erfüllung dieser Aufgabe, wenn wir die uns geschenkte Osterkraft zur Heiligung und Durchchristung des menschheitlichen Geisteslebens, des Denkens bis in das Wissenschaftsstreben hinein, anwenden.

*

»Heiligen Geist« gab es am Anfang der irdischen Menschheitsentwicklung; durch den Christus-Impuls kann und soll es ihn in die Zukunft hinein in neuem Sinne wieder geben. »Heilig« ist, was heil ist. In den paradiesischen Urbeginnen waren Welt und Mensch noch heil. Noch gab es den trennenden und verwundenden Riss nicht zwischen Schöpfer und Schöpfung, zwischen Himmel und Erde, zwischen Geist und Stoff. Die marienhaft-offene Menschenseele war noch Schauplatz und Werkzeug göttlichen Denkens und Wollens und somit ein Gefäß des Heiligen Geistes.

Dann aber ging der Riss der Sonderung – das deutsche Wort »Sünde« meint »Sonderung« – durch die Schöpfung, weil der Mensch, den es verlangte, *selber* zu denken und zu erkennen, vom Baume der Erkenntnis aß. Mensch und Erde fielen nicht nur aus der Einbettung in den

Schoß der Gottheit heraus – der Mensch trennte sich auch von seinem eigenen höheren Selbst ab, das, getragen vom Heiligen Geist, über ihm schweben blieb und immer weniger in sein sich abschnürendes, abkapselndes Wesen hereinwirken konnte. Als er vom »Baum der Erkenntnis« aß, verlor er den »Baum des Lebens«: »Der Tod ist der Sünde Sold.« Insbesondere das langsam aufwachende eigene Denken und Erkennen nahm in steigendem Maße das Tote und den Tod in sich auf. Es hörte auf, marianisch-geistoffen zu sein, und wurde im einschränkenden Sinne menschlicher und männlicher. Vom »Heiligen Geist« führte der Weg zum unheiligen Geist und schließlich zum Ungeist unserer Tage. Wie kann im Menschen der Geist wieder zum »Heiligen Geist« werden?

*

Als im 9. Jahrhundert durch die große Kirchenspaltung die östliche und die westliche Christenheit auseinanderbrachen, lag die Ursache darin, dass Osten und Westen sich über das Wesen des »Heiligen Geistes« nicht mehr verständigen konnten. Eigentlich trat damals in Erscheinung, wie weit der Menschengeist dem »Heiligen Geist« bereits ferne gerückt war. Bei theologischen Meinungsverschiedenheiten und Diskussionen hat es ja nie viel Sinn zu fragen, welche Seite Recht und welche Unrecht hat. Die Tatsache des Streitens zeigt die Unsicherheit und den Verlust des Wissens auf beiden Seiten.

Im 4. Jahrhundert war die erste klassische Unsicherheit im christlichen Erkennen zutage getreten und hatte gezeigt, dass die begnadete Sicherheit der urchristlichen Weisheit im Erlöschen war. Die Theologen Arius und Athanasius stritten über Christus: ob er mehr Gott oder mehr Mensch sei.

Im 9. Jahrhundert kam zu der Unsicherheit über Christus die über den Heiligen Geist hinzu. Die Ost-Christenheit wehrte sich auf das heftigste gegen das Wort »filioque«, das die westlichen Theologen dem Teil des Credo, der vom Heiligen Geist handelt, eingefügt hatten. Der Osten wollte an dem ursprünglichen Wortlaut festhalten, der besagte, dass der Heilige Geist nur vom Vater ausgeht. Der Westen tastete mit dem Wort »filioque«: »und vom Sohne« nach derjenigen Geistigkeit, die durch das Christusereignis neu in die Welt gekommen war. Die Haltung des Ostens ist daraus zu erklären, dass dort die Menschheit noch reich an der alten Geistigkeit war, die ihr in paradiesischer Urzeit als göttliche Wegzehrung für ihre Erdenwanderung gegeben worden war. Wie eine dichte Wolke überschwebte dort die immer noch geistoffenen Seelen eine gemeinsame, vorindividuelle Geist-Substanz. Von der wollte man nicht Abschied nehmen, hatte man doch durch sie auch ein tiefes Gefühlsverständnis für die Mysterien des Christentums. Der Westen, viel weiter auf dem Wege der Wüstenwanderung und Geistverarmung fortgeschritten, fühlte dunkel, dass durch Menschwerdung, Tod und Auferstehung Christi eine neue Geistquelle entsprungen sein müsse, deren Gaben dem in die Ichheit hineinwachsenden Menschen zugutekommen könnten.

Tragischerweise gesellte sich aber in dem gleichen 9. Jahrhundert eine dritte Unsicherheit zu den beiden vorher aufgekommenen hinzu: die Unsicherheit über den Menschen. 869 entschied sich das in Konstantinopel gehaltene, aber von den westlichen Theologen geführte 8. Ökumenische Konzil in der Frage, ob der Mensch aus Leib, Seele und Geist oder nur aus Leib und Seele bestehe, gegen die trinitarische Auffassung des Menschen und sprach ihm ein individuelles Geistwesen ab. Eine relative Wahrheit liegt dieser unheilvollen Festsetzung zugrunde: Das wahre geistige Selbst ist infolge der »Sünde« *nicht* im Menschen; es überschwebt ihn bloß. Aber es gehört ja deshalb nicht weniger zu ihm und soll dadurch, dass er sich mit Christus verbindet, in ihn einziehen. Durch das Dogma von 869 ging der Westen dessen wieder verlustig, wonach er mit dem Worte »filioque« getastet hatte. Gehört zum Menschen kein individueller Geistteil, wie soll dann der durch Christus, den Sohn, in die Welt gebrachte neue Heilige Geist in ihn Einzug halten können? Faktisch hat die gesamte abendländische Geistes- und Wissenschaftsentwicklung – nicht zuletzt durch den Einfluss des Arabismus – trotz des Wortes filioque, dem zuliebe der Westen den Zusammenhang mit dem Osten preisgab, aus dem verebbenden und entheiligten Strom des *alten,* im Urbeginn vom Vater ausgehenden Geistes geschöpft. Der christliche Impuls wirkte nicht in das sich entwickelnde abendländische Denken herein, sondern ging abseits davon seinen Weg. Das Nebeneinander, das zwangsläufig zu einem Gegeneinander wird, wurde durch alle möglichen Theorien von der notwendigen Trennung zwischen Glauben und Wissen sanktioniert.

*

In dem Auseinanderfallen der Ost- und Westkirche aus Anlass der »Unsicherheit über den Geist« liegt der Keim für das heute die Menschheit wie ein ungeheurer Albdruck bedrohende politische Ost-West-Problem. Auf religiös-kirchlichem Boden begann es; heute ist es in der Arena der politischen Macht-Spannungen angekommen. Im Osten schöpft man immer noch aus der, wenn auch nun ganz auf das Irdische gerichteten alten, vor-individuellen Geistigkeit und macht mit letzter Klugheit das kollektive gegen das individuelle Prinzip geltend. Im Westen spricht man von der Freiheit des Individuums, aber man bewegt sich damit auf einem unsicheren Boden, weil man sich bis in die Atomphysik hinein einem menschenfremden, seelenlosen Denken – das ohne den christlichen Einschlag blieb – verschrieben hat.
Wo ist zwischen den gefährlichen Machtballungen in Ost und West die Mitte? Wo ist das geistige Europa, wo ist das Christentum? Was aus geistigen Ursachen zerrissen und krank geworden ist, kann auch nur durch geistige Impulse geheilt werden. Von der großen Wunde am Leib der Menschheit, dem Riss und Abgrund zwischen West und Ost, gilt das in ganz besonderem Maße. Nur ein Christentum, das sich zu dem entscheidenden Pfingst-Aufschwung durchringt, indem es das Geheimnis des alten Heiligen Geistes wohl kennt, vor allem aber mit dem neuen, christlichen Heiligen Geist lebt und tapfer nach einer grundlegenden Denk-, Weltanschauungs- und Wissenschaftserneuerung strebt, kann die Brücke über den Abgrund bauen und Wege zur Heilung der Wunde finden.

*

Im 9. Jahrhundert, als zwischen den Kirchen der Menschheitsriss aufklaffte, gab es, abseits von der großen Welt und von der Kirche verketzert, die stillen Kreise um den Heiligen Gral. Hier herrschte nicht Unsicherheit, sondern tiefste Gewissheit über den Heiligen Geist. Wurde die heilige Schale emporgehoben, so erfuhren es die Angehörigen der Runde mit der gleichen Sicherheit, mit der sie irdisch-wahrnehmbare Vorgänge erlebten, dass sich die Taube des Geistes darauf niedersenkte. Und insofern die Mysterien des Grales die des menschlichen Blutes und Herzens sind, trug alles, was da erlebt wurde, auf intimste Weise den Charakter des Individuellen. Das allerinnerste Zentrum der menschlichen Persönlichkeit war der Schauplatz des Wunders. Bildete doch der Kelch, der im Aufleuchten heilend, speisend und inspirierend wirkte, das menschliche Herz ab. Das Wunder geschah, indem die Kraft des Christusblutes im Menschenblute lebendig wurde. Hier strömte der neue Geistquell; hier kam das Christentum im pfingstlichen Sinne zu sich selbst.

Wenn das, was im 9. Jahrhundert tragisches Kirchenschicksal war, heute zum katastrophalen Völker- und Menschheitsschicksal geworden ist: könnte nicht eine gralsgemäß erneuerte christliche Strömung, die in heutiger Art mitten im Kulturleben fortsetzt, was damals nur abseits und im Verborgenen möglich war, trotz aller Unscheinbarkeit die heilende Arznei vom Himmel herunterholen und so die Mission der Mitte erfüllen?

*

In den neutestamentlichen Briefen zeigt sich, oft gerade da, wo schlichtmenschliche Grüße ausgerichtet werden, dass sich die Christen in den ersten Gemeinden »Heilige« nannten: »Grüßet alle Heiligen bei euch!« Wie konnte es dazu kommen? – da doch aus dem Alten Testament die Grundstimmung herüberwehte: Heilig ist allein der Herr! Selbstverständlich ist mit dem Worte »heilig« etwas anderes als nur moralische Vollkommenheit gemeint. Durch den Empfang der Geist- oder Feuertaufe fühlten sich die ersten Christen von dem Strömen des von Christus ausgehenden neuen Heiligen Geistes erfüllt und beseelt. Im Anfang sandte der Vater den Geist. Aber die Menschheit verbrauchte und verdarb diese Wegzehrung. Als sie an den kritischen

Nullpunkt herankam, sandte der Vater, der einst den Geist gesandt hatte, den Sohn. Und nun sendet Christus den neuen Geist.

Als sich am Pfingstmorgen die feurigen Zungen auf die Jünger niedersenkten, kam die Gnadenbegabung, die der Menschheit zuteilwurde, keineswegs ohne ihr Zutun bloß von außen an sie heran. Die nach dem Karfreitags- und Himmelfahrts-Verlust nun erst recht in den Jüngerseelen auflodernde Christusliebe, verbunden mit dem staunenden Aufwachen zu nachträglichem Verstehen und Erkennen, wirkte wie ein Feuer, das von innen heraus die harte Schale des Menschenwesens aufschmolz und so dem höheren Selbst, das in der Sphäre des Heiligen Geistes sehnsuchtsvoll wartend darüberschwebte, das Tor auftat. Die Jünger fanden den, den sie im Äußeren verloren hatten, im eigenen Innern wieder und kamen dadurch in ungeahntem Maße zu sich selbst: Mit dem Auferstandenen zog ihr eigenes wahres Ich in sie ein.

Das Wunder des Pfingstmorgens steigerte und vollendete sich in der Mittagsstunde von Damaskus. Auch was hier geschah, kam nicht von außen. Es war keineswegs einfach eine überwältigende Geistgestalt, die Paulus in den Weg trat und ihn zu Boden stürzen ließ. Paulus hat im Galaterbrief, was er erlebt hat, selber als einen Vorgang bezeichnet, der sich in seinem Inneren abspielte: »Als es Gott gefiel, seinen Sohn in mir zu offenbaren …« Damaskus zeigt als ein fortgeschrittenes Pfingsten, wie eng verwandt und verbunden die beiden christlichen Grundmysterien sind: »Christus in uns« und »Ausgießung des Heiligen Geistes«.

*

Nur aufgrund von Ostern war Pfingsten möglich: Aus dem Sohnes-Ereignis ging das Geist-Ereignis hervor. In der Auferstehung Christi war die »Vollmacht des Geistes über den Stoff«, wie sie den Menschenwegen als höchstes Ziel gesetzt ist, zum ersten Male voll in Erscheinung getreten. In die verhärtete, von Gott und von der Sphäre des Heiligen Geistes abgetrennte Menschenform war das Christus-Ich eingezogen und hatte die Hüllen: Seele und Leib und Blut, ganz und gar durchdrungen und verwandelt. Der Christus Jesus war nicht nur das menschgewordene Gotteswesen, sondern auch der erste vollständige Mensch. Jesus von Nazareth erlebte das paulinische Prinzip: »Nicht ich, sondern Christus in mir« in einmaliger Größe und Ganzheit. Ihn überschwebte der Geist nicht nur: Ihn durchdrang er ganz und gar. Die Sündenkrankheit, der das Menschenwesen verhaftet ist und die es unter den Bann des Todes stellt, wurde in ihm durch das Feuer des Geistes geheilt. Auferstehung war die höchste Steigerung dieser Heilung. In der Geistleiblichkeit, die den menschlichen Hüllen durch den Sieg über den Tod abgerungen worden war, zeigte sich der Auferstandene den Seinen.

Die Bedeutung von Pfingsten und Damaskus liegt darin, dass nun auch in anderen Menschen, wenigstens keimhaft, die verwandelnde Einwohnung und Vollmacht des Geistes wirksam wurde, die einmalig groß in Jesus von Nazareth für die ganze Menschheit errungen worden war.

Durch die Geisttaufe pflanzte sich das Wunder der Geist-Mitteilung und Geistesvollmacht auf die ersten Christen fort. Sie wurde nicht von außen bewirkt. Der »Glaubensakt« vollzog sich als Feuerprozess im Herzen der Menschen. Durch ihn wurde die erkennende sehnsuchtsvolle Liebe zu Christus zur Einwohnung Christi in der Menschenseele; und damit verband sich der Einzug des Heiligen-heilenden Geistes, der von innen heraus Herr über den Stoff sein kann. So wurde im Urchristentum das Dogma im Voraus widerlegt, das 869 proklamiert wurde. Der Mensch, der nur Leib und Seele, d.h. Fragment ist, solange ihn sein Geistteil nur überschwebt, wurde vollständig. Nur der Christ, der es im Sinne des Urchristentums ist, ist ein vollständiger Mensch.

Die wunderbaren Heilungen, die zu den Wundern des urchristlichen Gemeindelebens gehörten, geschahen ganz gewiss nicht von außen. Die Handauflegung, die von Menschen mit besonderer Seelendurchgeistigung an den Kranken vollzogen wurde, knüpfte ja an die Handauflegung an, die einmal die Geisttaufe dieser Menschen abgeschlossen und gesegnet hatte. Und so lebte dadurch in der Seele des Kranken das Christusfeuer jenes inneren Neubeginnes wieder auf. Wenn die

Heilung erfolgte, so geschah sie von innen heraus als die Geistfolge der lebendigen Christuseinwohnung.
Schon wenn Jesus von Nazareth, wie die Evangelien berichten, zu den Geheilten sprach: »Dein Glaube hat dir geholfen«, so hieß das eben: Nicht ich, als eine vor dir stehende Menschengestalt, habe dich geheilt, sondern die höhere Kraft, die dein Herz erfüllen konnte durch den Akt deines Glaubens. So war es durchaus in den Gemeinden der urchristlichen Zeit.

*

Der Glaubensakt ist der innere Gralsvorgang. Diesen haben Künstler wie Richard Wagner viel unmittelbarer verstanden und dargestellt als die Theologen. Wenn in der Gralsburg der heilige Kelch erhoben wird und aufglüht, dann ertönen die Worte »Der Glaube lebt, die Taube schwebt«. Auf das erglühende menschliche Herz senkt sich die Taube des Geistes hernieder, und der Gral des Herzens entsendet heilende, speisende, erleuchtende Wirkung in das eigene Menschenwesen und in die menschliche und kreatürliche Umwelt.
Wir feiern Pfingsten auf rechte Art, wenn wir als moderne Menschen auf eine der heutigen Zeit entsprechende Weise nach einer Erfüllung der Geist-Mysterien streben, die wie Vorahnung und Vorgeschmack im Urchristentum und im Gralszusammenhang bereits einmal aufgeleuchtet sind. Das Denken bedarf in allererster Linie der Heilung durch den Geist. Solange nur das Gehirn denkt, breitet sich die Herrschaft des Toten und des Todes nur immer mehr aus. Wenn der Geistteil des Menschen durch das Gralsfeuer in den Menschen und auch in sein Denken einzieht, fängt der Oster- und Pfingstgarten einer neuen lebendigen Kultur zu keimen und zu blühen an.

Heilung durch den Geist

Das Pfingstfest ist ein uraltes Fest. Es gehört wohl zu den ältesten Festen der Menschheit überhaupt. Und doch ist es für uns ein Zukunftsfest, in das wir erst hineinwachsen müssen. Wir haben ihm insbesondere erst noch seinen *christlichen* Inhalt, seinen Christusinhalt abzugewinnen. Eigentlich ist ja in weitesten Kreisen der Christenheit die Meinung verbreitet, mit Karfreitag und Ostern sei das große Drama der Erlösung durch Christus bereits abgeschlossen. Dann folgt zwar noch Pfingsten, aber in dem Bericht vom Pfingstereignis kommt Christus nicht vor. Er tritt nicht einmal in der Gestalt vor die Jünger hin, in der er sich ihnen nach Ostern vierzig Tage lang gezeigt hat. Es scheint etwas vor sich zu gehen, was mit Christus gar nicht unmittelbar zusammenhängt. Und doch ist der Zusammenhang ein allerinnigster. Es handelt sich für uns Christen, wenn wir vom Heiligen Geist sprechen, nicht mehr um etwas Allgemeines wie in den Jahrhunderten und Jahrtausenden vor dem Christentum, in denen man auch schon den Heiligen Geist verehrte. Durch das Ereignis von Golgatha gibt es einen *neuen* Heiligen Geist. Christus sendet ihn: Die Ausgießung des Heiligen Geistes am fünfzigsten Tag nach Ostern gehört als die eigentliche Vollendung zu den Stationen der Christusereignisse hinzu.

Als Christus am Kreuz gestorben und am dritten Tage auferstanden war, da war das menschgewordene Gotteswesen erst wirklich im Erdendasein voll angelangt. Das Heiltum, das der Himmel der Erde spenden wollte, war da. Aber was könnte der Menschheit ein magisch hingestelltes Heil nützen, wenn es sich der einzelne Mensch nicht aneignet? Das Pfingstereignis bedeutete nach der Ankunft des Christus im

Erdendasein seine Ankunft im individuellen Menschendasein. Wenn ein Mensch krank ist und vom Arzt eine Arznei verschrieben bekommt, von der man sicher sein kann, dass sie ihm Heilung bringen wird, was nützt es ihm, sie neben seinem Lager auf einen Tisch zu stellen? Er muss sie einnehmen. So ist es im großen Weltzusammenhang gewesen. Das Heiltum war da, aber nun müssen diejenigen, die der Heilung bedürftig sind, die Menschen, die Arznei einnehmen. Die Ersten, denen das Schicksal dazu die Möglichkeit gab, waren die am fünfzigsten Tage nach Ostern in Coenaculum zu Jerusalem Versammelten.

*

Was heißt es von da an, das Geheimnis des Heiligen Geistes im christlichen Sinne *neu* zu verstehen? Das Erste ist, dass wir den Heiligen Geist nun auch den *heilenden* Geist nennen können: »Durch ihn kann der Heilende Geist wirken.«

Gefühlsmäßig hat man von dem heilenden Charakter des Heiligen Geistes in der christlichen Tradition sehr wohl gewusst.

Die Pfingstbetrachtung einer Tageszeitung knüpfte einmal an eine alte Schnurre von Till Eulenspiegel an: »Als man sah, dass Till Eulenspiegel es nicht mehr lange treiben würde, wurde er ins Spital gebracht. Bei dieser Gelegenheit erklärte er: Ich habe Gott allezeit gebeten, dass der Heilige Geist in mich kommen sollte; er sendet mir nun das Gegenteil, dass ich in den ›Heiligen Geist‹ komme. Er bleibt aus mir, und ich komme in ihn.« In früheren Zeiten wurden viele Spitäler als »Heilig-Geist-Spitäler« bezeichnet, weil man einen Zusammenhang zwischen dem Heiligen Geist und dem heilenden Geist fühlte. Also der, der den Heiligen Geist nicht so hat, dass er ihn in sich aufnehmen kann, ist krank und muss ins Spital, wo er wenigstens äußerlich Heilung zu finden hofft.

Es kann schon einen Schritt zu neuem Christusverständnis bedeuten, den Zusammenhang von Heil und Heilung zu verstehen. Wenn Christus der Heilende, der »Heiland« genannt wird, so heißt das zunächst, dass er das Heil bringt. Dieses Heil aber fängt an, Heilung zu bewirken, wenn das Mysterium des Heiligen Geistes zu dem des Sohnes hinzutritt, das heißt, wenn Christus den heilenden Geist in der Menschenseele lebendig macht. Wenn Christus in die einzelne Menschenseele einziehen kann, wenn es eine Wirklichkeit wird, dass Menschen sprechen können: Christus in mir, dann beginnt damit auch die heilende Kraft des Heiligen Geistes. Das Pfingstereignis war die *Geburt des Christus in uns* und damit die Belebung und Befeuerung der Heilkraft des Geistes.

Zwischen Ostern und Pfingsten geht das Heilswerk weiter; in den fünfzig Tagen webt das Geheimnis der Heilung. Aus dem Geheimnis der *Wandlung,* die durch das Osterereignis eingetreten ist, strahlt und flammt nun das der *Heilung* hervor, zusammen mit dem Reifwerden des »Christus in uns«. So webt sich auch das Heilungs-Motiv aus den kultischen Texten der Osterzeit in die der Pfingstzeit hinüber: Die österliche Wärme verwandelt den Pulsschlag des Herzens in »frohlockende heilende Kraft«. Schon die leise beginnende Pfingstflamme erweckt die Vorahnung einer heilenden Kraft.

Was wird geheilt? Das spricht schließlich der Pfingsttext voll und klar aus: Der Geist, den Christus in unsere Seelen sendet, ist der Weltenarzt; er heilt die Schwachheit der Seele und damit das Gebreste der Menschheit. Im Griechischen heißt Krankheit *asthéneia* = Schwachheit. Die griechische Sprache sieht also noch die Ursache der leiblichen Krankheit in der »Schwachheit der Seele«. Nicht irgendeine äußere Krankheit wird geheilt, sondern der Zustand, unter den der Mensch als solcher gestellt ist; nicht *eine* Krankheit, sondern *die* Krankheit, die aus der inneren Schwäche hervorgeht. Das ist schon in den Osterwochen einmal klassisch zum Ausdruck gekommen. Die als herankommend empfundene Kraft heilt »das Ich in den Seelengründen«.

Hier wird ein tiefes und zugleich höchst modernes Geheimnis berührt: die Heilung des Ich auf dem Grunde der Seele.

Was ist »Heilung des Ich«? Da geht der Mensch seinen Lebensweg. Wenn er nicht bereits stumpf geworden ist für die eigentlichen Werte der Welt, möchte er sich innerlich entwickeln. Er gibt sich Mühe und leistet Arbeit nicht nur nach außen, sondern auch nach innen. Auf dem Schauplatz seines Innern kämpft er mit seiner irdischen Natur.

Wird es ihm gelingen, das Übergewicht über die bloße Natur zu erringen und so eine Persönlichkeit, im wahren Sinne ein Ich zu werden? Anders ausgedrückt: Der Mensch trägt viel Mitgebrachtes in sich, was er noch nicht selber ist. Er muss es aneignen, verarbeiten und ordnen, bis er Ich dazu sagen kann. Zunächst rumort es in uns. Wir sind nicht ohne Weiteres Herr darüber. Was rumort denn da? Gewöhnlich meint man, das Mitgebrachte sei vor allem, was durch die Vererbung in uns wirksam ist, und es ist ja auch deutlich, dass manche Erbanlage die Ursache von Krankheiten ist. Aber das Vererbte ist nur ein Teil des Mitgebrachten. Der Mensch trägt ja so vieles auf dem Grunde seiner Seele, was nicht in seinem Bewusstsein lebt, weil er es vergessen hat. Was haben wir nicht alles erlebt und vergessen, auch wenn wir noch jung sind! Haben wir doch bereits in den ersten drei Jahren unseres Lebens Unendliches erlebt, was sich von vornherein unserem Bewusstsein entzogen hat, weil damals unsere Erinnerungsfähigkeit noch nicht erwacht war. Als ein wuselndes Sammelsurium rumort alles Erfahrene, aber Vergessene des jetzigen Erdenlebens in uns. Widerstreitendes, ja sich gegenseitig Ausschließendes ist darin, was nur schwer miteinander in Einklang zu bringen ist. Aber als wir geboren wurden, entstanden wir ja nicht erst. Wir kamen aus der Welt des Vorgeburtlichen. Was wir da erlebt haben, durch lange Zeiten hindurch, gehört auch zu dem Mitgebrachten in uns. Dazu kommt, was wir, unserem Bewusstsein völlig entzogen, aus früheren Leben mitbringen. Uns ist die unerhörte Aufgabe gestellt, das alles mit der Prägung unseres Ich zu durchdringen. Der Mensch braucht nicht Böses aus früherem Dasein mitzubringen, um es im Leben schwer zu haben. Auch das Gute, das er mitbringt, kann sich zunächst nicht ohne Weiteres als Gutes auswirken, weil es ungeordnet ist. Viele schwere Lebensrätsel rühren davon her, dass der Mensch zwar Gutes mitbringt, dass er aber die Harmonie nicht in sich herstellen kann.

Der Mensch bemüht sich, ein Ich-Mensch zu werden und er selber zu sein. Er kann jedoch immer nur einige von den tiefversunkenen Inhalten ergreifen, und dadurch verdrängt er soundso viel anderes. Und wenn gar das Ich-Streben die Form des Eigensinns annimmt, dann wird erst recht vieles verdrängt. Dann sagt der Mensch sogar Nein zu Dingen, die er liebt, bloß aus Widerspruchsgeist. Was gibt das für eine Unordnung in den Seelen! So kann man sich klarmachen, dass gerade ein oberflächlicher Ich-Impuls, ein noch nicht durchgedrungenes Ich-Streben, die Unordnung vollständig macht.

*

In unserem Zeitalter ist aus dem Blick auf die Grunderkrankungstendenz des Ich die Psychoanalyse aufgekommen. Sie weist auf die Unsumme von Komplexen hin, die im Unterbewusstsein des Menschen vorhanden sind, und glaubt, dem Menschen zu einer gewissen Heilung zu verhelfen, indem sie diesen oder jenen versunkenen Komplex ins Bewusstsein ruft. Aber das so erweckte Bewusstsein, das den Menschen mit einem Male denken lässt. Da ist einmal etwas geschehen, was ich ganz vergessen habe; jetzt rumort es in mir und wirkt als eine Ursache der Krankheit, unter der ich so schwer leide – diese Art von Bewusstsein kann eigentlich auf die Dauer das innere Chaos nur noch größer machen. Zu vermeiden wäre das nur, wenn es gelänge, dem Menschen ein Gesamtbewusstsein seines Mitgebrachten zu vermitteln. Das aber gerade ist das, was die Psychoanalyse üblichen Stils nicht zu leisten vermag. Statt einer *Psycho-Analyse* brauchten wir eine *Psycho-Synthese.* Nicht eine aufsplitternde Analyse des tausendfältigen Schatzes, den wir in uns tragen, der aber auch so vieles Schwierige und Tragische enthält, kann wirklich helfen. Es ist nötig, das Ganze zu einer Einheit zusammenzuschließen, zu ordnen, zu harmonisieren. Aber ein Bewusstsein, das alles umfasst, erzielen wir nicht mit der schwachen Spiegelung in unseren Köpfen, die wir heute Bewusstsein nennen. Da bleiben wir im Bereiche dessen, was wir das niedere Ich nennen müssen. Dieses wächst heran und muss irgendwie fertig werden mit all den vielen Mitbringseln. Es wird damit nicht fertig. Früher, ehe sie Ich-Menschen wurden, hatten die Menschen auch schon eine große Vielfalt von Komplexen und Komponenten in sich, aber alles blieb noch locker. Die Menschen konnten noch von Natur friedevoll und gütig sein. Seit das Ich in der Menschheit erwacht ist, ist es mit dem Frieden vorbei, desgleichen mit der Liebefähigkeit, über welche die noch kindliche Menschheit verfügte. Auf dem Grunde der einzelnen Seele findet sozusagen ein Kampf von allem gegen alles statt.

Von hier aus können wir den Sinn des Pfingstereignisses verstehen: Es ist zugunsten des Ich im Menschen eingetreten. Durch die Christuswirkung wird in der Seele das höhere Ich angeregt. Dieses kommt nicht aus der Summe der Komplexe: Es kommt von oben hinzu. Es senkt sich wie eine feurige Zunge auf den Menschen hernieder. Es ist die Ordnungsflamme, die das Vielerlei, das gegeneinander streitet und sich nicht miteinander in Einklang bringen lassen will, zur Harmonie umschmilzt. Die ersten Ahnungen des höheren Ich ziehen bereits durch die Menschheit. Da, wo innerlich mit dem Christentum ernst gemacht wird, vor allem mit dem Geheimnis »Nicht ich, sondern der Christus in mir«, entstehen Anfänge einer Harmonie, die nicht von der Natur geschenkt, sondern errungen, das heißt im Bunde mit dem Christusimpuls in der Seele hergestellt worden ist. Auf dieses Geheimnis deutet das Christuswort aus dem Johannes-Evangelium hin: »Den Frieden lasse ich euch; meinen Frieden gebe ich euch.« Was von der Harmonie, die noch aus der Vor-Ichzeit stammt, und von dem Frieden, den der Mensch von Natur aus hatte, noch übrig ist, wird dem Menschen nicht mehr genommen, weil der Christus *Seinen* Frieden hinzufügt: den Frieden aus dem wahren Ich, die Seelengütekraft, die durch die Pfingstflamme erzeugt wird.

*

Versetzen wir uns in die Runde, die Träger des Pfingstereignisses war. Wie war doch Petrus zuvor ein aufbrausender, unausgeglichener Mensch! Jetzt kann er in reifer Weise Sprecher der anderen sein. In dem, der zuvor noch im Gethsemaneschlaf verharrte, hat sich in den vierzig Tagen die Wandlung, die Heilung des Ich vorbereitet. Jetzt ist Christus in ihm da als feurige Flamme; der Heilige Geist löst seine Zunge.

Wir sehen das Wunder des dreifachen Pfingstereignisses: Wenn der Sturm hereinbraust, sehen wir das Erwachen der Seelen. Die noch traumumfangenen schlafenden Jüngerseelen erwachen, finden die

Befreiung des *Bewusstseins,* die Befreiung des Gedankens. Dann folgt das Wunder der Sprache, die Befreiung des *Wortes.* Wie in einer großen Menschheits-Beichte wird den Jüngern die Zunge gelöst: Das Sprachenwunder erfüllt sich. Befreiung der Seele durch das befreite Wort. Schließlich erscheinen die feurigen Zungen – Befreiung des *Herzens* und des Blutes: Die ordnende Kraft des Heiligen Geistes geht auf dem Wege der Wärme in die menschliche Seele ein. Möge jedes Pfingstfest, das wir feiern, einen Schritt bedeuten auf dem Wege zur Aneignung des Geistes, der da heilt »das Ich in den Seelengründen«.

Zwischen Pfingsten und Johanni

In den Tagen der Sommersonnenwende wandern wir auf der goldenen Höhe des Jahres. Die Erde hat in ihren großen Atemzügen voll ausgeatmet. Sie ist ganz über sich hinausgewachsen. Sie ist so groß geworden, dass ihre Seele nicht mehr nur hier unten auf Erden, sondern oben in den Himmeln ist. So wie wir Menschen im Schlaf und dann auch im Sterben über unsere Erdenbehausung hinauswachsen und aus ihr herausgehen, so tut es die Erde im Hochsommer. Sie erreicht ihre Höhe; sie berührt sich mit dem Vater der Welt. Wie einen Mantel trägt sie den Vatergeist im Umkreise ihres Leibes. Auf der anderen Seite des Jahres, wenn wir statt vom *Hoch*sommer vom *Tief*winter sprechen, hat die Erde ihre Seele ganz eingeatmet; sie ist ganz in sich selbst und muss aus der hohen Ferne den Segen des Vatergottes entgegennehmen. Im Tiefwinter haben wir deshalb auf Erden die geistdurchwobene Materie, den Geist im Stoff. Im Hochsommer haben wir den materiedurchwobenen Geist, den in den Geist emporgehobenen Erdenstoff.

Der Mensch ist heute der große Störenfried geworden: Er bewirkt, dass die Erde ihre Ein- und Ausatmung nicht mehr wie einst auf göttliche Weise durchführen kann. Er war einst ein kosmisches Wesen und stand im Einklang mit dem Ein- und Ausatmen des Erdenplaneten. Wenn damals die Erde im Hochsommer mit ihrer Seele über sich hinauswuchs, wuchs der Mensch mit. Er geriet außer sich. Die Sonnenwendgebräuche, die auf den Bergesgipfeln um das Feuer herum begangen wurden, drückten das ekstatische Herausgehen der Menschenseele im Hochsommer aus.

Der Mensch, wie er noch ganz im Einklang, im Gleichschritt mit dem großen Kosmos lebte und atmete, war urbildlich in *einer* Gestalt verkörpert: in Johannes dem Täufer. Er war der Größte, der Reifste in dem leiblich bestimmten Schicksal der alten Menschheit. Denn wenn sein Geburtstag in die Tage der sommerlichen Sonnenwende fiel, so heißt das, dass er die Werdezeit im Mutterleib mit der aufsteigenden Jahressonne durchgemacht hat, und so war sein Wesen durch das kosmische Wachstum bestimmt. Er war immer größer als das, was man mit physischen Augen von seiner menschlichen Gestalt wahrnahm. Er war durch die Haltung seiner Seele permanent in dem Hochsommerzustand, in welchem die Seele sich mit dem Himmel berührt und der Mensch den Vatergeist »im Umkreis seines Leibes« trägt. So hatten die, zu denen der Täufer sprach, ein rätselhaft-gewaltiges Wesen vor sich. Johannes hatte als Zusammenfassung der alten kosmisch veranlagten Menschheit die Naturanlage zur *Entrückung* in sich. Insofern stand er polar Jesus von Nazareth gegenüber, dessen Geburtstag in die Wintersonnenwende fällt. Da wurde im Stall zu Bethlehem ein Knabe geboren, der seine Werdezeit im Mutterleib mit der absteigenden Sonne, mit dem sich in sich selbst zurückziehenden Erdendasein durchgemacht hat. Dafür war er aber derjenige Mensch, der das andere Weltprinzip auf die urbildlichste, reinste Weise verkörpern sollte: dass der Erdenmensch sich zum Gefäß einer höheren *Einwohnung* machen kann. Johannes, der alte kosmische Mensch, verkörpert das Prinzip der Entrückung, der Ekstase. Jesus von Nazareth, der neue Erdenmensch, verkörpert den Menschen, der klein ist, der aber groß werden kann, wenn er in sein Menschen-Ich das Christus-Ich aufnimmt.

Johannes der Täufer war in doppelter Hinsicht der größte, letzte Prophet. Er wusste, dass das Alte zu Ende geht, dass der Mensch aufhört, mitzuwachsen in den Hochsommer hinein, und vielmehr anfängt, in sich hineinzuvertrocknen und zu verkümmern. Er sah den Untergang der Gottes- und Himmelsnähe, die der alten Menschheit noch von Natur aus geschenkt war. Und die Unheilsprophetie, die er vor Augen sieht, kleidet er in die Worte: »Bereits ist die Axt dem Baum an die Wurzel gelegt.« Schon sieht er den Weltenbaum stürzen. Aber er weiß auch, dass nun das Andere kommt: Er ist zugleich der Prophet dessen, was ganz nahe herbeigekommen ist, des messianischen neuen Lebens. Er weiß, dass das alte Weltprinzip der Entrückung, der Naturgeschenktheit, dem neuen, in Christus auftretenden Weltprinzip weichen muss, dem Wachsen durch einen neuen Gottesinhalt im innersten Zentrum des Menschenwesens. Deshalb sagt er: »Ich muss abnehmen«, er, der das Wachsen von Natur aus in sich trägt. »Er muss wachsen«: jener, der das Prinzip des natürlichen Wachstums und Großwerdens *nicht* in sich trägt. Von da an wurde das *Freudenfeuer* der Sommersonnenwende auf den Bergesgipfeln zum *Opferfeuer*. Das Entrückungs-Feuer fing an zum Zeichen des Feuers zu werden, in dem der alte Adam verbrennt, damit der neue Adam wachsen kann.

Aber das christliche Johannisfest muss ja erst geboren werden. Noch bleiben wir allzu leicht in der alten Sommersonnwend-Stimmung stecken. Einmal wird das christliche Johannisfest ein großes, erhebendes, uns wieder zu kosmischen Dimensionen führendes Fest sein. Aber dazu müssen wir ganz klein anfangen. Bedenken wir, das Schicksal hat es so eingerichtet – durch die verschiedenen Kalenderreformen –, dass heute der Johannistag, der 24. Juni, einige Tage *nach* der Sommersonnenwende liegt, die vor 2000 Jahren auch auf den 24. Juni gefallen war. Begeht man heute den traditionellen Johannistag, so feiert man bereits nicht mehr die Jahreskulmination; man ist vielmehr schon in das leise Abklingen der großen Weltenhöhe eingetreten. Und da der Schwerpunkt des Johannisfestes, der 24. Juni, kein offizieller Feiertag ist, sodass das Fest erst am Sonntag nach Johanni voll gefeiert werden kann, wird der Abstand von der eigentlichen Sommersonnenhöhe noch größer. So ist es gerade beim Johannisfest besonders wichtig zu bedenken, dass es sich um eine Festeszeit, nicht um einen Festtag handelt. Wir haben den weißschimmernden Altar während ganzer vier Wochen, die aber schon auf dem absteigenden Ast des Jahres liegen. Wir stehen da bereits im »Abnehmen«, indem wir, den Gipfel verlassend, uns wieder den Tälern und Niederungen unseres Daseins nähern. Wollen wir in unserer Zeit das Johannisfest erneuern oder überhaupt erst recht begründen, so dürfen wir nicht den naheliegenden Kurzschluss begehen, als ob Johanni dasjenige Fest wäre, das dem Christentum als das Fest der freien Natur seinen kosmischen Charakter zurückgibt. Dasjenige Fest, das dieses tut, ist das Himmelfahrtsfest, denn da schauen wir hin auf die Christuswesenheit, wie sie sich mit dem ganzen Erdenkosmos verbindet. Das Johannisfest liegt zwar auf dem Höhepunkt der kosmischen Entfaltung, aber es hat seinen Sinn, seine innere Bedeutung durchaus im Abschiednehmen von der bloßen Natur, im Sich-wieder-Hinwenden zur Stille des menschlichen Innern. Wie sollen wir das verstehen?

*

Wir lassen ja in den Wochen der Johanniszeit alle diejenigen Szenen auf uns wirken, in denen die Gestalt Johannes des Täufers vor uns steht. Da spielt sich vor uns ein volles Drama mit vielen Höhepunkten und dramatischen Einschnitten ab. – Wir brauchen nur für kurze Augenblicke den Gang des ersten der »Drei Jahre« zu verfolgen. Am 6. Januar taufte Johannes im Jordan denjenigen, in dem durch die Taufe nicht wie in den anderen Täuflingen eine Entrückung bewirkt wurde: In ihm vollzog sich da vielmehr zum ersten Mal die große Einwohnung des Christus-Ich im Menschenwesen. Johannes selber war der, der aus dem alten Weltprinzip in das neue hinüberführte. Wenn er sonst seine Täuflinge in das Wasser des Jordans tauchte, bewirkte er in ihnen das, was im Menschen, mindestens im Hochsommer, von Natur aus sowieso geschah: ein Herausgehen aus der engen Behausung. In dem jedoch, den er jetzt taufte, geschah das große Wunder: In die weit geöffnete Seele des Jesus von Nazareth zog das Christuswesen, der hohe Sonnengeist, selber ein und nahm Menschengestalt an. Der Größte der alten Menschheit übergab die Stafette der Weltgeschichte an ein neues Zeitalter. Er selber hilft dem Neuen herein. Er kann von der alten Größe, die sich in ihm verkörpert, Abschied nehmen. Er hängt nicht an ihr. Durch einen Nullpunkt hindurch kann eine geduldige Menschheit nun den Weg zur neuen Größe finden.
Im Umkreis Johannes des Täufers fand Jesus von Nazareth nach der Jordantaufe seine ersten Jünger. Sie waren vorher Jünger des Täufers

gewesen. Noch steht dieser im Vordergrund, aber bald beginnt der große Opfergang; das Opfer, das Johannes innerlich vollzieht, wird durch das Schicksal, wie es sich nun entfaltet, der Welt drastisch eingeprägt. Der Täufer wird in den Kerker geworfen und kann seine überlebensgroße Wirksamkeit nicht mehr ausüben. Sollen jetzt die, die seine Schüler waren, an seine Stelle treten? Auch Jesus von Nazareth hält sich noch zurück. Aber an Pfingsten des gleichen Jahres sammelt er durch eine neue Jüngerberufung diejenigen, die sich ihm schon bei Johannes dem Täufer verbunden hatten. Eine Gemeinschaft bildet sich, die sich auf das, was kommen wird, vorbereitet. Und dann fällt der große tragische Schatten auf die Bühne des Dramas: Am 29. August – so sagt es die Überlieferung – wird Johannes enthauptet, und die grausige Schüssel mit seinem Haupte wird in den Saal hereingetragen, wo Herodes sein Fest feiert. Das war das Signal, nunmehr ganz neue Wege zu suchen. Wir haben oftmals davon gesprochen, dass nicht sogleich in vollem Sinne die neue Wirksamkeit begann. Jetzt schickt Jesus die Jünger paarweise in die Welt hinaus. Er selbst geht in die Stille. Ein halbes Jahr lang legen die Jünger ihre Wanderwege zurück und erfahren ein Wunder. Sie erleben Johannes den Täufer, der seiner irdischen Existenz nach das Opfer seiner Feinde geworden ist, als ihren fortwährenden Wegbegleiter und Schutzpatron, als den Engel über ihren Häuptern, als das Wesen, das sie zu einer wahren Gemeinschaft zusammenschließt. Der Keim einer christlichen priesterlichen Gemeinschaft, und damit schließlich einer christlichen Kirche, bildet sich durch die Erlebnisse der Jünger in dieser Zeit, bevor sie zu Christus zurückkehren. In dem Ereignis, das wir als die Speisung der Fünftausend kennen, wird nun erst recht offenbar, wie Johannes der Täufer der Engel geworden ist, der mit gewaltigen Schwingen die entstehende Gemeinschaft überschwebt; der wunderbare Zauber der Gemeinschaft breitet sich prophetisch auf die Menschen der Zukunft aus. Das betrifft nicht nur den Jüngerkreis; die Fünftausend sind das Bild derjenigen zukünftigen Menschheit, die unter dieses neue Gemeinschaftsprinzip treten wird. Johannes der Täufer hat dem andern den Weg bereitet, sodass er bei der

Jordantaufe in die irdische Verkörperung Einzug halten konnte. Er bleibt auch weiterhin sein Wegbereiter. Dadurch, dass Menschen den Christus in ihre Seelen aufnehmen, kann ein neues Wachstum anheben. Der zusammengeschrumpfte, kleingewordene Ich-Mensch nimmt den Samen der neuen Größe in sich auf. Einmal wird dadurch, dass aus der Quelle der Christus-Einwohnung die Menschen lernen, über sich selbst hinauszuwachsen, die alte kosmische Johannesgröße in neuer Art auferstehen. Das wird aber keine bloß persönliche Größe sein. Zunächst wird in der Menschheit eine Durchgangsstufe veranlagt dadurch, dass der Mensch in eine wahre Geist-Gemeinschaft hineinwachsen kann. Der neue Kosmos ist für den Menschen nicht sogleich fertig da; in einer neuen Gemeinschaft der Menschen entsteht der Keimzustand eines neuen Kosmos.

Es entfaltet sich das Geheimnis der » Drei Jahre«. Und als die Jahre 31 und 32 vorübergegangen sind und im Frühling des Jahres 33 die Entscheidungsstunde von Golgatha herbeigekommen, das Mysterium von Tod und Auferstehung Christi geschehen ist, da ist der Erdentiefe die Möglichkeit eingepflanzt, eine neue Himmelshöhe in sich aufzunehmen. Die wunderbaren Begegnungen der Jünger mit dem Auferstandenen steigern sich vierzig Tage nach Ostern zum Himmelfahrtsereignis. Christus erweitert sein Dasein, er fängt zu wachsen an. Jetzt erfüllt sich das Johannes-Wort: »Er muss wachsen.« Die Himmelfahrt ist der Eintritt und das Hineinwachsen der Christuswesenheit in die ganze kosmische Erdenumgebung. Und wenn fortan die Menschen den Christus in sich aufnehmen, so haben sie dadurch die Möglichkeit, auch über sich selbst hinauszuwachsen und wieder kosmische Menschen zu werden.

Zunächst folgt auf Himmelfahrt Pfingsten. Da bildet sich in den Jüngern durch ihre Liebe zu Christus, durch ihren Schmerz über seinen Verlust und durch ihr heißes Bemühen, ihm nahezubleiben, ein neuer Ich-Mittelpunkt. Das höhere Ich, das durch die Einwohnung des Christus in ihnen wie eine Flamme aufleuchtet, ist in jedem Einzelnen das Zentrum, von dem aus die Christus-Sphäre wachsen kann. Sogleich am Pfingstmorgen haben dann aber auch die Jünger erfahren:

Mit der neuen Ichheit, mit dem pfingstlichen Ich ist zugleich der erste ahnungsvolle Hauch der Gemeinschaft da. Wenn das höhere Ich im Menschen erwacht, ist der Einklang da, ob man sich persönlich kennt oder nicht; man ist über das ganze Erdenrund hin Glied an Seinem Leibe. Der Dom der wahren Kirche wölbt sich über allen, die dem wahren Ich Raum geben in ihrer Seele, indem sie die heilbringende Macht des Christus empfinden. Die Ahnung des neuen weltumspannenden Radius zusammen mit dem Erwachen einer neuen höheren Kraft im eigenen Wesensmittelpunkt bewirkt in den Jüngern am Pfingstmorgen Begeisterung und Sicherheit in einem großen Sendungsbewusstsein. Sie fühlen, wie der Heilige Geist ihnen Kraft gibt, nicht an sich zu denken, sondern in der Welt für ein Großes und Ganzes zu wirken. Die apostolische Aussendung eines jeden Christenmenschen beginnt in jener Stunde.

*

Sind wir also von Weihnachten her dem steigenden Erdenleben gefolgt und haben im vollentfalteten Frühling am Himmelfahrtsfest, aus der Osterfreude hervorblühend, die Ahnung des durch Christus entstehenden neuen Kosmos empfunden, so trägt uns schließlich das Pfingstfest zur Sommersonnenwende hin, auf die volle Jahreshöhe empor. An Pfingsten hat es einen guten Sinn, bereits auch an Johannes den Täufer zu denken als an den, der dem Christus den Weg bereitet. Welches ist jetzt der Schritt des Christus, dem wir zu folgen haben? Das ist der vom einzelnen geisterfüllten Menschen zur Gnade der geisterfüllten Gemeinschaft. Johannes der Täufer ist der schützende Genius der werdenden Gemeinschaft. Man wird in Zukunft verstehen, warum oft in ganz kurzem Abstand das Johannisfest auf das Pfingstfest folgt. Je mehr es uns gelingt, die christlichen Feste, statt sie nur mit schönen Ideen zu verbinden, zu Kulturtatsachen zu machen, d.h. sie so zu gestalten und zu feiern, dass von ihnen eine Stimmung ausgeht, die stärker ist als alle Sensationen des Sports usw., umso vertrauter wird uns der wunderbare Dreiklang werden von Himmelfahrt, Pfingsten und Johanni.

Himmelfahrt: Der Auferstandene wandelt den alten Kosmos, indem er sich damit verbindet, in den neuen Kosmos um.
Pfingsten: Der Mensch erlangt, indem er den Auferstandenen in sich fühlt, die Fähigkeit, sich mit dem neuen Kosmos zu verbinden. Das ihn überschwebende Geheimnis der neuen Gemeinschaft ist ihm der Anfang des neuen Kosmos.
Johanni: Johannes der Täufer, der Mensch des alten Kosmos, führt als schützender Genius der Gemeinschaft zum neuen Kosmos hin.

Christus ist in den ganzen Umkreis der Erde eingezogen. Der Mensch findet in sich als pfingstlichen Mittel- und Keimpunkt das von Christus erfüllte, gesegnete Ich. Und der Genius über unseren Häuptern, der den Christuskeim in uns schützt und stärkt, regt bereits die Flügel. Indem wir unter seinen Fittichen das Wunder der Gemeinschaft erfahren, wird es uns zum Durchgangspunkt, um auch wieder mit dem Kosmos, mit der ganzen Kreatur, mit Erde, Sonne, Mond und Sternen einen geschwisterlichen Bund einzugehen. Dann wird das Christentum groß; es hört auf, eine belanglose private Angelegenheit *neben* dem kulturellen Leben zu sein: Es wird vielmehr das eigentlich Entscheidende werden, wenn es auch nicht mit der Statistik und den großen Zahlen und äußeren Erfolgen geht, sondern in der Stille bleibt.
Von Jahr zu Jahr müssen wir darauf bedacht sein, die Johanniszeit immer mehr auszuschöpfen und fruchtbar werden zu lassen. Den Anfang dazu finden wir, indem wir uns klarmachen, wie nahe verwandt die beiden Worte sind: das paulinische »Nicht ich, sondern der Christus in mir« und das Wort, das Johannes der Täufer spricht: »Er muss wachsen, ich muss abnehmen.« Nicht ich, Christus in mir, und indem der Christus in uns wächst, schenkt er uns, wenn wir durch innere Selbstlosigkeit diesem Wachstum Raum geben, den Radius der wahren Gemeinschaft und darüber hinaus einer neuen kosmischen Stimmung. Insofern der Mensch den Zusammenhang mit dem Kosmos verloren hat, stört er den Rhythmus der Jahreszeiten und weiß gar nicht, dass er es ist, der alles chaotisiert. In dem Maße aber, als die Christusmysterien in unseren Seelen und in unseren Gemeinden wachsen, wird nicht

nur die Heilung dessen, was uns persönlich quält und Sorge macht, sondern auch die Heilung des Kosmos daraus hervorgehen. Es wird eine Medizin für die Welt sein, was von unseren Altären ausgeht, ein Heilmittel gegenüber den vom Menschen ausgehenden zerstörenden und krankmachenden Wirkungen, denen heute alle Kreatur, insonderheit aber der Mensch selbst, fortwährend ausgesetzt ist.

Sommersonnenwende

In der Hochsommer-Natur wird die Erde fromm gegenüber der Sonne. Die Wärme, die den Luftkreis durchflammt, ist wie ein großes Opferfeuer, auf dessen Flügeln die Erdenseele sich aufwärtsschwingt, der nahe herbeigekommenen Sonne entgegen. So wie im Tiefwinter die Seele unseres Planeten zur großen kosmischen Besinnung Einkehr hält und sich in den Tiefen der Erde sammelt, so wächst sie auf der Höhe des Jahres hingebungsvoll über sich hinaus; sie lobpreist die Höhen der Welt und vereinigt sich selbst mit ihrem emporsteigenden Flammen-Hymnus.

In alten Zeiten stand der sommerliche Seelenzustand der Erde in Übereinstimmung und Einklang mit den Erhebungen der Frömmigkeit in den Seelen der Menschen. In den Höhen des Kosmos wussten und suchten die Frommen der Vorzeit ihre Götter. Zu ihnen über alle Erdenschwere hinweg erhoben und emporgetragen zu werden, war ihre Inbrunst und Sehnsucht. Dadurch war Ekstase, Entrückung, das Merkmal der vorchristlichen Religionen. Sommerverwandt war das religiöse Leben in den Zeiten des sogenannten Heidentums. Kein Wunder, dass unter allen Feiern des Jahres die Sommersonnenwende der festlichste Höhepunkt war. Die makrokosmische Ekstase der Erdenseele riss die Menschen zur mikrokosmischen Ekstase ihrer jubelnden Herzen mit empor.

Die sommerverwandte Sonnen-Ekstase der alten kosmischen Frömmigkeit hat man zu Unrecht als dem Christentum widersprechend abgelehnt. Sie war eine Art Christentum vor dem Christentum. Denn die Gottheit, zu der man sich sehnsuchtsvoll erhob, war keine andere als die Christuswesenheit, die damals noch mit der Sonne als dem Herzen des Kosmos verbunden war. Erst als der Christus zum Heile der Menschen die Sonnen-Höhen verließ, um auf der Erde Mensch zu werden und sich mit den Nöten und Tiefen der Erde zu verbinden, fing die nach Sonnen-Entrückungen strebende Frömmigkeit an, ins Leere zu greifen. Das Christentum unterschied sich von Anfang an mit Recht von allem ekstatischen Wesen; denn von nun an war ja der Christus mit der Erde verbunden und konnte nur hier gefunden werden. Solange im Nachklang noch ein Wissen davon vorhanden war, dass der Christus von der Sonne stammte, behielt das Christentum einen kosmischen Atem. Als aber nach dem Erlöschen des Urchristentums der Zusammenhang zwischen Christus und der Sonne in Vergessenheit geriet, streifte die christliche Religion ihren kosmischen Charakter ab, und ihre Träger wandten sich in zelotischem Hass gegen alles »Heidentum«.

Der letzte Herold und Träger der ekstatischen Sonnen-Größe war Johannes der Täufer. Er war nicht nur durch seine Geburt, sondern durch sein ganzes Wesen der Mensch der Sommersonnenwende, der Inbegriff der übermenschlich-kosmischen Erhebung. Seine weit über die Lande zündende Flammen-Seele loderte zu den Höhen der Sonne empor, als soeben der Christus diese Höhen verließ und sich anschickte, mit den Menschen die irdischen Wege zu gehen. Johannes durfte dem Genius der Sonne das Geleit aus den Höhen in die Tiefen geben, indem er an Jesus von Nazareth die Taufe vollzog. Dass er den großen Übergang und Umschwung im geistigen Weltall verstand und sich in Selbstlosigkeit darein schickte, ließ ihn das Sonnenwend-Wort sprechen: »Er muss wachsen, ich muss abnehmen.«

Das nunmehr von der Erde ausgehende Wachstum des Christus, von dem der Täufer spricht und vor dem er zurücktritt, löst das Prinzip der Entrückung ab. Ein neuer Steige-Sinn der Seele kommt dadurch in die Welt. Nicht mehr verliert sich der Mensch an eine jenseitige Gottheit. Vielmehr findet er sich in Wahrheit erst selbst und dringt zu seinem eigenen höheren Wesen vor, indem er der göttlichen Einwohnung, dem »Christus in mir«, Raum gibt. Das Johannisfest zur hohen

Sonnenwende wird in Zukunft mehr sein als ein Fest des Gedenkens an den Täufer als den letzten Träger der alten kosmischen Größe, der zum »Abnehmen« bereit war. Es wird ein besonderes Fest des Wachstums Christi sein. Christus, der hohe Sonnengeist, ist in den Atem der Erde eingezogen. In den Seelen der Menschen, die ihn in sich wohnen lassen, wächst er stetig. Mit der Seele der Erde wächst er rhythmisch im Wechsel der Jahreszeiten, dem Einatmen folgend bis zum weihnachtlichen Tiefwinter, sich mit dem tellurischen Ausatmen sonnenwärts erhebend bis zum hochsommerlichen Johannisfest. Die Sommersonnenwende bringt den Einklang und die Übereinstimmung der inneren mit der kosmischen Himmelfahrt. In ihr lehrt uns der Christus selbst aus der Erdennatur, mit der er sich verbunden hat, ein neues »Sursum corda«, den Steige-Sinn der Herzen. Und durch das christlich erneuerte Johanni-Erleben empfängt das Christentum seinen kosmischen, die Höhen und Weiten der Welt umspannenden Charakter zurück.

Von der heidnischen Sommersonnenwende zum christlichen Johannisfest

Sommersonnenwende! Mit diesem Wort ist auf die höchste Steigerung der vorchristlichen religiösen Stimmung hingedeutet. Die großen heidnischen Naturreligionen gipfelten in dem ekstatischen Hochsommerjubel, der bis in späte Jahrhunderte fortgesetzt wurde, wenn auf den Bergeshöhen die Feuer entzündet und um die Feuer herum Reigen getanzt und Gesänge angestimmt wurden, weil die sich erhebende Menschenseele den Anschluss suchte an die hoch erhobene Erdenseele. Deshalb reichen sich in dem Johannisfest, der christlichen Sommersonnenwende, Heidentum und Christentum die Hand. Wie kann denn die heidnische Hochsommer-Ekstase in die christliche Ära hinüberverwandelt und in christliche Frömmigkeit umgesetzt werden? In der Tat kulminiert zur Sommersonnenwende unsere Erdennatur; sie erreicht den Augenblick ihrer größten Entfaltung. Mehr als in irgendeiner anderen Zeit des Jahres sind wir in den Atem und Pulsschlag, in den ganzen sphärischen Raum der Natur mit einbezogen. In welchem Zustand befindet sich dann die Erde? Das philiströse, bloß am äußeren Sinnenschein orientierte Denken sagt: Die Erde ist zwar im Hochsommer mit mehr grünendem Pflanzenwachstum überzogen, im Übrigen aber ist sie dieselbe wie auch im Frühling oder Herbst. Unser Gefühl lässt uns etwas anderes ahnen. Es spricht: Die Erde ist zur Sommersonnenwende größer als sonst; sie ist über sich selbst hinausgewachsen. Nicht mit der Gesteinsmasse, ihrem mineralischen Bestand, wohl aber mit ihrer Seele wird sie riesenhaft groß. Als der Frühling kam, fing sie zu wachsen an; da regte sie ihre Flügel und schwang sich langsam empor; dabei hatte sie die ersten Begegnungen mit dem, was ihr vom

Himmel her entgegenkam. Als dann der Blütenflor, der unsere Erde so bunt schmückte, wieder zu Boden gerieselt war, wuchs und stieg die Erdenseele immer noch mehr. Die Erde übertraf sich selbst in ihrer Dimension. In den längsten Tagen des Jahres erreicht sie das Höchstmaß ihres seelischen Wachstums: Mit dem ganzen Kosmos ist sie eins geworden. In der Hochsommerzeit braucht man nicht erst zur Sonne oder zu den Sternen emporzuschauen, um den Kosmos zu fühlen; nein, die Erde selbst ist der Kosmos. Das große Ganze umgibt uns hier und jetzt. Das Entrücktsein der Erde in höchste Himmelshöhen über sich selbst hinaus ist eigentlich ein Zurücktauchen unseres Planeten in seine Urvergangenheit. Auch in den anderen Jahreszeiten ist die Erde umgeben von der Lufthülle und in der Atmosphäre von dem wunderbaren Kreislauf des auf- und absteigenden Wassers, das sich in den Wolken sichtbar macht. So zeigt sich immer schon, dass die Erde größer ist als ihr mineralischer Bestand. Wenn man ihre Größe messen will, muss man mindestens den Luftkreis hinzurechnen. Warum? Das, was wässrig ist im Umkreis der Erde, was in den Wolken sichtbar wird, was morgens in den Tauperlen auf den Wiesen funkelt, was im Regen herniederströmt, die Wasserhülle unserer Erde ist eine Erinnerung an eine kosmische Vorzeit, in der die Erde viel größer war als heute, weil sie noch flüssig und noch nicht zur festen Gesteinsgestalt verhärtet war. Die »Wasser-Erde«, von der noch in den neutestamentlichen Petrusbriefen die Rede ist, war noch mit dem Monde zu einem Weltenkörper vereinigt. Die Lufthülle als solche ist die Erinnerung an einen älteren Äon, in welchem die Erde *noch* viel größer war, weil sie nicht einmal bis zum Dichtigkeitsgrad des Flüssigen zusammengeronnen, sondern noch luftförmig war. Die Luft-Erde war noch mit der Sonne eins. Im Hochsommer aber wächst die Erde empor, und aus dem Kosmos kommt ihr ein Wärme-Mantel entgegen. Die Sommerwärmehülle unseres Planeten ist eine Erinnerung an seine ersten Ursprünge, an die saturnischen Urbeginne, auf die das zutrifft, was griechische Philosophen wie Heraklit noch gewusst haben: dass alles, was ist, aus dem Feuer entstanden sei. Die Sommerwärme weist deshalb in so überdimensionale kosmische Vollständigkeiten empor, weil sie eine reale Reminiszenz ist an die Uranfänge der Zeit, als die Erde noch der ganze Kosmos und noch nicht wie ein einzelner Tropfen herauskristallisiert war. Dieser Kosmos war ein Wärmekosmos. In der Hochsommernatur erleben wir ein momentanes Zurücktauchen des Erdenseins in seinen Ursprung aus dem Feuerelement. Das macht die Erde so groß. Die Erdenseele reicht dann bis an den Feuerhimmel, den die Griechen das Empyreum nannten, heran.

Die Erde ist ein großes Lebewesen nicht nur dadurch, dass Lebewesen auf ihr existieren. Wir müssen die Atemzüge und Lebensrhythmen dieses lebenden Wesens mitmachen. Tun wir das wirklich, so erkennen wir: Keineswegs ist die Erde im Sommer bei sich selbst; sie ist in den Zustand eingetreten, den wir beim Menschen den Schlaf nennen. Im Winter wacht die Erde, da ist sie ganz bei sich. Sie schläft ein, wenn der Frühling in den Sommer übergeht, so wie wir einschlafen am Abend und dann nicht bei uns sind, weil wir mit unserem seelisch-geistigen Wesen über unsere Leibeshülle hinauswachsen. Unsere Leiblichkeit ist, wenn wir schlafen, wie ein Garten, in dem das Leben frisch sprießt und sprosst, sodass wir am nächsten Morgen wieder hergestellt sind gegenüber den Abbauprozessen, die während des vergangenen Tages in uns stattgefunden haben. So wird die Erde im Sommer, wenn sie ihren großen Jahresschlaf tut, neu. Die Feuerhöhen des Kosmos schenken der Erde neue Kraft. Da ragt noch die Ur-Erde in unsere Gegenwarts-Erde herein.

*

Aus der Menschheitsgeschichte heben sich Gestalten heraus, an denen wir eine Entsprechung zu der sommerlichen Erden-Ekstase beobachten können: Menschen, die so über das bloße Menschenmaß in ein Übermenschenmaß hinauswachsen wie die Erde im Sommer über das Erdenmaß. Der letzte dieser Übermenschen war *Johannes der Täufer.* Wenn wir ihn uns vorstellen in seinen menschlichen Konturen, wie er in der Wüste mit einem Fellgewand bekleidet lebte und nur die primitivste Nahrung zu sich nahm, so treffen wir noch nicht das Wesentliche. Dieses liegt darin, dass er seelisch riesenhaft hinausragte über seine irdische Leiblichkeit. 800 Jahre vorher hatte es schon einmal eine solche Gestalt gegeben, die gleicherweise etwas Atmosphärisches hatte und sozusagen den ganzen Kosmos mit sich herumtrug, weil sie mit ihrer Seele und ihrem geistigen Wesen ihre Leiblichkeit mächtig überragte: *den Propheten Elias.* Der einfache bürgerliche Mensch, der zu Zeiten, als der Prophet Elias zur Menschheit sprach – mit dem biblischen Namen wird er Naboth genannt –, unterschied sich nicht von den anderen Menschen. Deshalb haben die Menschen im Großen und Ganzen auch nicht gewusst, dass Naboth und Elias derselbe waren. Die Gegnerin, die Königin Jesabel, wusste jedoch genau, weshalb sie Naboth steinigen ließ: Sie wollte Elias vernichten. Wenn aber jener schlichte Mensch, dem der Weinberg gehörte, anhob, als Bote der Gottheit zu sprechen, war er nicht mehr Naboth. Dann war etwas wie eine große, mächtige Gewitterwolke um ihn her. Dann war er eine ganze Atmosphäre, und Menschen in weit entlegenen Gegenden sahen und hörten ihn, obwohl er nicht in ihrer physischen Nähe war. Ähnlich war es noch bei Johannes dem Täufer. Sein Wirken als Wegbereiter Christi lag nicht einfach bloß darin, dass er die Menschen so erschütternd zur Buße rief. Seine Wirksamkeit, die das Land weit umher in fieberhafte Erregung versetzte, ging vielmehr auf das übermenschliche, auf das Atmosphärische seines Wesens zurück. Das war wie ein Wärmemantel. Man kann Gestalten wie Elias und Johannes den Täufer als wandelnde Flammen betrachten. Jeder weiß, dass bei einem Kerzenlicht da, wo das sichtbare Feuer aufhört, erst die richtige Wärme beginnt; will man an einer Kerzenflamme etwas zum Glühen bringen, darf man es nicht in den Flammenkern selbst hineinhalten, sondern in den unsichtbaren Wärmemantel. So gleicht die Erde im Sommer einer Flamme, die ihren Wärmemantel um sich herum hat; und so waren Gestalten wie Elias und Johannes Flammen, deren Seelenwirkungsbereich sich wie ein Wärmemantel über weite Gebiete hin erstreckte.

Wie in der Hochsommernatur die früheren Zustände der Erde, voran die Feuer-Erde, nachklingen, so klingt auch in Gestalten wie Elias und Johannes ein altes Gesetz des Menschenwesens nach. Gehen wir weit genug zurück in der Menschheitsentwicklung, so können wir nicht bei der trivialen Meinung bleiben, der Mensch sei auf den Affen zurückzuführen; wir kommen dann vielmehr dahin, wo der Mensch als Sprössling der Götter größer war als heute. Im Laufe der Zeiten ist der Mensch immer mehr auf seine physische Gestalt zusammengeschrumpft. Die Sagen von den Riesen sind keine bloßen Kindermärchen. Die Menschen waren seelisch in den Urzeiten riesenhaft groß. Die physischen Leiber waren vielleicht nicht größer als später. Sie waren wie der Flammenkern, und darum herum war, wie beim Wärmemantel der Kerzenflamme, der eigentliche Mensch. Schließlich aber gab es Individualitäten, die ihrer inneren Dynamik und Gewichtigkeit nach so groß waren, dass sie, obwohl sie mit der Menschheit im Ganzen die Wege der Schrumpfung mitmachten, immer noch Übermenschen blieben. Und unter diesen überragte alle anderen jenes Wesen, das einmal als Elias und später als Johannes der Täufer – es ist derselbe – aufgetreten ist. In ihm geht der Mensch des Ursprungs, Adam selber, in verschiedenen Gestalten durch die Menschheitsgeschichte hindurch. Das ist der Übermensch, den wir auch den Vatermenschen nennen könnten. Ursprünglich war der Mensch nämlich so groß, dass er ganz in den Vatergrund der Welt, in die Vatergottheit eingehüllt war. So wie die Erde einst in den Wärmemantel der saturnischen Urzeit eingehüllt war, der in der Hochsommernatur nachklingt, so war der Mensch einmal in das Vaterwesen eingehüllt. Johannes der Täufer ist derjenige, der als ein Letzter das Geheimnis des Vatermenschen in die Mitte der Zeiten hereintrug. Deshalb heißt es von ihm im Evangelium: »Es gibt keinen unter denen, die vom Weibe geboren sind, der größer wäre als er.« Größer ist hier im seelenräumlichen Sinne gemeint. Von daher ist es zu verstehen, dass Johannes der Täufer als ein bärtiger Riese dargestellt worden ist, obwohl er als einer jener Frühvollendeten jung von der Erde Abschied nehmen musste, weil er mit dreißig Jahren schon getötet wurde. Aber in der kurzen Zeit, in der er wirken konnte, – vielleicht war es nicht länger als ein Jahr –, war er ein brennendes Feuer, das weithin ausstrahlte: der Vatermensch, die Gestaltwerdung der Erden-Ekstase zur Sommersonnenwende.

Es ist wichtig zu erkennen, dass wir auch heute noch, obwohl wir in unserem Menschenwesen jetzt wirklich »auf den kleinsten Nenner gebracht« sind, die Mitgift der ursprünglichen Größe in uns tragen. Worin liegt denn das Wesen des Kindes? Es hat zwar erst einen kleinen physischen Leib, aber sein Lebensleib, der noch gar nicht herausgestaltet ist, und erst recht seine Seelenhülle sind noch so groß wie die Welt. Das Kind hat viel Leben, aber es ist noch nicht sein eigenes Leben. Das Leben der Welt pulsiert noch durch es hindurch. Deshalb ist ein Kind in seiner übersinnlichen Gestalt größer als ein Erwachsener. Es hat den ganzen Kosmos im Umkreis seines Leibes; es gleicht der Sommererde, weil es die Sphäre seines Himmelsursprungs noch nicht völlig verlassen hat.

Oder ein anderes. Der heutige Mensch macht sich kaum Gedanken über das Wesen des Schlafes. Er findet es einfach in der Ordnung und hat sich daran gewöhnt, dass er nachts schläft. Aber was geschieht denn eigentlich beim Einschlafen? Eben dann wächst er wieder riesenhaft über sich hinaus. Ein schlafender Mensch ist größer als der Tagesmensch. Er trägt etwas von dem Gesetz in sich, das die Erdennatur im Sommer offenbart. Weil wir nachts ins Kosmische emporwachsen, sind wir am Morgen wieder neu gestärkt. Beim Kind und beim schlafenden Menschen ragt noch etwas von der alten, großen Menschennatur in das verkleinerte Menschenwesen herein. Das gehört zum Thema der Sommersonnenwende hinzu.

*

In unserem Zeitalter gibt es ein aktuelles, aufregendes Sommersonnwend-Rätsel. Wenn die Hochsommerzeit herankommt, so muss man fast von Jahr zu Jahr darauf gefasst sein, dass sich irgendwo ein Weltbrand anbahnt. In ganz besonderem Maße haben wir es 1914 erlebt, wie die Welt im Gluten der Sommerwärme mit Unheil schwanger ging, und dann gebar sich aus dem Chaos der Gefühle der Krieg, der aber nur die erste Auslösung war von all den Katastrophen, die nachgekommen sind. Eine weitere Kulmination dieser rätselvollen Gesetzmäßigkeiten trat 1939 und dann 1941 ein. Als wir nach dem Verbot der Christengemeinschaft in den Gefängnissen erfuhren, dass der Krieg nun auch noch nach dem Osten hin ausgedehnt wurde, da war schlagartig klar: Jetzt wird sich in ungeahnten Ausmaßen apokalyptische Tragik über die Menschheit ausgießen.

Was ist das nun aber, dass sich aus den Gluten der Hochsommerwärme solche unheilverbreitenden Schicksalsgewitter entladen? Ein ähnliches Rätsel gibt immer öfter das Klima und Wetter des Hochsommers auf. Wie kommt es, dass es ganze Sommer hindurch regnet und dass immer wieder durch hochsommerliche Hagelkatastrophen die reifende Frucht auf den Feldern, in den Gärten und an den Bäumen zerschmettert wird?

Eben das Hereinragen alter Weltzustände und das Regewerden alter kosmischer Kräfte, das die Signatur der Sommersonnwendzeit ist, bringt immer deutlicher eine Krisis hervor. Die alten Kräfte sind nicht mehr tragfähig. Die Natur allein kann dem Menschen nicht mehr vorwärtshelfen, auch nicht die Hochsommernatur. Die Mysterien der alten Welt, der Erdenekstase und Erdengröße in der sommerlichen Jahreszeit, der Menschenekstase und Menschengröße im Übermenschenturn solcher Prophetengestalten wie Elias und Johannes, sie sind nicht mehr das Gesetz der Gegenwart. Will aber die Menschheit an den alten Kräften festhalten und nicht Abschied nehmen von dem, was überfällig ist, so zieht sie sich gerade dadurch das Unheil zu. Durch das Hereinragen der alten Weltverhältnisse ist die Hochsommerzeit geradezu der prädestinierte Termin für das Weiterrollen des Unglücksrades in der Menschheit.

Das ist nicht unverständlich. Wir wollen versuchen, die Gründe dafür aufzusuchen. Was wurde bewirkt, wenn man auf den Bergeshöhen die Feuer anzündete, die in den Nachthimmel emporloderten und an denen sich die Menschen dem ekstatischen Jubel überließen? Nicht nur durch den Anblick des Feuers, sondern vor allem durch das Tanzen und Springen inmitten der sprühenden Funken rissen die Menschen ihre Seelen von der Erde los, sodass sie in andere Sphären entrückt wurden. Als das noch zeitgemäß war und dem Menschenwesen entsprach, kam ein Offenbarungsecho aus den Höhen, in die sich die Seelen durch die Sommerekstase tragen ließen. So strömten z.B. in dem Bereich der Druidenkultur im keltisch-germanischen Nord-West-Europa die

Inspirationen, die die Druidenpriester empfingen, zur Sommersonnenwende besonders reich herein. Denkmäler davon sind etwa die unendlichen uralt-mächtigen Steinalleen in der Bretagne: vielfältige Reihen von ragenden Felsblöcken, die wie riesige Prozessionsstraßen oft so gerichtet sind, dass am Sommersonnwendtag die Sonne in die Richtung dieser Straßen ihren Schatten warf. Die Sommersonnenwende war die Empfangsstunde für die Gaben der Götter. Und das Mittel, um sie zu empfangen, war die Ekstase, der Rausch, das Über-sich-hinausgerissen-Werden. Aber das Emporgerissen-Werden in ein ekstatisch-entrücktes Bewusstsein ging immer auf Kosten dessen, was wir heute Wachheit nennen. Man wurde nicht ein wacher, freier, bewusster Mensch, sondern man empfing die Gaben der Götter, während man in dumpfem Traum außer seiner selbst war. Das ist heute dem Menschenwesen nicht mehr angemessen. Noch Shakespeare schildert im »Sommernachtstraum« mit dem wunderbaren Wechsel von menschlichen und übersinnlichen Szenen, in denen einmal die Menschen, einmal die Elementarwesen die Akteure sind, wie durch das unwache hochsommerliche Traumelement allerlei fantastische Offenbarung in die Menschen hereingeistert. Der Sommernachtstraum musste jedoch seine Unschuld verlieren. Als für den Menschen die Zeit gekommen war, in das Verstandesbewusstsein und in die Freiheit hinein zu erwachen, da wurde aus dem Sommernachtstraum der Sommernachtswahn, den die Engländer mit ausgezeichneter Präzision »midsummernight's madness« nennen. Wenn die Ekstase nicht mehr fruchtbar ist, wenn sie nicht mehr von den Göttern honoriert wird, muss sie in dämonisierte Formen einmünden. Dann entsteht eine Art Geisteskrankheit aus dem Rauschelement; die Seelen werden durch die Hochsommernatur, auch wenn sie gar nichts Besonderes dazu tun, in den Schlafzustand der Erdenseele hineingerissen, und die Folge ist, dass sie nicht aufpassen, dass sie in eine dumpfe Unwachsamkeit versinken. Rudolf Steiner ist nicht müde geworden, deutlichzumachen, wie der Ausbruch des Ersten Weltkriegs darauf zurückzuführen ist, dass damals die maßgebenden Menschen in allen Völkern gar nicht recht bei Sinnen waren. Eine Hochsommerdumpfheit legte sich auf die Gemüter. Die

Entrückung war nicht mehr fruchtbar, sie wurde im Gegenteil unheilschwanger. Und weil die Menschen es an Wachsamkeit fehlen ließen, kam plötzlich die Lawine ins Rollen, die dann nicht mehr zum Stehen gebracht werden konnte. So ist es oft genug seit 1914 im Hochsommer wieder gewesen. Nicht aus wachen, sondern aus dämonisierten Gedanken wurden in den wichtigsten Augenblicken die Entschlüsse gefasst. Die Sommersonnwend-Ekstase auf den Bergesgipfeln stand immer unter dem Motto »Ich muss wachsen«. Tatsächlich wuchsen die Menschen seelisch. Dazu kommt, dass gerade das nationale Element, der Nationalismus, der Volksrausch, das rauschhafte Darinnenstehen in der eigenen Volksseele durch die Sommersonnwendfeuer in besonderem Maße genährt wurde. Wenn die Menschen über sich hinausgehoben wurden, kamen sie zunächst in das Element der Volksseele hinein. Es ist klar, dass das Motto »Ich muss wachsen«, das der Hochsommer-Ekstase innewohnt, im Sinne der Volksseele erlebt, sogleich zu einer Wurzel des Machtstrebens, des Imperialismus, wird. Hier ist es fast mit Händen zu greifen, dass die Kräfte der alten Welt kein Heil mehr bringen können, sondern nur noch unabsehbares Unheil. Eine ganze Folge von Weltbränden wird geschürt durch das, was durch die Hochsommerstimmung über die Menschen kommt, wenn sie den entscheidenden Umwandlungsschritt nicht vollziehen. Etwas, was einmal groß und heilig war, nämlich die Hochsommerwärme, ist zur Fieberwärme geworden. Ein christliches Sommersonnwendfest wird wie die Heilung eines Fieberkranken sein. Das ist der Grund, weshalb es so wichtig ist, nun endlich die Umschmelzung des heidnischen Sommersonnwendfestes in das christliche Johannisfest zu vollziehen.

*

Es ist immer wieder von Neuem großartig und aufschlussreich, Johannes den Täufer dastehen zu sehen, wie er, der größte Repräsentant des alten Weltprinzips, dem Neuen, was kommen muss, den Raum freigibt und den Weg bahnt. Der Vatermensch, der die Größe des Weltenvaters selber noch wie einen Mantel um sich trägt, wird zum Wegbereiter des Sohnes. Er spricht: »Er muss wachsen, ich muss abnehmen.«

In Johannes dem Täufer entschließt sich der Übermensch, zum Menschen zu werden; er verzichtet auf die alte kosmische Größe, um das Hineinschrumpfen in die schlichte Menschengestalt mitzumachen. Der Zusammenhang der beiden Geburtsdaten tritt großartig klar hervor: die Sommersonnenwende, der Geburtstag Johannes des Täufers. Der spricht: Ich muss abnehmen; die Wintersonnenwende, der Geburtstag Jesu, von dem Johannes sagt: Er muss wachsen. Der Mensch der alten Welt übergibt das Steuer-Ruder an ein neues Prinzip. Die beiden Prinzipien sind an den Zuständen der Erde zur Zeit der beiden Geburtstage abzulesen. Dass Johannes der Täufer zur Sommersonnenwende geboren ist, unterstreicht, dass sein Wesen verwandt ist mit dem Wesen der hochsommerlichen Erde. Kosmische Größe der Erde – übermenschliche Größe des Menschen. Sechs Monate danach, zur Wintersonnenwende, wird im Stall zu Bethlehem das Kind des Lukas-Evangeliums geboren. Der dann heranwächst, wird zunächst nicht »groß« sein. Es gibt aus der urchristlichen Zeit viele Darstellungen der Johannestaufe, in denen Johannes wie ein Riese dasteht und neben ihm ganz klein, wie ein Knabe, Jesus. Damit ist nicht gemeint, dass Jesus und Johannes von verschiedener Körpergröße gewesen wären. Sie unterscheiden sich darin: In Johannes war ein Mensch verkörpert, in welchem etwas von dem Vorgeburtlichen, von dem Zustand, den das Menschenwesen hat, solange es noch im Himmel ist, bestehen blieb. Er war nicht ganz in seinem Leibe und deshalb größer als sein Leib. In jenem jedoch, von dem er sagte: »er muss wachsen«, wurde ein Wesen geboren, das zwar auch vom Himmel war, das sich aber ganz verkörperte. Es trat ganz und gar in die Menschwerdung ein; es verzichtete auf alle Göttergröße und wählte die menschliche Kleinheit: Inkarnation bis zum letzten Rest. So tritt in dem, der zur Wintersonnenwende geboren wird, der Sohnesmensch hervor, in welchem der Mensch selber ein schöpferisches Wesen wird. Er bleibt nicht eingehüllt in den Mantel des Vatergottes; er nimmt das Menschenschicksal der Kleinheit ganz auf sich, entwickelt aber in dieser Kleinheit die Sohneskraft, die Freiheit. Der Gang vom Geburtstag Johannes des Täufers zum Geburtstag Jesu ist wie der Gang aus dem Vorgeburtlichen in die

Inkarnation. Das ist das eigentliche Menschenschicksal. Zwar vergisst der voll verkörperte Mensch leicht, dass er aus dem Himmel stammt, aber er muss eben durch den Nullpunkt hindurch.

Das Johanneswort »Er muss wachsen, ich aber muss abnehmen« wird gewöhnlich so aufgefasst, als ob der, der es ausspricht, in bußfertiger Selbsterniedrigung den eigenen Unwert betonen wolle angesichts eines Höheren, dem alle und jede Ehre gebührt. Damit ist aber keineswegs die objektive Tiefe dieses Wortes ausgeschöpft. Auf der anderen Seite wird seit den Tagen des Urchristentums auf eine kosmische Seite dieses Wortes hingeschaut. Man meint, der Täufer spreche da ein Wort von sich, das er eigentlich auch von der Sonne sagen könnte, da ja von der Sommersonnenwende an die Sonne in ihrer Wirksamkeit abnimmt: Die Tage werden kürzer, die Sonnenwärme ebbt ab, die Herbstkühle tritt ein. Das Täuferwort ist aber, wenn man es kosmisch auffasst, eher auf die Erde als auf die Sonne anzuwenden. In Johannes spricht die Erde »Ich muss abnehmen«. Von der Sommersonnenwende an verändert sich die Erde im umgekehrten Sinne, als sie es bis zur Sommersonnenwende hin getan hat. Mit dem aufsteigenden Sommer ist sie gewachsen. Von der Sonnenwende an, wenn die Sonne immer mehr zurücktritt, atmet die Erde ihre Seele wieder ein. Und es bedeutet für sie ein Aufwachen, wenn sie ihre ekstatisch ausgegossene Seele wieder in sich sammelt. Auf den tiefen Schlaf der Erde im Hochsommer folgt nun immer deutlicher ein waches Bei-sich-selber-Sein. Lesen wir dieses Gleichnis der Natur exakt, so erkennen wir: Die Erde wird eigentlich im Herbst und Winter nicht ärmer. Sie verliert das, was im Sommer von ihr draußen war und wodurch sie so groß wurde, samt den himmlischen Segnungen und Mitbringseln, die ihr die kosmischen Höhen schenkten, nicht; sie nimmt es vielmehr in sich herein. Wenn wir das verstehen, so finden wir die Brücke von dem Sinn, den das Johannes- Wort für die Erde, zu dem, den es für den Menschen hat. Der Mensch soll danach streben, das, was vom Himmel ist, zu verkörpern. Wir sollen uns nicht moralisch verkleinern, wir sollen nicht wie ein Schulmeister fortwährend an uns herumkorrigieren. Wir wollen vielmehr unser Menschentum sammeln und in aller Bescheidenheit konzentrieren. Dann machen wir den Prozess mit, der durch das Wort des Täufers als ein Menschheitsvorsatz bejaht wird: »Er muss wachsen, ich muss abnehmen«. Der Mensch muss mit seinem ganzen Himmelsreichtum richtig in die Inkarnation hinein. Wenn wir als Kind seelisch größer waren als wir nachher sind, haben wir dann das, was den Himmelszauber, den Glanz und die Größe der Kindheit ausmacht, verloren? Nein, es ist uns nur so tief in Fleisch und Blut übergegangen, dass wir nicht immer gleich etwas Rechtes mehr damit anzufangen wissen. Wie wäre es, wenn der Mensch mit dem, was er durch sein Älterwerden in die enge Hülle hereingezogen hat, wieder zu arbeiten lernte, wenn er den Himmelsreichtum seiner Seele wieder entdecken und entzaubern würde? Ja, es ist so: Nachts, wenn wir schlafen, sind wir groß; beim Aufwachen schlüpfen wir wieder hinein in unseren Leib. Aber wir nehmen mit, was uns der Himmel in der Nacht geschenkt hat. Der Mensch versteht nur nicht mehr das, was er aus der Nacht mitbringt, am Tage unmittelbar lebendig und fruchtbar zu machen.

Was ist nun aber gemeint mit dem Wort »Er muss wachsen«? Das sagt Johannes der Täufer nicht einfach im Blick auf das Christuswesen; er meint damit vielmehr das Jesuswesen. Stellen wir uns das Bild der Jordantaufe vor die Seele. Da ist Johannes der Täufer mit seiner riesenhaften Seelengröße. Zu ihm kommt einer, der sechs Monate nach ihm geboren ist. Er ist ganz Mensch, er ist sogar schon eingetreten in die Bitterkeit des menschlichen Schicksals, und Bitterkeit zieht zusammen. Er ist klein, Johannes ist groß. Aber wenn Johannes Jesus im Jordan taufen wird, dann wird Jesus wachsen. Wodurch? Weil jetzt der kleingewordene Mensch einen unerhörten Himmelsinhalt in sich aufnimmt. Jesus nimmt den Christus in sich auf. Es entsteht ein neues Gesetz der Größe. Der Mensch kann nicht die alte Größe beibehalten, die Johannes der Täufer hat. Er muss klein werden, aber dann kann er sprechen: »Nicht ich, sondern der Christus in mir.« Und wenn Johannes sagt: »Christus muss wachsen«, können wir das auch so verstehen: »Ich muss abnehmen, Christus in mir muss wachsen.« Dann wächst der Mensch wieder, aber es ist nicht eigentlich der Mensch, der wächst, sondern es ist im Menschen der höhere Mensch. Christus selber ist das Gesetz des Wachstums. Das ist der Ausblick, den das christliche Johannisfest gibt, dass wieder Größe in das Menschenwesen einzieht. Da aber ist nicht die alte Größe, die Vatergröße: In den Sohnesmenschen tritt der Sohn ein. Wer sagen kann, »Nicht ich, sondern Christus in mir«, ist; indem er sagt »Nicht ich«, klein, bescheiden, selbstlos; indem er aber sagt »Nicht ich, sondern Christus in mir«, trägt er etwas in sich, das nicht mit seinem irdisch-natürlichen Menschen identisch ist, das aber doch wie ein Feuer aus ihm hervorflammen kann. Wenn der Mensch Christophorus wird, wenn er klein wird, um ein Träger des Christus zu sein, wird er wieder der Träger eines Feuers, aber nicht des Feuers der Ekstase, der Entrückung, des Rausches, sondern des Feuers der Einwohnung, der wachen Verinnerlichung. Und auch auf dieses Johannisfeuer wird ein Segen, eine Offenbarung antworten. Durch das ganze Jahr hindurch kann eine Sommersonnwend-Beglückung stattfinden. Wo dieses innere Feuer brennt, braucht man nicht auf die Sommersonnenwende zu warten. Das Feuer der Christus-Einwohnung bringt heute die Antworten und Gaben des Himmels herbei. Der im Christusfeuer brennende Mensch wird wieder der inspirierte Mensch sein. Und das muss gerade am Johannisfest gefühlt werden. Da muss zunächst einmal eine Beruhigung eintreten, die »Heilung des Fieberkranken«. Das heißt, der Mensch muss die Bereitschaft haben, auf alles Rauschartige, auf alles Mitgebrachte zu verzichten.

»Ich muss abnehmen.« Der Mensch muss bereit sein zum Kleinwerden, zum In-sich-Hereinnehmen, zum Sich-Konzentrieren auf das, was er als wacher Mensch in sich hat. Das ist die johanneische Wendung der Sommersonnenwende: Seelisch müssen wir immer die Bereitschaft haben, in uns hineinzusteigen, nicht draußen in der Welt nach irgendwelchen Reichtümern, Entspannungen und Zerstreuungen zu suchen. Dann besagen die Worte »Ich muss abnehmen« auch: Ich konzentriere mich. Dann kann der Johanneswendung zur Sonnenwende am Herbstbeginn die michaelische Wendung folgen. Das Jahresfest, das Ostern gegenüberliegt, bekommt seinen Inhalt. Die Herbststürme mögen kommen: Der Mensch, der inneren Reichtum gesammelt hat, kann die Worte aussprechen, die Rudolf Steiner für das Herbstfest gegeben hat: »Der Mensch ist auferstanden und kann beruhigt ins Grab gelegt werden.« Johanni: getroste Bereitschaft zum Abstieg. Michaeli: Bereitschaft zum Sterben. Der Mensch kann sich getrost ins Grab legen, weil das ewige Menschenwesen im Innern sichergestellt ist durch die Christus-Einwohnung. Dann halten Johannes und Michael Zwiesprache. Das Leben Johannes des Täufers ist ja nicht zu Ende gewesen, als Herodias ihn enthaupten ließ. Das Wesen Johannes des Täufers geht weiter in dem Jünger Johannes. Aber dabei vollzieht der Vatermensch selber die Wendung von der Urweltgröße des Übermenschen zum Menschen. Der Jünger, den Jesus lieb hatte, der an der Brust Jesu lag, ist ganz Mensch. In ihm ist die ekstatische Größe Johannes des Täufers ganz zur Innerlichkeit des Jüngers Johannes geworden. Er verkörpert die höchste Stufe des Menschseins, den Geistesmenschen, der durch die Einwohnung Christi das geistige Leben ganz in seinem Innern trägt und dadurch in ein neues Wachstum hineinkommt. Im hohen Alter wird dieser Jünger und Evangelist Johannes auf Patmos zum Apokalyptiker. Die Apokalypse ist ein Zwiegespräch zwischen Johannes und Michael. Die apokalyptische Inspiration, die dem christlichen Johannisfest abgewonnen ist, erströmt in Fülle und Kraft. Heidnisches Sonnenwendfest: Inspiration durch Ekstase und Rausch; christliches Johannisfest: Inspiration durch innerlichste Konzentration und höheren Seelenmut. Der zum Apokalyptiker gewordene Jünger Johannes sieht: Wenn die Posaunen ertönen, fällt Feuer vom Himmel, mit Hagel vermischt. Aus den alten kosmischen Kräften, wenn die Menschen krampfhaft daran festhalten wollen, kann sich nur ein Weltbrand nach dem anderen entzünden. Die Hochsommerwärme wird seelisch – und oft genug auch im äußeren Sinne – zum Wechselfieber, das zwischen Fieberglut und Hagelschloßen hin- und herreißt. Ringt sich die Menschheit zu dem neuen Prinzip durch, so macht sie sich offen für den goldenen Regen des himmlischen Jerusalem. Die priesterlichen Gewänder der Johanniszeit deuten mit goldenen Figuren auf die neuen Gaben des Himmels hin, die der konzentriert in sich ruhenden Seele zuteilwerden.

Die Johanniszeit im Jahresrhythmus

Immer war die Sommersonnenwende ein Fest der Sonne und des Lichtes. Das christliche Johannisfest richtet seinen Blick auch auf die Sonne und das Licht, aber es ist darauf angewiesen, dass der Blick den Sinnenschein durchdringt und an das Wesenhafte herangelangt, das durch die Sonne und das Licht hindurch zu uns spricht. Es wird ja auch dann gefeiert, wenn die Ekstase des längsten Tages und der kürzesten Nacht bereits vorüber ist. Im *Nachklang* der Sonnenwende als des äußeren Jahreshöhepunktes feiern wir Johanni. Die Weisheit des Schicksals hat es selber so gefügt. Einmal war der 24. Juni, der Johannistag, mit der Sommersonnenwende identisch. Dann aber rückte er infolge der historischen Gegebenheiten, die mit dem christlichen Kalender verknüpft sind, von der Sommersonnenwende weg. So liegt der 24. Juni heute drei Tage *nach* der Sommersonnenwende. Der Mensch kann das Johannisfest in größerer Ruhe und Freiheit begehen, nachdem der Höhepunkt des Sommers bereits überschritten ist. In Zukunft wird es, wenn man vom »ersten Sonntag nach Johanni« spricht, einen ähnlichen Klang bekommen, wie wenn man im Frühling sagt: »der erste Sonntag nach Frühlingsvollmond«. Denn wie der Frühlingsvollmond die Kulmination dessen ist, was der Mond der Erde gibt, so ist die Sommersonnenwende die höchste Steigerung dessen, was die Erde im Umgang mit dem Licht und der Wärme der Sonne entfalten kann. Die Naturhöhepunkte müssen abgewartet werden; danach erst können wir die christlichen Feste feiern: Ostern im Frühling, Johanni im Sommer.

*

Die innere Situation des Johannisfestes, die wir uns mit der Zeit erobern müssen, ist in heiterer Lichthaftigkeit abzulesen aus der ersten Szene im 3. Akt der »Meistersinger« von Richard Wagner. Das war eine turbulente Nacht, da ging es drunter und drüber. Es war die Johannisnacht. Da prügelten sich die Leute, ohne zu wissen, wer der andere war. Ein buntes Menschengewühl stürzt über die Bühne. Und nun, als der Johannistag in goldener Stille aufgeht, sitzt Hans Sachs in seiner Schusterstube. Er ist eine menschliche Abbildung Johannes des Täufers, dessen Namen er auch trägt. Er muss wieder einmal darüber nachdenken, warum sich die Menschen immer streiten.
Die letzte Nacht war eben bei aller Heiterkeit doch recht toll gewesen, so richtig der Polterabend vor einer Hochzeit.

»Mann, Weib, Gesell' und Kind
Fällt sich da an wie toll und blind:
Und will's der Wahn gesegnen,
Nun muss es Prügel regnen.«

Der Rhythmus, in dem sich die Leute geprügelt haben, geht ihm nicht aus dem Ohr, es prügelt in der Musik weiter. Aber jetzt ist ja der Lärm vertost, und nun kommt ihm die liebevollste Lösung des Rätsels: die Hochsommernatur hat die Schuld.

»Ein *Glühwurm* fand sein Weibchen nicht;
Der hat den Schaden angericht't.
Der *Flieder* war's: – Johannisnacht!
Nun aber kam Johannistag!«

Ja, die Sommernacht! Wenn der Flieder – der Holunder ist gemeint – blüht und wenn die Glühwürmchen schwirren, ist ein Zauber da. Wenn die Tage am längsten sind und die Nächte am kürzesten, wird das Feuer auf den Höhen angezündet und alles tanzt und springt. Die Menschen lassen einmal alle Ordentlichkeiten zu Hause und geben sich der großartigen kosmischen Unordentlichkeit hin, die in der Sommerekstase liegt. Aber dann muss die sanfte fruchtbare Helle des Johannistages emporsteigen.

Den *christlichen Sommer* zu entdecken, ist eine Aufgabe, die wir erst mit der Zeit werden lösen können. Denken wir aber, wenn der längste Tag da ist, also die Nacht zum Überschwang neigt, doch auch daran: dass wir nicht etwa schon im Sommer darin sind, sondern jetzt ist erst Sommeranfang. Also kommt der Sommer erst nach überstandener Sommerprügelei, er entfaltet sich erst *nach* der Sommersonnenwende. Wollen wir das reiche Wunder des Sommers entdecken, so müssen wir uns darauf einlassen, dass es sich erst in der absteigenden Hälfte des Jahres entfaltet. Das ist aus den Lebensempfindungen weitgehend entschwunden, und zwar nicht zuletzt durch die Schuld der kirchlichen Sitten und Einrichtungen.

Das Jahr ist ja ein wunderbarer Gesamtrhythmus. Da offenbart sich der Welthintergrund, aber nicht in stehenbleibenden Zeichen, sondern in Rhythmen, im Auf und Nieder der Welle. Das ist das eigentliche Geheimnis der Zeit: Die Zeit geht nicht geradlinig, sie geht in Schwingungen, sie tanzt. Wäre der Mensch nicht so unbeweglich und langweilig, ginge er mit der schwingenden Zeit, so würde er besser wissen, was Menschsein heißt. Der Mensch hockt fest, aber die Zeit schwingt dennoch. Und das Allerinnerlichste in unserem Leben, das religiöse Streben, sollte nicht mitschwingen? Will sich das Christentum in die Zukunft hinein entfalten, so muss es lebendig mit dem Jahresrhythmus gehen. Es muss wissen, was es bedeutet, dass die Feste in die verschiedenen Jahreszeiten fallen. Allenfalls beim Weihnachtsfest und beim Osterfest hat sich noch ein verklingendes Gefühl für den Jahreszeit-Zusammenhang erhalten. Wie innig der Weihnachtsgedanke mit dem Winterstand und der Ostergedanke mit dem Frühlingsstand des Erdenrhythmus zusammengehören, muss erst wieder neu gelernt werden. Vor allem aber brauchen wir wieder ein Gefühl für das gesamte Jahr; der leere Raum, den man die festlose Hälfte des Jahres nennt, muss ausgefüllt werden. Es ist eine verhängnisvolle Einseitigkeit, dass es christliche Feste im Wesentlichen nur im aufsteigenden Teil des Jahres gibt. An Weihnachten fängt die Sonne an aufzusteigen. Ostern steigt sie weiter, und an Pfingsten steigt sie noch. Für die Zeit, in welcher im Jahre die Sonne absteigt, von Johanni, dem Sommerbeginn, über Michaeli, den Herbstbeginn, bis zu Weihnachten hin, gibt es die entsprechenden christlichen Jahresinhalte nicht. Ist es demnach zu verwundern, dass die Menschheit überhaupt immer nur das Aufsteigende bejahen möchte und vor dem Absteigenden Angst hat? Aber wir können nicht im Weltenrhythmus schwingen, wenn wir Furcht vor dem Abstieg, also z.B. Furcht vor dem Altern haben. So ist das ganze menschliche Leben heute unrhythmisch, gleichförmig schwingungslos geworden. Wie ist es mit dem wunderbaren Rhythmus von Tag und Nacht? Wird er wirklich noch als Rhythmus erlebt? Man schätzt eigentlich nur den Tag, weil man da, wenn man nicht arbeitslos ist, Geld verdienen kann. Die Nacht nimmt man mit in Kauf. Wer aber nicht im lebendigen Rhythmus von Tag und Nacht lebt und beide Äste, den aufsteigenden und den absteigenden, liebt, der wird bald vom Schlafe keinen Gewinn und Segen mehr empfangen. Die Nacht wird ihn leer ausgehen lassen und ihm ihre Geheimnisse und Gaben verweigern. Dann setzt sich das Leben nur noch aus den Gedankenstrichen der Tage zusammen, dazwischen sind Löcher: das Nichts. Wahres Leben aber liegt nur im Schwingen zwischen Tag und Nacht. In zwei Welten hält sich unsere Seele auf, nicht nur die Welt des Tages ist Wirklichkeit. – Auch das menschliche Leben stellt einen Rhythmus dar, in genauer Entsprechung zum Jahreslauf. Die Lebensmitte entspricht der Sommersonnenwende. Dass das heutige Leben rhythmusarm geworden ist, ohne schwingende Lebendigkeit, sieht man deutlich daran, dass die Menschen sich nur in seltenen Fällen wirklich über die Lebensmitte hinaus noch weiterentwickeln. Der Grund ist letztlich der, dass die Menschen von den Resten ihrer Jugend nicht Abschied nehmen mögen. Dass das Altwerden ein hoher Wert sein kann, wenn nämlich nach der Lebensmitte der absteigende Ast beginnt, hat man vergessen. Man macht es mit, besonders solange sich das Älterwerden noch retuschieren lässt, man kann nichts daran ändern. Aber ein wirkliches Ja zu diesem Teil der Welle, der nicht steigt, sondern fällt, der aber die Innenseite des Daseins freilegt, die vorher so oft durch die blühende Außenseite zugedeckt wurde, ein Ja

zum Altwerden, müssen die Menschen erst wieder neu lernen. Ohne dieses Ja kommt der Mensch in seinem innersten Wesen niemals zur Reife und Erfüllung.
Wie ist es mit dem kleinsten Rhythmus, den wir fortwährend betätigen, indem wir einatmen und ausatmen? Muss nicht in einer Welt, in welcher der Sinn für Rhythmus im Großen und Kleinen erlischt, der Atem der Menschen flach werden? Atmen denn die Menschen heute überhaupt? Ganz vermeiden lässt sich das Atmen ja nicht, ein klein wenig bewegt es sich noch. Aber welch eine wunderbare Hilfe könnte das Einatmen und Ausatmen sein, um innerlich lebendig zu bleiben! Goethe hat das großartig auszudrücken verstanden in den Sprüchen des »West-Östlichen Divan«:

> »Im Atemholen sind zweierlei Gnaden:
> Die Luft einziehen, sich ihrer entladen.
> Jenes bedrängt, dieses erfrischt,
> So wunderbar ist das Leben gemischt.
> Du danke Gott, wenn er dich presst,
> Und dank ihm, wenn er dich wieder entlässt.«

Das ganze Leben ist vom Rhythmus beherrscht, der das Leben so wunderbar mischt. Einatmen, das presst; Ausatmen, das erfrischt. Das ganze Leben enthält Zeiten, in denen wir in uns hineingepresst werden, aber auch Zeiten, in denen wir uns wieder vertrauensvoll den Wogen des Lebens überlassen dürfen. Und was wird aus uns, wenn dieser Wechsel nicht stattfindet? Demgegenüber war die Frau des Loth, die zur Salzsäule wurde, schließlich noch eine lebendig bewegte Figur. Der Jahresrhythmus mit Frühling, Sommer, Herbst und Winter könnte gerade auch innerhalb des religiösen Lebens die große Schule sein, in welcher der Mensch lernt, alle Starrheit, alles Unrhythmische zu überwinden und den Rhythmus als das wirkliche Lebenselement aufs Neue zu erobern. Das große Ein- und Ausatmen der Erde, das sind die Jahreszeiten. Die Erde als großes mütterliches Lebewesen atmet aus von Weihnachten bis Johanni; und dann atmet sie wieder ein von Johanni bis Weihnachten. Im Ausatmen das Osterfest, das Pfingstfest, bis hin zur Sommersonnenwende; dann im Einatmen das Zu-sich-selber-Kommen, das Ins-eigene-Innere-Steigen, das zu Johanni beginnt. Johanni feiert den Anfang des Einatmens; dann folgt zu Michaelis die große Station des verstärkten Zu-sich-selber-Kommens; einatmende Erde bis Weihnachten hin: Wir sind ganz bei uns, wie die Erde ganz bei sich selber ist.

*

Was ist denn eigentlich Rhythmus? Nehmen wir im Großen den Jahresrhythmus, im Kleineren den Tages- und Nachtrhythmus oder in noch engerem Kreise das menschliche Atmen oder unseren Pulsschlag. – Im Rhythmus offenbart sich die ätherische Welt. Die physische, materielle Welt ist vor unseren Sinnen ausgebreitet. Dass sie nicht stillsteht, dass sie schwingt und in Rhythmen lebt, darin offenbart sich bereits die ätherische Welt, die erste benachbarte Sphäre des Übersinnlichen. Wo Rhythmus schwingt, sitzen wir nicht auf dem Trockenen, sondern sind in Berührung mit den strömenden Lebens- und Bildekräften. Wenn man, wie es weitgehend heute der Fall ist, kein Verständnis dafür hat, in welch innigem Zusammenhang das religiöse Leben mit dem rhythmischen Element steht, so schnürt man eben dadurch das Religiöse vom Lebendigen ab und leistet seiner Vertrocknung und Kraftlosigkeit Vorschub. Darin liegt die Tragik der Entwicklung in den letzten Jahrhunderten, dass die Menschen schließlich nur noch das physisch-materielle Dasein als wirklich anerkennen wollten. Dieses aber ist statisch und starr, es trägt den Tod in sich. Die Lebenskräfte, die durch die Welt hindurchfluten und -wogen und -schwingen, nehmen wir nicht mit unserem gewöhnlichen Auge wahr. Aber überall, wo Rhythmus ist, offenbart sie sich. Und gerade im religiösen Leben sollte die Sphäre der Lebenskräfte wieder eine beherrschende Rolle spielen.

Insbesondere von Amerika kommen heute starke Tendenzen, das Physische zu konservieren. Stirbt z.B. in den dortigen Großstädten ein Mensch, so wird er einbalsamiert und, je nach Wunsch, auf ein bestimmtes Lebensalter geschminkt und frisiert, sodass er, auf einen

Stuhl gesetzt, von jemand, der in das Sterbezimmer eintritt, für einen Lebenden gehalten wird. Man will den Tod nicht sehen und zaubert so eine gespensterhafte Lebensillusion herbei. Das ist aber ja nur ein Symptom für die aus dem Materialismus hervorgehende Tendenz, das Leben und seine physischen Tatbestände festhalten und statisch machen zu wollen. Indem man es jedoch dem Rhythmus entreißt, überliefert man es aus Furcht vor dem Tode erst recht der Todesgewalt. Nur wo als rhythmische Gegenwelle zum Leben auch der Tod bejaht wird, hat das Lebendige vollen offenen Zugang zum Menschendasein und das menschliche Leben seinen wahren Sinn.

Den Satz, dass sich im Rhythmus die ätherische Welt offenbart, kann man ergänzen, indem man sagt: Die Sonne, die wir am Himmel kreisen sehen, ist der eigentliche Quell alles Rhythmischen in unserem Weltensystem, weil sie der Quell alles Lebens ist. In der katholischen Zeitschrift »Stimmen der Zeit« erschien einmal ein zusammenfassender Artikel über die modernsten Sonnenforschungen. Darin wurde z.B. die Sonne »der kleine gelbe Zwerg« genannt, weil man nach den üblichen Vorstellungen, dass die Fixsterne auch als gewaltige Weltkörper aufzufassen seien, glaubt herausgefunden zu haben, dass viele unter ihnen wesentlich größer sind als die Sonne. Man wendet hemmungslos die Begriffe der modernen Naturforschung, obwohl sich diese in lauter Hypothesen bewegt, auf die Sonne an und sagt, die Sonne sei ein »Komplex von Atomzerfall«. Dass man damit die Sonne als den Herrschersitz des Todes, des Todesgeistes, als den Thron Ahrimans beschreibt, bemerkt man nicht. In Wirklichkeit ist sie, wenn man sie nicht bloß nach dem physischen Aspekt nimmt, der Quell und der Thron des Lebens. Nur dem, der so denken und fühlen kann, ist es ahnend vorstellbar, dass einmal die Sonne und Christus in einer engen Verbindung waren und dass in dieser Verbindung eine Änderung eingetreten ist, als Christus auf die Erde kam, um Mensch zu werden. Damit eröffnet sich dann auch die Ahnung, dass mit der Menschwerdung Christi das rhythmische Leben auf Erden einen geheimnisvollen neuen Inhalt bekommen hat, der fortan mitschwingt. Die Sonne auf Erden, wie erleben wir sie? Jetzt nicht physisch gemeint, sondern lebentragend, lebenspendend? Die Sonne ist eigentlich das Urphänomen des Rhythmus. Deshalb geht sie auf und unter. Deshalb zaubert sie mit Morgenröte und Abendröte Tag und Nacht herauf. Wo kann man eigentlich das wahre Wesen der Sonne besser finden, am Äquator, in den tropischen Zonen oder hier bei uns? Wenn man das Wesen der Sonne in der Menge von Licht und Wärme sieht, muss man meinen, man ginge am besten in die tropischen Länder, um dem Wesen der Sonne zu begegnen. Aber dort ist die Sonne nichts anderes als ein reißendes Tier; Leben kann da nicht gedeihen; nur Wüste bleibt übrig, wo die Sonne sich so restlos physisch auswirken kann. Schließlich erkennt man, was für eine Gnade es ist, in der sogenannten gemäßigten Zone leben zu können. Denn die Sonne ist nur durch das rhythmische Wesen, durch das ätherische Wesen in ihr zu verstehen. Am Äquator haben wir einen vollständigen Stillstand der Jahreszeiten. Dort herrscht das ganze Jahr hindurch, um es auf eine Formel zu bringen, Sommersonnenwende, und zwar bei fortwährender Tag- und Nachtgleiche, wie wir eine solche nur im Frühling und Herbst haben. Die Nächte und Tage bleiben dort gleich. Es gibt keine Schwingungen. Unter der Glut der physischen Sonne ist der Rhythmus stillgelegt. Demgegenüber herrscht an den Erd-Polen das Extrem der Jahreszeiten: Ein halbes Jahr ist die Sonne am Himmel, ohne dass es Nacht wird, und ein halbes Jahr ist Nacht, ohne dass die Sonne aufgeht. In dem mittleren Rhythmus, der insbesondere in Mitteleuropa obwaltet, ist es möglich, das wahre Wesen der Sonne zu erleben: nämlich den *vollen* Rhythmus und das *volle* Gleichgewicht.

*

Wenn wir uns also von dem christlichen Johannisfest seine Weisheit ins Ohr raunen lassen; verstehen wir: Es ist das Fest der Sonne, aber der sich von nun an langsam senkenden; es ist das Fest des Lichtes, aber des sich bereits langsam dämpfenden. Wir wissen: Die Sommersonne beschert uns im Absteigen die wunderbarsten Früchte; die aufsteigende Sonne lässt wachsen, die absteigende aber macht reif. Und die zauberhafteste Reifekraft hat sie im Nachsommer und Frühherbst; da spendet sie die edelsten Früchte. Die Natur selbst möchte uns lehren, das Absinken, das Zurückschwingen des Rhythmus zu lieben. Auch der Mensch selbst muss ja vor allem *nach* der Lebensmitte sein Leben tätig erfüllen. Darin aber steht ihm, wie bereits angedeutet, das Herausfallen des heutigen Lebens aus dem Mysterium des Rhythmus im Wege. Die meisten Menschen bleiben, nachdem sie ihr bürgerliches Ziel erreicht zu haben glauben, mit 28 oder 30 Jahren, innerlich stehen, und es folgt im Grunde die fortdauernde »Wiederkehr des Gleichen«. Auch bei beachtlichen äußeren Erfolgen gibt es keine wirklichen Entwicklungen und Durchbrüche zu Neuem mehr. Dabei sollte es jetzt erst recht anfangen, so wie nach der Jahresmitte die absteigende Sonne erst die herrlichsten Früchte reifen lässt.

Das Christentum muss wieder kosmisch werden. Wenn wir sagen, Christus habe sich mit der Erde verbunden, so ist das vielleicht für viele schwer zu verstehen, weil sie nur an die materielle Stoffeserde denken. Aber die Erde hat ja auch ihren Äther- oder Lebensleib: Sie hat ihre rhythmische Wesenheit. Die Rhythmen im Leben unserer Erde, insbesondere im Jahreslauf, offenbaren ihr Ätherisches. In das Rhythmisch-Ätherische unseres Planeten ist der Christus eingezogen, in seinen Lebenskräften ist er anzutreffen. Diese aber schwingen. Sie atmen aus von Weihnachten bis Johanni, sie atmen ein von Johanni bis Weihnachten. In diesem Auf und Nieder, in diesem Wellengang der Erdenseele dürfen wir Christus suchen. Und insbesondere nach der Sommersonnenwende, wenn die Erde einatmet und schließlich an Weihnachten ganz eingeatmet hat, dann tut sich auch ein besonders inniges Verhältnis der Erdenmenschheit zu Christus auf. Mit dem großen Einatmen hält der Christus Einzug in die Tiefen des Erdendaseins. Dieses wachsende Näherkommen meint Johannes der Täufer, der auf dem Sommergipfel des Jahres steht, wenn er sagt »Er muss wachsen«. Jahr für Jahr ist ein geheimes Wachstum der Christusnähe gerade dann zu erleben, wenn das Jahr von seiner Höhe heruntersteigt.

Nun könnte ja aber Johannes der Täufer nicht sagen »Ich muss abnehmen«, wenn er nicht etwas herzugeben hätte. Das Wort vom

Abnehmen ist allein schon ein Beweis dafür, dass Johannes ein ganz Großer war. Nur wer hat, kann geben. Aber wer gibt, der wächst. Man könnte denken: Er hat etwas weggegeben, also ist er kleiner geworden. Gewiss, etwas in Johannes tritt zurück. Aber eben dadurch wächst in ihm etwas anderes; wir könnten auch sagen: *ein anderer.* Damit hängt es zusammen, dass wir von einem Jahre zum anderen mit einem Geheimnis schrittweise vertrauter werden. Wenn wir zum Johannisfest den Johannes-Namen aussprechen, so tun wir es am Altar in feierlicher Art. Unser Seelenblick sucht ihn als einen ganz Großen. Er wird ja in den Evangelien geradezu »der Engel des Herrn« genannt. Auf dem Engelsniveau dürfen wir ihn finden. Und als der Engel des Herrn lehrt er uns opfern, lehrt er uns beten. Im kultischen Leben haben wir eine Schule, in der wir die Kunst des vertieften rhythmischen Erlebens neu lernen. Der Kultus führt uns durch das rhythmisch Wiederkehrende in eine höhere Lebenssphäre ein. In dieser Schule lehrt uns, wie wir es am Johannisfest sogar am Altare aussprechen, der »Engel des Herrn«, der vorbildliche Beter und Opferer, auch unsererseits zu sprechen: »Ich muss abnehmen, er muss wachsen«. Er ist der Schutzpatron und Schutzengel des kultischen, des rhythmischen, im Opferrhythmus schwingenden religiösen Erlebens.

*

So gehen wir richtig in den Sommer hinein als in die Zeit, in der die Sonne ihre Kreise kleiner zieht. Gerade jetzt können wir uns, angespornt von Johannes dem Täufer, zum Engelniveau erheben. Pfingsten fanden wir den Mut zum Aufstieg des wahren Menschenwesens, denn die Flamme des höheren Ich hatte uns berührt. Wir erfuhren: Der Mensch darf nach den Höhen streben. Jetzt ist der Weg frei, nach derjenigen inneren Höhe zu streben, die bereits das Absteigen der äußeren Welt zum Hintergrunde hat. Indem wir uns zu den Scharen des Johannes gesellen, berühren wir die Engelstufe. Und wenn dann der Jahresrhythmus weiter absinkt und der Herbst beginnt, können wir uns sogar zum Erzengelniveau erheben. Wir tun den Schritt vom Johannisfest zum Michaelisfest. Der Mensch darf im absteigenden Teil des Jahres nicht mit seinem physischen, wohl aber mit seinem inneren Wesen wachsen, weil da der Christus in ihm wachsen kann. Dann haben wir in den beiden Festen, Johanni, dem Sommerfest, und Michaeli, dem Herbstfest, den wahren christlichen Inhalt für die sogenannte festlose Hälfte des Jahres. Und wenn wir weiter wachsen, geht es vom Menschen, Engel und Erzengel schließlich an Weihnachten zu Christus selber hin. Johannes – Michael – Christus, das ist die Steigeleiter in der absteigenden Hälfte des Jahres.

Wandlungen Michaels

Die Sonne – ist sie wirklich nichts als jene leuchtende Feuerkugel draußen im Weltenraum, die einen wenn auch gigantischen, so doch messbaren Radius und Umfang besitzt und in einer gleichfalls gewaltigen, aber messbaren Entfernung von unserer Erde umkreist wird? Ist sie nicht vielmehr allgegenwärtig, also auch uns auf der Erde dicht umgebend, sodass das Gestirn, das über unseren Himmel seine Kreise zieht, nur wie ein Zeichen ist, ein Hinweis auf ein allumfassendes, alldurchdringendes Wesen, vielleicht das sichtbare Herz einer großen sphärischen Wesenheit, die als solche unserem Auge nicht erscheint, aber in ihren Kräftewirkungen von allen übrigen Organen unseres vollen Mensch-Seins wahrgenommen werden will? Insbesondere als lebenspendende Macht kann die Sonne gar nicht mit jenem Feuerball identisch sein; denn wäre nichts als dessen physische Licht- und Wärmeausstrahlungen, so könnte, wie wir es in den tropischen Klimaten der Erde sehen, nur Ausdörrung und Tod von ihr ausgehen.

Das alte mythische Bewusstsein der Menschheit sah noch durch das Sonnengestirn wie durch ein Fenster in vielschichtige, hierarchisch-sphärisch abgestufte Wesenhaftigkeit hinein. So haben die Griechen die kreisende Tagesleuchte als das Gefährt eines Gottes, als den Wagen des Helios, geschaut, haben aber hinter und über Helios eine höhere, umfassendere Gottheit, Apollo, den sie Phöbus, den Glänzenden, nannten, verehrt. Auf die Sphäre des Helios weist uns noch, was unser Auge sieht; die jedoch des Apollo ist übersinnlicher Natur. Apollo ist der Herr des geistigen Sonnenlichtes und als Träger der Sonnenharfe auch der Gebieter der göttlichen Sphärenharmonien, die in der Sonne ihren Quell und Mittelpunkt haben: »Die Sonne tönt nach alter Weise in Bruderspähren Wettgesang.« Den unermesslichen, unser All mit Leben durchpulsenden Ätherleib der Sonne empfanden die Alten, wenn sie sich dem Apoll zuwandten. Aber auch hinter Apollo und über ihn hinaus haben die Mysterien der alten Welt noch höhere Götterwesenhaftigkeiten, gewissermaßen höhere und höchste Wesensglieder des umfassenden Wesens »Sonne« gekannt. In der Lehre des Philosophenkaisers Julian Apostata von der dreifachen Sonne klingt das alte Wissen noch in christliche Zeiten herein. Die höchste Geistwesenheit der Sonne, ihr eigentliches Ich, wusste man, nachdem dereinst Zarathustra von ihr als von Ahura Mazdao, der großen Sonnen-Aura, gelehrt hatte, in dem Gott, der durch Sterben und Auferstehen geht und den die späteren vorchristlichen Religionen, sein Kommen ersehnend, als Osiris, Adonis und unter manchem anderen Namen verehrten. Nur kurze Zeit leuchtete im Urchristentum die Ahnung auf, dass in Christus dieser höchste Sonnengeist als Mensch unter Menschen gelebt habe. Zur Zeit des Julian hatten die Christen dies Geheimnis bereits vergessen.

*

Das Wissen von den hierarchisch-abgestuften Engelreichen, das in den neutestamentlichen Schriften überall noch als selbstverständlich bekannt vorausgesetzt ist und das, zurückgehend auf Dionysius Areopagita, den großen athenischen Schüler des Paulus, in einer grandios aufgebauten Hierarchien-Lehre bis ins hohe Mittelalter weitergetragen wurde, ist ein Kapitel alter, ins Christentum hereinströmender Sonnen-Weisheit. Im Gefühl blieb erhalten, was die alte Welt in unmittelbarem Schauen erlebt hatte: dass die Sonne das Tor oder Fenster ist, durch das uns aus hierarchisch geordneten Sphären ein höchstes Gotteswesen anschaut und von jedem Stockwerk der Geisteswelten durch die Wesen zu uns spricht, die dort seine Hüllen und Boten sind. So pflanzten sich bildhafte Anschauungen fort, in denen die Hierarchien in solchen farbigen Kreisen angeordnet vorgestellt wurden, als ob sie miteinander die große, hinter dem physischen Sonnenlicht verborgene geistige Sonnen-Aura bildeten. Zahlreiche Malereien, z.B. in der

Kuppel des Baptisteriums neben dem Dom zu Florenz, bekunden dies bis in späte Jahrhunderte. Durch das Auge der Sonne schauen nicht nur die Götter-Reiche uns an: Auch wir schauen hier, wenn wir die unser Auge blendende Außenseite durchdringen, in die Sphären-Stufen der himmlischen Heerscharen hinein.

Deshalb spielt immer da, wo von der Gesamtheit der Engel-Hierarchien die Rede ist, der *Erzengel Michael* eine besondere Rolle. In den Heiligen-Legenden des hohen und späten Mittelalters, die den Jahreslauf von Tag zu Tag begleiten, enthält die auf den 29. September fallende Legende des Erzengels die Aufzählung und Schilderung aller neun Engelstufen; Michael wird geradezu als der Fürst der Hierarchien bezeichnet. Der Erzengel Michael ist nämlich der Erzengel der Sonne. Er erscheint hinter dem Sinnenschein des Tag-Gestirnes als eine der Menschen-Ebene noch verhältnismäßig nahestehende Geistgestalt. Aber er ist nur das Antlitz höherer Daseinsreiche, zuletzt des Christus selbst. Hinter ihm erscheinen sie alle, insofern sie Hüllen, Glieder an Seinem Leibe, Wesensglieder Seiner Selbst, sind. Wie das Antlitz eines Menschen nicht sein eigenstes Wesen, sondern nur ein Teil seiner beseelten Leibeshülle ist, wohl aber mehr als der übrige Leib transparent, sodass sich das Ich durch es offenbaren kann: so ist Michael das bereits der Geisteswelt angehörige Antlitz der Hierarchien-Ganzheit und zuhöchst das Antlitz des Christus.

*

Die Offenbarung des Johannes zeigt uns auf dem Höhepunkt ihrer dramatischen Schau Michael als Sieger über den Drachen. Die Szene des Kampfes mit dem Drachen kehrt auf allen Stufen der menschheitlichen Geistesgeschichte als mythisches Grundbild wieder. In vorchristlicher Zeit sind es große erhabene Göttergestalten, die diesen Kampf mit dem tiergestaltigen Feind vollführen: im babylonischen Bereich *Marduk,* bei den Indern *Indra,* bei den Griechen *Apollo,* der den Drachen Python in die Kastalische Schlucht stürzt. Zur Zeit des frühen Urchristentums breitet sich der persische Kultus des göttlichen Sonnenhelden *Mithras* über das ganze Mittelmeergebiet aus. In christlicher Zeit sind es menschliche Heroen-Gestalten, die den Drachen besiegen: auf nordischem, vom Christentum noch nicht ergriffenen Boden *Siegfried*, unter den Heiligen des frühen Christentums *St. Georg*. Ist der Bezwinger des Untieres immer der gleiche, nur mit wechselnden Namen, seien es göttliche oder menschliche, bezeichnet? Es ist ein hierarchisches Geheimnis, das die verschiedenen Überwinder-Gestalten miteinander verbindet. Auf allen Stufen der geistigen Wesensreiche erscheint der über den Drachen Triumphierende. In vorchristlichen Zeiten tauchen in Marduk, Indra, Apollo Wesenheiten, die über der Erzengel-Stufe stehen, in diesem Bilde auf. Sie erscheinen sozusagen durch das Transparent der Michael-Gestalt hindurch, die eine antlitzhafte Mitte zwischen oben und unten ist. Als in der Zeiten-Mitte das Christusereignis eingetreten war, wurden Menschen, die sich durch ihre Geisteskraft aus dem Allgemein-Menschlichen herausheben, ihrerseits transparent für die Gestalt des Erzengels Michael, der durch sie wirkt: der letzte nordische Eingeweihte Siegfried und der erste christliche Ritter St. Georg. Michael-Metamorphosen erscheinen auf allen Sprossen der Himmelsleiter infolge der Weltendurchsichtigkeit, die im Bereich der geistigen Sonne herrscht.

*

In dem Bilde des siegreichen Drachenkampfes haben wir ein Mysterium der Sonne und zugleich des geistigen Menschenwesens. Der Mensch verdankt seine aufrechte Gestalt, die ihn über alles Niedere zu triumphieren instand setzt, den geistigen Sonnenkräften, wie auch die Pflanze ihre Aufrichtekraft, ihre Himmelszugewandtheit, von der Sonne hat. Weil der Mensch innerlich sonnenverwandt ist, schwingt er sich über das Tier hinaus, das allein schon durch den Mangel einer aufrechten Gestalt in die Kräfte der Erdentiefe gebannt bleibt. Die Überwindung des Tieres durch den Menschen, äußerlich-leiblich als Inhalt der entwicklungsgeschichtlichen Vergangenheiten, innerlich-seelisch als fortwährendes moralisches Zukunftsziel, das ist, auf die einfachste Formel gebracht, der Sinn des mythischen Bildes vom Drachenkampf. Zuerst sind höhere Götterwesen die Sieger über den Drachen: Wir sehen die Sonnen-Mächte am Werk, die durch große kosmische Stationen hindurch den Menschen schaffen. Es gibt Schilderungen Rudolf Steiners, die das Bild des Streites Michaels mit dem Drachen bereits auf die Entstehung eines irdischen Tierreiches beziehen: Die geistigen Führermächte halten den Menschen selbst noch im Geistgebiet zurück, den rechten Reife-Zeitpunkt erwartend, in welchem er in eine irdische Verkörperung eintreten soll. Sie müssen diese ihre Absicht verteidigen gegen Widersacher, die nicht warten wollen und voreilig zur Verkörperung drängen. Diese Widersacher werden auf die Erde gestürzt, und es entstehen, ehe es noch den physisch verkörperten Menschen gibt, die drachenhaften Erstlinge des irdischen Tierreiches. Auf jeder Stufe des Werdens findet, immer näher an die Ebene des Irdischen herankommend, der Drachenkampf statt, der damit endet, dass der Drache gestürzt wird. Das geschieht immer zum Schutze des werdenden Geistesmenschen, der durch alle Niederungen und Entstellungen hindurch nach dem höchsten sonnenhaft-göttlichen Urbilde gestaltet werden soll. Schließlich ist der höchste Herr der Sonne, der das Urbild des Menschen in seinem Wesen trägt und deshalb als der wahre Menschen-Gott bezeichnet werden kann, selbst in die irdische Verkörperung eingetreten, um den ihm entsunkenen Menschen den Drachenmächten der Tiefe zu entreißen.

Wenn dann in christlicher Zeit menschliche Metamorphosen Michaels als Drachenbezwinger hervorgetreten sind, so ist daran abzulesen, dass die von dämonischen Gewalten bedrohte Zukunft des Geistesmenschen nunmehr in die Hand des Menschen selbst gelegt ist. Insbesondere in unserer apokalyptischen Gegenwart ist auf die *menschlichen* Sonnenkämpfer gerechnet. Die den geistigen Forderungen der Zeit entsprechenden Diener Christi sind diejenigen, die es im michaelischen Sinne, als Mitstreiter Michaels, sind.

Menschen, Engel und Erzengel

An der Eingangspforte der herbstlichen Jahreszeit ist von Urzeiten her das Wesen verehrt worden, das im Alten und Neuen Testament der Erzengel Michael genannt wird. Was kann aber für den Menschen, der das moderne Bewusstsein in sich trägt, der Name und das Fest eines Erzengels bedeuten? Gibt es im Rahmen der modernen Weltanschauung einen Raum für Engel und Erzengel? Ja, gibt es überhaupt eine übersinnliche Welt? In alten Zeiten floss die Verehrung Michaels aus Weltanschauungen hervor, die das Übersinnliche noch für wichtiger hielten als den Sinnenschein. Längst sind diese alten schauenden Weltanschauungen erloschen und versunken. Auch in den Kreisen, die ein christlich-religiöses Leben zu pflegen für sich in Anspruch nehmen, will man nichts von einer realen übersinnlichen Welt wissen. Man sagt zwar, dass für alles, was man denkt und glaubt, die biblischen Bücher maßgebend seien; aber da, wo diese von Engeln, Erzengeln und anderen hierarchischen Wesen über dem Menschen sprechen, macht man die Weltanschauung der Bibel nicht mit. Man wird sich dieser Inkonsequenz nicht einmal voll bewusst. Für den modernen Menschen aber, der gewissenhaft ist im Denken und Sprechen und deshalb ein gedankenloses Anwenden traditioneller Begriffe und Namen ablehnt, muss es bereits einen Weckruf bedeuten, wenn auch nur der Name des Erzengels Michael ausgesprochen wird. Ein solcher Name kann nur dann ehrlich ausgesprochen werden, wenn bereits Bresche geschlagen ist in die Mauer derjenigen Weltanschauung, die von hierarchischen Wesenheiten über dem Menschen nichts wissen will. Erst recht können wir ein christliches Herbstfest im Namen Michaels nur zu feiern unternehmen, indem wir uns dazu bekennen, dass eine neue Weltanschauung über den Horizont gestiegen ist, die es auch dem klar denkenden modernen Menschen wieder möglich macht, von der Existenz einer übersinnlichen Welt, von der Wirklichkeit und Wirksamkeit von Engeln, Erzengeln, Seraphim und Cherubim überzeugt zu sein.

Mit Bewusstsein vom Erzengel zu sprechen, heißt an sich schon: einen michaelischen Ton anschlagen, einen Ton des Mutes, der die Vermauerungen des materialistischen Weltbildes durchstößt und die Halbheiten und Inkonsequenzen des traditionell-religiösen Denkens überwindet. Die Welt hört nicht mit dem Menschen auf, über dem Menschen fängt die wahre Welt erst an.

Von alters her ist der 29.September nicht einfach nur Michael als einer einzelnen Gestalt geweiht gewesen: Es war der Tag des Aufblickes zu den himmlischen Hierarchien in ihrer Gesamtheit. Der Erzengel zeigte sich gewissermaßen als der Bannerträger, der allen »himmlischen Heerscharen« voranschreitet, weshalb die alten Heiligenlegenden für den Michaelstag immer die Erzählung vom Kampf gegen den Drachen mit der Aufzählung der neun Engelshierarchien einleiten. Vom Frühling bis zum Ausklang des Sommers hat die äußere Natur den Menschen getragen. Wenn der Herbst anbricht, lässt die Natur den Menschen allein. Der Mensch muss die Wendung von außen nach innen vollziehen. Die Kraft dazu findet er, wenn er weiß, dass er im Inneren auch den Bereich einer ganzen Welt betritt: Die Sinneswelt verdämmert; die übersinnliche Welt will in seiner Seele emporsteigen. Indem Michael ihm über die herbstliche Schwelle hilft, weist er ihn auf die Welt der Hierarchien hin, die ihm fortan die Welt der Naturreiche ersetzt.

*

Was wäre denn eigentlich, wenn die heute als wissenschaftlich geltende Weltanschauung recht hätte, d.h. wenn es nur die Welt der Sinne gäbe? Die Welt wäre zur Sterilität, zur völligen Unfruchtbarkeit, verurteilt. Alles müsste sich im Rahmen des von den Sinnen umfassten Daseins nur immer wieder im Kreise drehen. Es gäbe nur Variationen innerhalb dieses gefängnisartigen Bannkreises. Etwas Neues käme nicht herein und unentrinnbar ginge alles Dasein dem Augenblick entgegen, in welchem die Energien unseres Sonnensystems sich verbraucht haben, wo der begrenzte Haushalt an Kraft nichts mehr hergibt und alles den Wärmetod stirbt: Als erkaltete Schlacke stürzt unsere Welt in den Abgrund. Wäre die Welt mit den vier Naturreichen zu Ende, gäbe es über den Menschen hinaus nicht auch noch Welt, was wäre dann z.B. mit unseren Toten? Für ihre Existenz bliebe keine Denkmöglichkeit mehr. Ein endgültiges Erlöschen wäre der letzte Atemzug. Auch die Welt der Ungeborenen gäbe es dann nicht; es bliebe nichts anderes übrig als die triviale und doch eigentlich auch völlig denkfremde Anschauung, die in den Kirchen als Dogma herrscht, dass der Mensch in seinem ganzen Wesen erst durch Zeugung und Geburt entsteht. Geburt und Tod wären zugemauerte Türen, hinter denen es nichts gäbe. Aber die Sphären der Ungeborenen und Verstorbenen weben sich ineinander mit den Sphären der Engel und Erzengel, der hierarchischen Wesenheiten über uns. – Ja und noch mehr. Ein wesentlicher Bestandteil des Erden-Menschen selber würde durch die Verneinung höherer Welten mit verneint, nämlich der schlafende Mensch. Den Schlaf in der Nacht nimmt man heute nur wie eine gewohnte rhythmische Unterbrechung, die aber ohne eigenen Inhalt ist. Er kann nur dann als erfüllt, als den Menschen fruchtbar entfaltend verstanden werden, wenn eine Erkenntnis dafür errungen wird, dass der Mensch, wenn er einschläft, mit Seele und Geist den Leib verlässt und sich, wenn auch unbewusst, in die Sphäre der höheren Wesenheiten hineinwebt, in die auch hineinverwoben sind die Sphären der Toten und der Ungeborenen. Wie sehr hat es bereits unser Leben verarmt, dass man das Wunder des Schlafes und der Nacht nicht mehr begreift! Wer nur den Tag-Menschen ins Auge fasst, d.h. die geringe Summe an Bewusstsein, die wir am Tage aufbringen, der kennt vom Menschen nur ein winziges Fragment. Der Mensch ist wahrhaftig mehr, als was die heutige Denkungsart von ihm kennt. Der Schlaf allein ist bereits ein Beweis dafür. In den Nächten leben und atmen wir zusammen mit den Engeln und mit den Seelen der Ungeborenen und unserer Toten in einer höheren Welt, mögen es die Köpfe der Gelehrten auch noch so heftig bestreiten.

Schließlich aber, und das ist vor allem wichtig: Gäbe es keine Welt über dem Menschen, so gäbe es auch keine Ideale, denen der Mensch nachstreben kann. Es gäbe keine Entwicklung und keine wirkliche Zukunft. Die Zeitentwicklung wäre nichts anderes, als wenn in einem Zimmer, das fest verschlossen ist, ein Ventilator liefe, der den Insassen die Illusion von frischer Luft verschaffen soll, während in Wirklichkeit nur die verbrauchte Luft immer noch einmal umgetrieben wird. Ebenso wenig wie Ideale gäbe es höhere Kräfte, die der menschlichen Kraft zugutekommen könnten. Der abstrakte Gedanke »Gott«, wie er von alten Weltanschauungen übrig geblieben ist, die aber das Lebendige übersinnlicher Welten noch kannten, kann die Lücke nicht ausfüllen. Erst dann wird das heilige Wort »Gott« wieder etwas in der Menschheit bedeuten, wenn man sich nicht mehr scheut, auch von einer »göttlichen Welt« zu sprechen. – Der eigentliche Grund, weshalb der Mensch mit seinem innersten Streben zur Unfruchtbarkeit, zum Ermüden und Versacken verurteilt wäre, wenn es keine Welt über uns gäbe, ist dieser: Unser eigenes höheres Wesen, unser wahres Selbst, gehört selber auch noch der Welt über uns an. Erst wenig vom eigentlichen Menschenwesen ist in uns verwirklicht. Das Wichtigste von uns schwebt noch über uns. Dieses unser höheres Selbst ist es, das uns die Ideale in die Seele strahlen lässt. Ein Bild des, das er werden soll, hat der Mensch bestimmt oder unbestimmt in seiner Seele, weil er sein eigenes höheres Wesen, das er nicht in, aber über sich hat, doch immer wieder fühlt. Getragen von Engeln und Erzengeln, noch ruhend im Schoße einer höheren Welt ist unser wahres Selbst. Da, wo unsere Toten und die Ungeborenen sind, wohin wir uns dumpf erheben, wenn wir nachts schlafen, sind wir mit dem Teil unseres Wesens, der über unsere irdische Hüllennatur hinausragt. Wir leugnen in Wirklichkeit uns selbst, wenn wir die Existenz der Engel, der Erzengel und der höheren hierarchischen Wesen leugnen.

*

Damit haben wir einen Schlüssel, um uns als moderne Menschen an die Wahrheit der hierarchischen Welten über uns heranzutasten. Wir dürfen nicht denken, über dem Menschen, also über den vier irdischen

Kreatur-Reichen, sei die unübersteigliche Grenze und Kluft befestigt, die uns von der Gottheit trennt. Die Wesenheiten über uns sind uns nicht fern. Den tragisch schwer zu überschreitenden Abgrund gibt es auch. Aber zunächst einmal wäre es wichtig zu sehen, wie in das Dasein der Menschen das der Engel-Reiche überall lebendig hereinwirkt. Durch unser höheres Wesen sind wir als Menschen den Engeln und Erzengeln und den Wesen, die darüberstehen, innig verwandt. Das kommt daher, weil im äonischen Gang der Weltentwicklung die Engel und alle anderen hierarchischen Wesen einmal die Menschenstufe durchschritten haben. Auf der Erde, während des Erden-Äons sind *wir* die Menschen. In den Äonen, die dem Erden-Äon vorangegangen sind, befanden sich die Engel und die Erzengel auf der Menschenstufe, wenn sie auch keine Ähnlichkeit hatten mit dem Bilde, das heute der Mensch darbietet. Sie sind weitergeschritten und haben in jedem Äon eins von den höheren Wesensgliedern, die der Mensch in späteren Äonen verwirklichen wird, in sich entwickelt. Die Zukunft des Menschenwesens ist bei den Engeln und Erzengeln Gegenwart. Der Engel ist dem Menschen um einen Äon, der Erzengel um zwei Äonen voraus. Der Engel hat das nächste der höheren Wesensglieder, nach dem der Mensch erst strebt, das ihm in seinen Idealen als Ziel vorschwebt, als Wirklichkeit in sich. Der Erzengel hat eine weitere Stufe in sich verwirklicht. Berührt mich als Mensch auf Höhepunkten meines inneren Strebens die Morgenröte meines höheren Wesens, so berühre ich zugleich meinen Engel. Und wenn ich lerne, mich mit meinem Engel zu verbinden, so erfülle ich mich zugleich mit meinem eigenen höheren Selbst. Ich kann das Wesen der Engel und Erzengel verstehen, wenn ich mein eigenes höheres Wesen ahne. Solchen Versuchen, wenigstens zu einem anfänglichen Verstehen des Verhältnisses zwischen dem Menschen und den Engelwelten zu kommen, wird sogleich die Frage entgegengehalten werden: Wie kann man so einfach von höheren Wesensgliedern des Menschen sprechen? Was ist damit gemeint? Der Fragesteller könnte vielleicht sagen: Wenn du allgemein von dem noch über uns schwebenden höheren Wesen sprichst, so kann ich das allenfalls verstehen, aber dass du nun gleich von verschiedenen Wesensgliedern sprichst, in die sich das höhere Menschenwesen gliedert, geht mir zu schnell. – In der Tat steht heute einer differenzierten Anschauung des Menschenwesens, selbst wenn es sich um den irdisch verkörperten Menschen handelt, viel im Wege. Man ist gewöhnt, die physische Gestalt, die über die Erde geht, einfach »Mensch« zu nennen, man wird sich nicht ohne Weiteres dessen bewusst, wie zart gegliedert der Mensch ist, insofern er sowohl der Sinneswelt als der Seelenwelt und der Geisteswelt angehört. Wir kommen aber nicht weiter, wenn uns unser Nachdenken über das Menschenwesen nicht zu unterscheidungsvollen Begriffen führt. Die Anthroposophie Rudolf Steiners hat den Weg dazu frei gemacht. Wir tragen in uns die Ergebnisse von drei Äonen, die dem Erden-Äon vorangegangen sind. Der erste dieser Äonen hat das gebildet, was wir heute als unseren physischen Leib an uns tragen. Das eigentliche Menschenwesen schwebte darüber. Der nächste Äon hat in den physischen Leib die zweite Hülle, den Lebens- oder Bildekräfte-Leib hineingewoben, der diesen physischen Leib durchpulst und am Leben erhält. Ein dritter Äon, der unserem Erden-Äon vorangegangen ist, hat dem Leib und dem Leben eine dritte Hülle hinzugefügt: die Seele. Von da an war der Mensch im Irdischen ein beseeltes Lebewesen. Aber die Seele war auch noch nicht das eigentliche Menschenwesen. Sie war nur Hülle wie auch der physische Leib und der Lebensleib. Erst während unseres Erden-Äons hat das geistige Menschenwesen, das Ich, angefangen, sich in die drei Hüllen hineinzusenken und zu verkörpern. Das ist der Sinn des gegenwärtigen Äons, den wir Erde nennen, dass der Mensch ein Ich-Wesen wird. Unsere Iche waren auch in den früheren Äonen da, aber sie schwebten noch über den irdischen Hüllen, getragen von den Hierarchien des Himmels, so wie heute unser höheres Wesen auch noch über uns schwebt, von den Hierarchien des Himmels getragen. Wir leben in einer kosmischen Weltenmitte. Drei Äonen liegen hinter uns, und so tragen wir die drei Hüllen, die sie uns gegeben haben, in uns: die Leibeshülle, die Lebenshülle und die Seelenhülle. Wie drei Gewänder nehmen sie dienend den eigentlichen Wesenskern des Menschen, das noch ganz anfängliche und keimhafte Ich in sich auf. In drei künftigen Äonen wird der Mensch drei höhere Wesensglieder dadurch in sich hereinverkörpern, dass sein Ich im irdischen Hüllenwesen nicht untätig bleibt, sondern an sich arbeitet und so die Hüllen ergreift und einer fortschreitenden Verwandlung entgegenführt. Durch die Geist-Durchdringung der drei Hüllen wird er im äonischen Gange der Schöpfung den himmlischen Dreiklang seines oberen geistigen Wesens schrittweise in sich zu tragen lernen. Das Erste ist, dass er in seiner Seele nicht einfach nur die Gefühle, Triebe und Wünsche leben lässt, die von selber kommen: Aus seinem Wesenszentrum heraus setzt er sich Ziel und Richtung; er stiftet Ordnung und Harmonie zwischen seinen Seelenkräften. In dem Maße, als der Mensch in die Zukunft hinein seine Seelenhülle nach den Idealen, die ihm aus der Welt seines höheren Wesens entgegenleuchten, läutert und mit den Spuren des Geistes durchdringt, zieht er herein, was wir die »höhere Seele« nennen können, das erste unserer höheren Wesensglieder. Rudolf Steiner hat dieses das »Geistselbst« genannt. Es schwebt über uns, aber wir können es bereits ahnen, und oft kann uns sein, als berührten wir es. Das ist aber zugleich das Lebenselement der Engel, so wie das Ich das Lebenselement des Menschen ist. Der Engel hat sein Ich im letzten Äon gebildet, er webt jetzt am Geistselbst. Er hat die höhere Seele als seine Seele um sich. Und streben wir nach unserer höheren Seele, die über uns schwebt, so berühren wir zugleich das Geistselbst unseres Engels.

Wenn der Mensch in der Zukunft fähig sein wird, durch die Kraft des Geistes, durch das Gute in ihm, nicht nur die Seele zu harmonisieren und zu läutern, sondern auch auf seine Lebenshülle geistverwandelnd einzuwirken, dann wird er dasjenige höhere Wesensglied verwirklichen, das heute schon das Lebenselement der Erzengel ist, das »höhere Leben«, das Rudolf Steiner den »Lebensgeist« nennt.

Und wenn es schließlich – das ruht in fernen Zukünften – dem Menschen möglich wird, die Vollmacht des Geistes über den Stoff selbst auszuüben, rein aus geistiger Kraft auf seine physische Leiblichkeit umwandelnd einzuwirken, so gewinnt er Anteil an dem Lebenselement der Urkräfte, der »Geister der Persönlichkeit«, jener Hierarchie, die über den Engeln und den Erzengeln steht. Das ist der »Geistesmensch«, die Geistleiblichkeit, in welcher der Mensch ganz und gar mit allen seinen Hüllen identisch und unverlierbar verbunden ist.

*

Wenn es auch erst der Inhalt eines künftigen Äons sein wird, wenn die Erde versunken ist, dass wir uns die »höhere Seele«, die uns jetzt überschwebt, das Geistselbst, zu eigen machen: An unserer Seele arbeiten können und müssen wir auch jetzt. Wir sind nicht *Menschen,* wenn wir das Chaos des Egoismus in uns lassen, wie es ist. Unser Seelenleib muss zum reinen Spiegel werden für das Beste, das Reinste, das Schönste, das unsere Seele von den Idealen her durchflammt. Goethe, der so viel intime Lebensweisheit besaß, hat den Widerstreit klassisch ausgesprochen, der in uns zwischen der natürlichen und der höheren Seele besteht, zwischen der Seele, die wir schon haben, und der, die uns noch überschwebt:

> »Zwei Seelen wohnen, ach! in meiner Brust,
> Die eine will sich von der andern trennen;
> Die eine hält in derber Liebeslust
> Sich an die Welt mit klammernden Organen;
> Die andre hebt gewaltsam sich vom Dust
> Zu den Gefilden hoher Ahnen.«

Es eröffnet einen tiefen Einblick in die Geheimnisse des Daseins, wenn wir beobachten, wie Goethe genau an dieser Stelle mit innerster Notwendigkeit dazu geführt wird, Faust von der Sphäre höherer Wesenheiten sprechen zu lassen. Wer um die höhere Seele ringt, berührt die Sphäre der Engel:

> »O gibt es Geister in der Luft,
> Die zwischen Erd und Himmel herrschend weben,
> So steiget nieder aus dem goldnen Duft
> Und führt mich weg zu neuem, buntem Leben!«

Faust ruft die Engel zu Hilfe. Es ist das Seelenelement der Engel, das Geistselbst, nach dem er in seinem Läuterungsdrang strebt. Hier durchdringt sich der Engel des Menschen mit seinem eigenen höheren

Seelenwesen. Wir müssen keine abgelegenen, fantastischen Begriffe von den Engeln bilden, wir sind ihrer Sphäre viel näher, als unsere Denkgewohnheiten uns sagen.

Tritt denn nicht das Engelsgeheimnis des Menschenwesens in jedem Kinde anschaulich vor uns hin? Das Kind hat noch keine eigene Seele. Was als Seele in ihm lebt, ist noch das Ganze. So turbulent auch oftmals die Seeleninhalte der Kinder sein mögen, das was an Seele in einem Kinde ist, ist immer noch unter dem Schutz himmlischer Figuren und Ordnungen. Darinnen wirken die Engel noch unmittelbar. Der Unterschied zwischen der niederen und der höheren Seele ist hier noch gegenstandslos. Von einem Kinde kann man eigentlich nicht sagen, dass zwei Seelen in seiner Brust wohnen. Das Kind ist wirklich noch unter den Flügeln der Engel; es hat von Natur die Sphäre der Engel um sich. Erst wenn dann das Kind heranwächst und mit 14 Jahren einen eigenen Seelenleib bekommt und schließlich zum erwachsenen Menschen wird, hat das wunderbare Geborgensein unter den Fittichen des Engels aufgehört; die tragische Trennung und der Zwiestreit beginnt zwischen der Seele, die wir haben, und der, die uns überschwebt und allerdings noch von unserem Engel getragen wird. Heute ist der Mensch durch die Abkapselung seines Wesens mehr denn je von seinem höheren Selbst und von seinem Engel getrennt. Aber durch die herangereifte Ichkraft in ihm sollte er jetzt doch auch imstande sein, den Trennungsbann zu überwinden.

Was kann denn der erwachsene Mensch tun, um sich für die höhere Seele, sein erstes höheres Wesensglied, aufzuschließen? Ähnlich wie das *Kind* ist der *betende Mensch* mit seinem Engel verbunden. Wenn sich der erwachsene Mensch in den Andachtszustand, den Ewigkeits- und Ruhezustand der Seele versetzt, der eigentlich das Wesen des Gebetes ist, schwebt sein Engel auf ihn nieder. Warum? Weil ihm sein eigenes Geistselbst, sein eigenes wahres Wesen nahe ist, wenn er sich andächtig in das Gebet versenkt. Die Fähigkeit dazu ist heute in der Welt selten geworden. Die Tyrannei der Unruhe beherrscht alles. Aber wer dieser Tyrannis dann und wann eine Minute oder Viertelstunde der innersten Ruhe und Andacht abgewinnt, braucht nicht mehr zu fragen, ob es Engel gebe und was das eigentlich sei. Er kann es aus Erfahrung wissen. Das Kennzeichen davon, dass sich die Sphäre der Engel auf den Menschen herniedersenkt, ist »Friede«. Es gibt keinen inneren Frieden für den Menschen ohne Berührung mit der Sphäre der Engel. Der Mensch ohne den Engel kann nur ein friedloses Wesen sein, eine Beute der Nervosität und all derjenigen Krankheitssymptome, die heute schon als Folgeerscheinungen der inneren Unruhe geradezu epidemisch auftreten. Es ist nicht nur eine persönliche, sondern eine kulturelle Notwendigkeit, dass die Menschen vor neuen Altären die Kunst der inneren Ruhe und des Gebetes wieder lernen. Ein heilender Bund zwischen ihnen und den Engeln wird dadurch geschlossen. Das ist das Geheimnis der Himmelsverwandtschaft zwischen dem Kinde und dem betenden Menschen, dass der Mensch durch betendes Frommsein auf einer höheren Stufe wieder Kind wird, denn es wird ein Teil unseres höheren Wesens, der in Gott ist, in uns geboren. So entspricht der Kindheit die »Gotteskindschaft«, die das Anfangskapital alles religiösen Lebens darstellt. Wo nicht diese Stufe zuerst einmal wiedererrungen wird, kann man überhaupt nicht von Religion oder gar von Christentum sprechen. Deswegen ist die Erneuerung des kultischen Lebens so wichtig, weil es eine hohe Schule der Andacht, der Versenkung und damit des Friedens ist. Früher konnten viele Menschen aus einer alten durchgeretteten Kindlichkeit beten. Heute gibt es kaum mehr echte Reste davon. Umso wichtiger wird es sein, wenn der unkindlich gewordene moderne Mensch den Garten einer ganz neu erworbenen Christlichkeit und Engelsverbundenheit anzupflanzen lernt. – Und man wird die Beobachtung machen, dass, wenn dieses Wunder wieder in das menschliche Leben eingeführt wird, sich insbesondere der Schlaf des Menschen ändert. Im Schlafe löst sich unser Ich mit der Seelenhülle, an der das Ich arbeitet, heraus. Zwar sind wir weit davon entfernt, unsere Seele vom Geiste her so zu durchdringen, dass wir in den Nächten unserer selbst gewahr werden. Die Träume sind etwas ganz anderes. Aber wir werden doch nachts mit unserer Seele außerhalb nahe an das Lebenselement der Engel herangetragen. Wenn dann die Lichtspuren eines wirklichen religiösen Lebens, die

Nachklänge des echten Betens in uns vorhanden sind, so wird unsere geistdurchleuchtete Seele wegen der darin aufkeimenden Geistselbstigkeit von den Chören der Engel liebend begrüßt und aufgenommen. Hier steigt die wahre Zukunft der Menschheit empor. Und wie wichtig wird eine solche heilende Heiligung des Schlafes einmal für ein Zeitalter werden, in welchem der Schlaf dem nur-irdisch lebenden Menschen nicht einmal mehr physische Erquickung gibt!
Überall, wo in der religiösen Sprache solche Bilder angewandt worden sind: »Breit aus die Flügel beide ... und nimm dein Küchlein ein«, oder: »Ich fühlte mich geborgen wie in Gottes Schoß«, da handelt es sich um Engelerlebnisse, die im Vor- oder Nachklang des nächtlichsphärischen Geborgenseins auftauchen. Diese waren in gewisser Weise reifste Höhepunkte des religiösen Lebens in den Jahrhunderten, die hinter uns liegen. Man sagte zwar immer gleich »Gott« oder »Jesus« dazu. Aber deutlich war die Realität, die man berührte, die Geistselbst-Sphäre als die eigentliche Ebene der Engel. Der *Engel der Andacht* hält dort Wacht und wartet auf die Menschenseele.

*

Die nächste Sphäre ist von einer ganz anderen Tonart beherrscht. Wir nähern uns ihr, wenn wir nicht nur im Stillewerden einatmen, sondern wenn wir auf irgendeine Art wieder ausatmen und vom Ruhen zum Tun schreiten. Dann können wir gar nicht anders als mit unseren *Lebenskräften* zu arbeiten: Wir setzen unsere Lebenshülle, unseren Bildekräfteleib in Bewegung. Aber in welchem Verhältnis steht heute der Mensch zu seinen Lebenskräften? Man sagt: »Ich lebe«; aber eigentlich darf man nur sagen: ich *lebe.* Nur selten liegt eine Berechtigung vor zu sagen: *Ich* lebe; denn meistens *wird* man gelebt. Der Tageslauf lebt sich selber. Die Weckeruhr und der Mittagshunger usw. besorgen das; der Mensch selbst ist selten das wahre Subjekt seines Lebenslaufes. Natürlich, wenn ich sage »*Ich* lebe«, so braucht das noch nicht etwas sehr Edles zu sein, ich kann aus egoistischer Selbstbetonung so sprechen. Ich müsste denn schon paulinisch denken: »Ich lebe, doch nicht ich, sondern ein Höheres lebt in mir.« Dann würde ich anfangen, Anschluss zu suchen und zu finden an die Sphäre, aus der mir mit den Zukunfts-Kräften meines eigenen höheren Wesens die Kräfte hierarchischer Wesen zu Hilfe kommen. Hier, wo ich nach der Durchgeistigung meines Lebensleibes Ausschau halte, ahne ich etwas von dem zweiten höheren Wesensgliede des Menschen, das das Lebenselement der Erzengel ist: *Lebensgeist.* Man spricht oft leichthin von »innerer Lebendigkeit«, aber was ist das? Man schätzt es und wünscht es sich, aber man kennt eigentlich innere Lebendigkeit höchstens insofern, als sie aus dem natürlichen Temperament hervorgeht. Wenn man dann ein Phlegmatiker oder ein bedächtiger Mensch ist, beneidet man vielleicht die Temperaments-Typen, denen das Erwünschte von Natur aus leichter zur Verfügung steht. Aber die bloß natürliche innere Lebendigkeit nützt uns in unserem geistigen Streben nichts. Hier stoßen wir an eine tragische Grenze des Menschenwesens. Wir können versuchen, unsere Lebenskräfte aus unseren Idealen und Geisteszielen heraus zu beleben und zu befeuern. Dabei aber begegnen wir nun erst recht dem Tode, der unser Wesen durchdringt. Der Tod ist der Sünde Sold. An unserer Seele können wir arbeiten aus unserer eigenen menschlichen Kraft, an unserem Lebensleibe können wir das nicht auf gleiche Art: Hier fällt der dunkle Schlagschatten der Erbsünde in uns herein. Wir stoßen auf den Tod, da wo wir aus dem Geiste Leben quellen lassen wollen. –

Eine kleine Zwischenbetrachtung sei hier eingeschaltet. Wenn man lernt, das Übersinnliche des Menschenwesens zu berücksichtigen, so kommt man dadurch keineswegs sogleich zu einer Gewissheit über das Leben nach dem Tode. Jede Weltanschauung, die das Übersinnliche mitumspannt, beschreibt uns, dass der Mensch, nachdem er im Tode seine physische Hülle abgelegt hat, einige Zeit danach auch seine Lebenshülle verliert. Was wir als natürliches Leben haben, behalten wir nicht für die Ewigkeit. Für den, der sich mit seiner Erkenntnis auf dieses Gebiet wagt, wird die Frage erst groß: Was ist eigentlich »Leben« nach dem Tode? Was ist Leben einige Tage nach dem physischen Tod, wenn der Mensch seinen Lebensleib abgelegt hat? Nach dem Tode verfügt der Mensch nur über dasjenige Leben, das er innerlich mit dem Ich während seiner Erdentage hat ergreifen, sich aneignen und durchdringen können, also eigentlich nur über das, was er an umgewandelter Lebenskraft, an durchgeistigter Lebenskraft, an »Lebensgeist« errungen hat. Den Lebensgeist aber kann er nicht aus eigener Kraft erringen. Hier steht das Auferstehungsgeheimnis vor uns. Die Auferstehung Christi nach drei Tagen ist deshalb das zentrale Wunder der Erdengeschichte, weil dadurch ein Leben begründet worden ist, das nicht mehr aus der Natur stammt: ein ganz und gar durchgeistigtes Leben. Wie ist es zur Auferstehung Christi gekommen? Wenn wir sagen, dass Christus nach drei Tagen den Tod besiegt hat, bilden wir uns die Vorstellung eines inneren Kampfes, der nicht erst auf Golgatha begonnen hat, sondern durch das ganze Leben des Jesus von Nazareth hindurch angedauert hat. Eine flammenhafte innere Aktivität mündet schließlich ein in den Lebenssieg; den Auferstehungstriumph. Hier ist das »ewige Leben« als Verwandlungsergebnis des natürlichen Lebens errungen und den Todesmächten entrissen worden. Nur durch die Auferstehung Christi gibt es in Wahrheit »Leben« nach dem Tode. Das ist die Sphäre des »Lebensgeistes«, an der wir als Christen einen ersten Anteil gewinnen können. Damit berühren wir eine neue Sphäre. Das ist nicht die Sphäre der Engel, sondern die der Erzengel. Hier haben wir einen Schritt zu tun, der dem entspricht, durch den das Kind zum Jüngling und Manne heranreift. Gotteskindschaft muss in Gottessohnschaft übergehen. Der Mensch findet hier Anschluss an Kräfte, die sich nicht bereits aus der stillen Aufnahmefähigkeit und Andacht ergeben. Ein Feuer muss in uns fahren, eine innere Aktivität müssen wir entwickeln, die Paulus »Glaube« nennt. Der »Glaube« ist nicht etwas, was man auf Kosten seiner Vernunft vollzieht. Er ist aber auch nicht ein bloßes Gefühl, das man aus dem Herzen strömen lässt. Er ist das Eingreifen einer höheren geistigen Kraft in die Lebenskräfte. Die Auferstehungswirkung des Glaubens besteht darin, dass der Mensch in seinen natürlichen Lebenskräften nunmehr den Keim des »ewigen Lebens« trägt, eines Lebens, das ihm auch nach dem Tode nicht genommen werden kann. Hier dürfen wir nicht mehr bloß im Bilde des Schutzengels an die Hierarchien denken. Jetzt müssen wir daran denken, welche Rolle die Engel z.B. in der Apokalypse des Johannes spielen. Da sind sie kämpferische Geister. Da sind sie unter Umständen sogar die Werkzeuge des »Zornes« Gottes, voll gewaltiger Aktivität. Und hier haben wir uns aufzuschwingen zu einer Berührung mit der Sphäre der Erzengel als der *Genien des Mutes.*

Gehen wir wieder vom Gebet aus. Der Mensch kann im Gebet vielleicht dazu kommen zu fühlen: Da ist wer, ich höre wen, ich berühre mich mit meinem Engel und den höheren Sphären, die er mir vermittelt. Dann aber muss ich den Mut haben, mich umzuschauen nach dem, der mit mir spricht, wie Johannes es in der Apokalypse tut, und ihn mit innerer Aktivität anzusprechen. Dadurch nehme ich sozusagen die Wendung vom Engel zum Erzengel. Dann muss ich aber auch den Mut zum Erkennen aufbringen, der überall da fehlt, wo man sich an die Trennung von Glauben und Wissen gewöhnt hat. Ich muss den Erkenntnismut aufbringen, aus dem Glauben heraus das Auge des Schauens, des Erkennens aufzuschlagen. Und im Namen des Christentums wird es zur Pflicht, eine solche Weltanschauung zu begründen und zu erobern, die das Übersinnliche mitumspannt. Auf den Mut zur inneren Tat kommt jetzt alles an.

Hier herrscht nun allerdings heute die größte Desorientierung. Man glaubt, wenn man etwas tut, wenn man also von der Theorie zur Praxis übergeht, wie die klugen Leute sagen, sei schon etwas gewonnen. In Wirklichkeit aber hat die Art des Tuns in unserer Welt auf der ganzen Front die Seelen schwach gemacht. Es hat sich ein großes Übergewicht der äußeren Aktivität über das innere Schöpfertum herausgestellt. Man nennt den Unruhe-Trieb zur äußeren Aktivität Fleiß oder Arbeitsamkeit. Je »gschaftelhuberischer« sich das Rad der äußeren Aktivität dreht, umso unfähiger wird der Mensch zur inneren Aktivität. Solange der Karren rollt, ist man lebendig, wenn man aber zu Hause sitzt, nichts zu tun hat und sich etwa auch nicht durch die Zeitung oder das Radio beschwichtigen kann, wird man kreuzunglücklich. Innere Aktivität, die überhaupt erst aller äußeren Aktivität ihren Sinn gibt, ist nur dadurch möglich, dass der Mensch sich mit der Sphäre des höheren Lebens, das heißt mit der Sphäre der Erzengel, berührt. Man kann noch so viel tun – dieses viele Tun kann lauter Feigheit sein, indem man sich damit betäubt. So macht das bloße äußere Tun die Seele unter Umständen schwach. Es gibt unter den Menschen Erfolgstypen, die aber in geistiger Hinsicht ganz schwach sind und nicht auf einem Bein stehen können. Das Christentum allein kann eine Ära heraufführen, in der man wieder etwas weiß von dem Wunder der inneren Aktivität, von dem Feuer, durch das der Tod besiegt wird und durch das der Mensch in der Kraft des Erzengels die Freiheit erringt. Innere *Freiheit* gibt uns der Erzengel, so wie uns der Engel *Frieden* gibt. Dadurch finden wir Zugang zu der ätherischen Welt, zu der Lebenssphäre, in welcher der Christus sich neu offenbart, aus der im Zeichen des Erzengels Michael neue Christusbegegnungen über unser Zeitalter kommen werden.

*

Das Letzte, Fernzukünftige ist, dass der Mensch einmal auch eine höhere geistige Leiblichkeit an sich tragen wird, wenn er nämlich nach drei Äonen das dritte höhere Wesensglied, den Geistesmenschen, in sich verkörpert. Das ist das Element der Archai, der Urkräfte, der Geister der Persönlichkeit, die über den Engeln und Erzengeln stehen und die nicht nur Einzelschicksale und nicht nur Völkerschicksale, sondern ganze Zeitalter regieren. Was ist das für ein Geheimnis? Ich möchte, weil sich daraus wenigstens eine Andeutung ergibt, Worte anführen, die zwei seiner Zeitgenossen über Schiller gesprochen haben. Schiller war ja ein Fackelträger, durch dessen Seele die Erzengelkräfte und die Kraft des Zeitgeistes hindurchschimmerten. Das eine Wort ist von Goethe, der es an einen Freund schrieb, als er 82 Jahre alt war. Schiller war schon seit 25 Jahren tot. Goethe schrieb diese Worte an dem Tag nieder, an welchem Schiller 71 Jahre alt geworden wäre. Aber dies ist ja unvorstellbar: Schiller durfte gar nicht 71 Jahre alt werden. Es hätte nicht zu seinem Wesen gepasst. Goethe dagegen durfte so alt und noch älter werden. Als 82-Jähriger schreibt er: »Schillern war eben diese Christustendenz eingeboren; er berührte nichts Gemeines, ohne es zu veredeln.« Ein Schimmer des Geistesmenschen, ein Schimmer der durchgeistigten Physis, der vom Geiste her verwandelten Materie,

das war es, was als Auswirkung von Schillers Wesen empfunden wurde. Genau das Gleiche hat, als Schiller noch lebte, ein 19-Jähriger geschrieben: Novalis. Er sagte von Schiller, der damals erst 30 Jahre alt war: »Ihm gab das Schicksal die göttliche Gabe, alles, was er berührt, in das Eigentum und Erbteil der sittlichen Grazie zu verwandeln.« Er meint die Schönheit, die Anmut des Moralischen, die auf die Welt ausstrahlt. Novalis fährt fort und kann nicht anders, als Schiller mit höheren hierarchischen Wesen zusammenzuschauen: »Schiller, der mehr ist als Millionen Alltagsmenschen, der den begierdelosen Wesen, die wir Geister nennen, den Wunsch abnötigen könnte, Sterbliche zu werden …« Er meint: Wenn die Engel und Erzengel auf Schiller herabgeschaut hätten, so wäre dadurch in ihnen der Wille geweckt worden, Menschen zu werden. »Ich erkannte in ihm den höheren Genius, der über Jahrhunderte waltet, und schmiegte mich willig und gern unter den Befehl des Schicksals.« Das heißt: Der jüngere Novalis hat angesichts des jungen Schiller das Gefühl, als ob in ihm der Geist des Zeitalters Mensch geworden wäre. Gerade im Zusammenhang mit diesem Anhauch vom Geistesmenschen, von verwandelter Materie, kommt das Bild des Zeitgeistes, der Hierarchie, die über den Erzengeln steht, heraus.
Michael ist heute der geistige Regent des ganzen Zeitalters. Er ist über den Rang des Erzengels hinausgewachsen. Ihn berühren wir, wenn wir das dritte Geheimnis ahnen. Berühren wir uns mit dem Engel, so kann uns das helfen, *zu uns selber zu kommen,* denn wir sind alle noch nicht voll bei uns. Erst wenn wir uns mit dem Engel berühren, sind wir wahrhaftig bei uns selbst. Wenn wir uns mit dem Erzengel verbinden, *so wachsen wir erst* in Wahrheit *über uns hinaus.* Und das will auch jeder Mensch, der Menschenwürde fühlt. Berühren wir uns aber mit der Sphäre Michaels, mit dem Zeitgeist, so lernen wir *in unserer Zeit zu stehen,* und das heißt, *über den Dingen zu stehen.* Der Engel der Andacht macht die Herzen friedlich, er spendet den *Frieden;* der Erzengel des Mutes stärkt den innersten Willen, er gibt die *Freiheit;* die Urkraft der Wandlung, der Genius des Zeitalters, Michael, schafft mit den Keimen der Geistleiblichkeit eine neue Menschheits-Gemeinschaft; er begründet die wahre, menschheitliche *Liebe.*

Michael, der Fürst des Fortschritts

Das Michaelsfest, wie wir es, in einem neuen Michael-Zeitalter lebend, feiern dürfen, ist ein *neues* Fest. Sein Stern steigt eben über den Horizont und wird erst in der Zukunft seinen vollen Glanz gewinnen. Die immer ernsteren Weltverhältnisse, in denen sich das apokalyptische Evangelienwort bewahrheitet, dass unter den Menschen Bedrängnis herrschen wird und Furcht und Zittern vor dem, was über den Erdkreis hereinbricht, werden uns helfen, den neuen Inhalt des Michaelsfestes von Jahr zu Jahr deutlicher zu ergreifen.

Die kindlichen Bilder, die frühere Jahrhunderte von dem Drachenbesieger gemalt haben, können uns zwar immer noch viel sagen, aber sie zeigen uns den Erzengel nicht in seiner heutigen Gestalt; sie lassen uns die aktuelle Dringlichkeit seines Wesens nicht verspüren. Wichtigste Züge und Konturen des neuen Michaelbildes leuchten aus den feierlichen Worten hervor, die in den Wochen der Michaelszeit an den Altären der Christengemeinschaft gesprochen werden. Es sind Worte der Anbetung; dennoch entfaltet sich in ihnen ein Drama. Das hohe strahlende Wesen, zu dem wir unsere tiefste Andacht strömen lassen, enthüllt sich vor uns zugleich als Träger eines spannungsreichen dramatischen Geschehens. Große Bögen spannen sich im dynamischen Menschheitswerden: Einst stand Michael vor dem Vatergott – heute steht er vor dem Sohnesgotte. Einen welthistorischen Schritt sollen wir bedenken, der die Menschheit in ein völliges Neuland führt: Ein Wesen, das nicht stillesteht, ist der Erzengel. Und nicht nur, dass er einmal in großem Stile voran- und mitgegangen ist, als nämlich die Zeit des Vaters von der des Sohnes abgelöst wurde. In unserer Zeit ist es geschehen und geschieht es, dass sich die Gebärde Michaels verwandelt: Die Hand, die kämpferisch-drohend gegen die Feindgewalten ausgestreckt war, erhebt sich jetzt zum Wink, zum Zeichen der gelösten Größe, die auf den freien Menschen rechnet. Der Engelsfürst der Fortschritte, die durch das innerste Wesen des Menschen erzielt werden sollen – das ist Michael.

Darin liegt auch die unendliche dynamische Wesens-Nähe und -Verwandtschaft Michaels mit Christus. Die traditionelle Vorstellung vom Göttlichen ist eigentlich immer die, die das Göttliche in ewiger Unveränderlichkeit verharren sieht, woraus man meint, unveränderliche religiöse Traditionen und Formen ableiten zu sollen. Durch eine solche Vorstellung ist es ganz gewiss möglich, etwas vom Wesen des Vatergottes, des göttlichen Weltengrundes, zu erfassen. Sie lässt jedoch ein Gefühl für das eigentliche Wesen des Christentums noch nicht aufkommen. Christus, der Sohn, ist nicht unveränderlich. Er ist das Wesen, das alles Werden in der Welt bewirkt, weil er vom Urbeginne her auf seiner großen Wanderung und in der alles umfassenden Wandlung begriffen ist. Schon vor dem Ereignis von Golgatha hatte er den Zeitaltern ihr immer wieder neues Gepräge gegeben dadurch, dass er von Sphäre zu Sphäre der Erdenmenschheit entgegenwanderte. Und auch nach den drei Jahren der vollen Menschwerdung blieb er nicht in dem Zustand, in den er – wie man meint – am vierzigsten Tage nach Ostern eingetreten war. Das Bild des gen Himmel Fahrenden deutet nur an, dass jetzt eine unendliche Weiterentwicklung beginnt. Sodass die rechte christliche Frage die ist: Wo ist und wie wirkt Christus heute?

Der große Zug des nicht ruhenden, vorwärtsstrebenden Fortschreitens, der dem Christuswesen eigen ist, wird uns umso deutlicher und vertrauter, je mehr es uns gelingt, uns ein Bild von der heutigen Gestalt des Erzengels Michael zu machen. Wie einst Johannes der Täufer in der irdischen Menschenwelt, so bahnt Michael heute in dem geistigen Kosmos, der zur Menschheit gehört, dem Christus die Wege. Das Nicht-stille-Stehen, das zum Wesen des Christus gehört, muss erst recht das Wesen dessen bestimmen, der, alle Hindernisse aus dem Wege räumend, vor ihm hergeht.

Die Wegstrecke im großen michaelischen Lebenslauf, auf welcher der Erzengel »vor dem Vatergotte stand«, spiegelt sich reich in das Alte Testament hinein. Das Buch des Propheten Daniel spricht noch so, dass wir erkennen: Bis in die Zeit des babylonischen Exils war Michael der Genius des israelitisch-jüdischen Volkes (10, 13 und 21). Durch seine inspirierende Führung konnte die innere Volksgeschichte die irdische Entsprechung sein zu dem damaligen Vorwärtsschreiten des Christus in den übersinnlichen Welten.

Die michaelische Führung war es eigentlich, die das Volk des Alten Bundes zum »auserwählten Volk« machte. Durch eine Reihe von Jahrhunderten lagen Akzent und Schwerpunkt der Menschheitsentwicklung bei ihm. Es hatte als deren Vorhut stellvertretend für die ganze Menschheit den eben jetzt fälligen Fortschritt des Werdens zu erringen. In leiblicher Hinsicht hatte das Volk sich so zu entwickeln, dass es dereinst dem Christus, der zur Erde unterwegs war, die Möglichkeit zur Verkörperung bieten konnte. Vor allem aber hatte es durch die Entwicklung einer bestimmten Seelenkraft den spezifischen inneren Fortschritt im Menschenwesen zu erzielen, durch den die Menschheit einmal fähig sein würde, die Christuswirkungen voll bewusst und frei zu ergreifen. Wie einst der Erdenweg des Christus zur Schädelstätte Golgatha führen musste, so musste gleicherweise die innere Entwicklung der Menschheit, wenn das auch viel Verarmung und inneres Absterben mit sich brachte, zur Schädelstätte führen. Das an den Kopf und das Gehirn des Menschen gebundene Denken, das den Menschen arm, aber auch frei macht, hatte das »auserwählte Volk« für die Menschheit zu erringen.

Obwohl Michael der Erzengel der Sonne ist, musste er, als der Christus ihn aus seinem vorirdischen sphärischen Dasein als Herold voraussandte, der geistige Anführer eines Volkes werden, dessen Mission eine mondenhafte war: nämlich für die Menschheit den mondenhaften Kopfverstand zu entwickeln. Noch konnte das Licht der geistigen Sonne, die schon im Aufgehen war – das Sonnenlicht des Christuswesens – der Menschheit nicht direkt begegnen und erscheinen. Das Menschenwesen war dazu noch nicht reif; es war noch zu weich und zu verschwimmend. So musste eine Zeit lang dasjenige Volk das Menschheitsvolk sein, das mit den Mondenkräften in der Seele den Spiegel aufstellte, in welchem sich das näherkommende Sonnenlicht zunächst indirekt und abgedämpft zeigte. Was ist der Mond am Himmel? Der Mond leuchtet nicht selbst, aber er wirft, wenn die Sonne unter dem Horizont ist, das Sonnenlicht wie ein Spiegel zurück. In mondenhafter Abschwächung empfing die Menschheit durch das von Michael geführte Volk das Sonnenlicht Christi wie eine Art Vorverkündigung. Sie lernte, die Weltvernunft *kopfmäßig* zu denken. Die Gedankenart, die unser Gehirn zum Träger hat, besteht, ähnlich wie das Mondlicht, aus reflektiertem Sonnenlicht, aus Spiegelungen der Weltvernunft, der großen göttlichen Gedanken. Wir sagen ja auch, dass wir mit unserem Verstand »reflektieren«. In der Tat reflektieren wir die Weltvernunft, d.h. wir formen Schatten- und Spiegelbilder der göttlichen Ideenwelt in unserem Gehirn.

Statt zu sagen, Michael habe damals vor dem Vatergotte gestanden, kann man auch sagen, er sei das Antlitz Jahves gewesen, bevor er das Antlitz Christi wurde. Jahve ist ein Wesen, das wir uns im Bilde des Mondes vorstellen können, so wie die Sonne das große Wahrbild für Christus ist. So paradox es auch sein mag: Der Erzengel der Sonne wurde zum Antlitz einer mondenhaften Gottheit, um, wenn die Zeit erfüllt sein würde, unmittelbar das Antlitz der geistigen Sonne, des Christuswesens, sein zu können.

*

Es gibt einen Grund, weshalb die heutige Menschheit so weit davon entfernt ist, dem Wesen Michaels ein wirkliches Verständnis entgegenzubringen: Sie sieht den Sinn ihrer eigenen Geschichte im Wesentlichen doch in der Folge der äußeren Geschehnisse, in dem Wandel der Machtverhältnisse, in den Erfolgen und Misserfolgen des menschlichen Schaffens und Strebens. Sie wird noch nicht recht aufmerksam darauf, dass eine wichtigste Ader des Werdens in der menschheitlichen *Bewusstseinsentwicklung* pulsiert. Der Genius und Führer der Menschheit auf dem Durchgange durch die verschiedenen Metamorphosen ihres Bewusstseins, das ist der Erzengel Michael. Rudolf Steiner hat uns gelehrt, in ihm den »Verwalter der kosmischen Intelligenz« zu sehen.

Und eben darin ist er der unmittelbarste hierarchische Diener und Wegbereiter des Christus.

Die großen griechischen Denker von Heraklit an bis zur Stoa haben bereits den Christus gekannt und, gleich den Propheten des Alten Testamentes, sein Kommen vorausgeahnt. Sie nannten ihn den »Logos«, so wie ihn dann, nach seiner Menschwerdung, auch das Johannes-Evangelium genannt hat. Der Name »Logos« heißt nicht einfach nur »Wort«, er weist in die Ursprungssphäre, wo das Denken Gottes und sein Sprechen noch eines sind. Gewissermaßen bestand das Kleid oder die Geistleiblichkeit des Christuswesens in den Urbeginnen aus den schöpferischen Urgedanken Gottes, die wir stammelnd die »Weltvernunft« oder auch die »kosmische Intelligenz« nennen können. Die geistige Sonne, Christus, der gegenüber die Sonne am äußeren Firmament nur ein Gleichnis ist, besteht aus leuchtenden Gottgedanken, und Michael ist der Herold und Helfer des Logos. Er sorgt dafür, dass auf einer Werdestufe nach der anderen immer das Rechte geschieht, sodass schließlich die Weltvernunft selber unmittelbar im Menschengeiste aufleuchten kann. Eine wichtige Zwischen- und Durchgangsstation auf diesem Wege war es, als in dem israelitisch-jüdischen Volksstrom das kopfgebundene intellektuelle Denken ausgebildet wurde, groß impulsiert durch Moses, der deswegen mit den zwei Hörnern auf der Stirne dargestellt wird. Die Mondprägung der Weltvernunft entsteht. Der Erzengel der Sonne dient dem Monde. Der Genius des Goldes prägt Silbermünzen. Er tut es, weil nur im Durchgang durch die schattenhafte Kopfintelligenz der Mensch ein Ich wird, das nachher das freie Subjekt eines erhöhten Denkens sein kann. Die Jahve-Mission war zur Vorbereitung der Christusmission notwendig. Und so war Michael das Antlitz Jahves, bevor er in den Zeiten der beginnenden Erfüllung zum Antlitz Christi werden konnte.

*

Die eigentliche Volksgeschichte hört für die alttestamentliche Strömung auf, als nach der Zertrümmerung des Zehn-Stämme-Reiches Israel durch die Assyrer auch das aus den restlichen zwei Stämmen bestehende Königreich Juda zertrümmert wurde und die Zeit der babylonischen Gefangenschaft begann. Die eigentliche Jahve-Mission ist zu Ende. Michael löst sich von der Bindung an die spezielle Volksströmung, er steigt vom Volksgeist zum Zeitgeist auf. Ein Michaelszeitalter beginnt. Der Sonnencharakter Michaels kann sich wieder unmittelbar zeigen. Der ganze Horizont wird hell. Ein Sonnenaufgang löscht das Mondlicht aus. Schon bei den großen israelitischen Propheten wird nun der Blick auf die Sonne maßgebend: Die messianischen Weissagungen beherrschen ihre Verkündigung. Die ersten Strahlen des Kommens Christi werden von ferne sichtbar: Der Tag bricht an.
Die michaelische Inspiration erreicht jetzt die Menschheit auf dem gesamten Erdenrund: Zeitgenossen der Propheten sind in Griechenland die großen Denker von Pythagoras bis Plato und Aristoteles, in Indien der große Buddha, in Persien Zarathustra, in China Laotse und Konfutse. Die sich über die ganze Erde hin erstreckende Geisterversammlung ist wie eine messianische Morgenröte.
Als das Zentralereignis der irdischen Menschheitsgeschichte eintrat, die Menschwerdung Christi, sein Tod und seine Auferstehung, da war das Michaelszeitalter bereits wieder zu Ende. Die Heroldsfackeln, die überall aufflammten, sind ausgebrannt. Ganz in der Stille geschieht, wodurch der absteigenden Menschheitsentwicklung gnadevoll ein Wiederaufstieg eingefügt wird. Wir haben uns die allerintimste Verflechtung des Erzengels Michael mit den Ereignissen vorzustellen, die das Evangelium berichtet. Davon wird nicht direkt gesprochen, aber wenn durch die stillen Szenen von Galiläa Blitze hindurchzucken, so sehen wir wie durch eine Wolke hindurch das Antlitz Michaels, der so innig beteiligt ist an dem, was auf der Erde geschieht.
Der Erzengel stand vor dem Vatergott, jetzt steht er vor dem Sohnesgott. Er ist das Antlitz Christi und bereitet sich darauf vor, es auch für die Menschen zu werden. Das Ziel dieses Strebens wird dann erreicht sein, wenn in Menschenseelen, nicht abgeschattet und durch

den Kopfverstand verdunkelt, das Sonnenlicht der Gottgedanken unmittelbar Einlass findet. Nach dem Ereignis von Golgatha blitzt dann und wann die michaelische Christuszukunft auf: vor Damaskus für Paulus, auf Patmos für Johannes.

Aber welch dichten Schleier webt die Geschichte des Christentums zunächst vor das Licht, das doch bereits leuchtet! Den Christen ist der Sonnencharakter Christi tief verhüllt. Sie sehen nur den Menschen Jesus. Ganz fern liegt ihnen die Einsicht, dass die Christusbeziehung eine verwandelnde Wirkung auch auf das Bewusstsein des Menschen, auf sein Denken ausüben könnte. Gewöhnen sie sich doch immer mehr daran, Glauben und Wissen scharf voneinander zu trennen. Nur in einsame Gottsucher leuchtet die michaelische Sehnsucht nach schauender Christus-Unmittelbarkeit herein.

Der Erzengel wirkt im Dienste der Christuszukunft in steigendem Maße wieder in die Dynamik des geschichtlichen Werdens hinein. In den Zeiten der Völkerwanderung fühlen sich gewisse Stämme unter seiner Führung und schauen verehrend zu ihm auf. Michael schickt sich an, wie in den Zeiten des Alten Bundes, so jetzt noch einmal eine Volksaufgabe zu übernehmen. Die Stämme, die sich unter seiner Führung fühlen, wachsen zu einem Volk zusammen. Es wäre aber nicht richtig, einfach zu sagen, Michael sei zum Volksgeist der Deutschen geworden. Er hat das Volk, das sich in Mitteleuropa bildete, überschwebt, ist aber nicht in der Intensität und bis zu dem Grade in das Blutadersystem des Volkes eingetreten, wie er das gegenüber dem Volke des Alten Bundes getan hatte. So blitzten die Volksseelenwirkungen Michaels in der deutschen Geistesgeschichte eigentlich immer nur in einzelnen Menschen auf, z.B. in Fichte, Hegel, Schelling, oder in Goethe, in denen sich der Gedanke von der Ebene der bloßen Spiegelungen und Schattenbilder losreißen will. Diesmal zielt eben die Volksseelenwirkung Michaels nicht darauf, dass der Christus physisch geboren werden kann. In einem Teil der Menschheit soll eine geistige Atmosphäre geschaffen werden, durch die eine Offenheit für das *neue* Kommen Christi entsteht. Eigentlich hat die ganze deutsche Geistesgeschichte durch die michaelische Führung den Sinn gehabt, dass für die neue Christusoffenbarung, die man die »Wiederkunft Christi« zu nennen pflegt, der Boden bereitet werde.

Dass in der zweiten Hälfte des 19. Jahrhunderts die Lichter des goetheschen Zeitalters so krass erloschen und einer steigenden Verfinsterung durch die Herrschaft des bloßen Kopfverstandes weichen mussten, bedeutete nicht ein Abnehmen der Michaelswirkungen. Die Gegenwirkungen wuchsen an, im Stillen aber wuchs auch die michaelische Kraft.

Auf dem Plan der äußeren Geschichte trat schließlich eine ähnliche Tragik ein wie damals, als die Juden in die babylonische Gefangenschaft gerieten. In den Siebzigerjahren ging die eigentliche deutsche Volksgeschichte, entgegen dem äußeren Anschein, bereits zu Ende. Michael stieg von seiner Volksgeistrolle aufs Neue zu einer Zeitgeistaufgabe auf. Dem deutschen Geist war die Aufgabe gestellt, über den Bereich des Volksegoismus hinaus in einen selbstlosen umfassenden Menschheitsdienst hineinzuwachsen.

*

Wir haben in dem neuen Michaelszeitalter, das 1879 begonnen hat, das gigantische Anwachsen der Gegenmächte erlebt und müssen Tag für Tag ihre Sieges- und Triumphmeldungen ertragen, die im Grunde die innere Angst und Bedrängnis der Menschenseelen, das Erschauern vor dem, was daraus werden soll, nur noch steigern.

Wir sind aber auch bereits Zeugen geworden von den Anfängen der neuen michaelischen Inspiration. Die erste große Gabe Michaels für unsere Zeit war das Lebenswerk Rudolf Steiners. Die Menschheit wird, wenn sie den Mut hat, sich diese Gaben zu eigen zu machen, mit sonnenhaften statt bloß mit mondenhaften Gedanken ausgerüstet. Christus und Michael sind der Menschheit mitten in den wachsenden stürmischen Finsternissen nahe: Sie tragen ihr die Sonne entgegen, die in der Mitternacht leuchtet. Wo Menschen, ohne die strenge Denkzucht, die das Zeitalter der Naturwissenschaft mit sich gebracht hat, zu verlieren, den Übergang finden von dem bloß kopfmäßigen Denken zu den von Kopf und Herz gemeinsam gedachten, schöpferisch-michaelischen

Gedanken, da ist der Keim zum Schauen des Übersinnlichen und damit zum Damaskus-Erwachen der Menschenseele gegeben.
Im Geistgebiet ist der Kampf Michaels mit dem Drachen bereits siegreich durchgeführt. Auf der Erde muss der Mensch im Bunde mit Michael, dem Antlitz Christi, den Kampf erst noch vollenden. Er tut das nicht durch krampfhaftes Ankämpfen gegen die Errungenschaften der Finsternis, er tut es durch die positive geistige Vollmacht, die jeder wirklichen Christus-gemäßen Erkenntnis, jedem durchchristeten Gedanken, innewohnt.
Michaels Gebärde ist nicht mehr die des Kampfes: Er erhebt die Hand zum Winke. Der freie Mensch soll diesem Winke folgen. Durch alle Schrecken und durch alles Sterben hindurch kann er der österlichen Sonne des Auferstandenen begegnen und dienen.

Christus und Michael

Immer bedeutet es eine Prüfung, wenn der Herbst kommt. Tritt Ende September die Sonne in das Sternbild der Waage ein, so wird in der Tat der Mensch auf strenger Waage gewogen: Wird seine innere Kraft ausreichen, wenn jetzt die tragende Natur sich von ihm zurückzieht und ihn auf sich selbst zurückverweist?

Es gibt heute den kleinen und den großen Herbst, den rhythmisch wiederkehrenden im Jahreslauf und den zeitalterhaften, in den die Menschheit im Großen eingetreten ist. Der große Herbst übt immer umfassender seine Herrschaftsrechte aus, nachdem ein Menschheits-Sommer unwiederbringlich zu Ende gegangen ist. Er greift auch in den Jahreslauf ein, indem er dem Jahresherbst ein Übergewicht gibt. Die herbstlichen Schauer verfrühen sich und bewirken, dass es beinahe schon keine richtigen, ungestörten Sommer mehr gibt.

Schützende Vorhänge umgaben uns durch die wärmedurchwobene Schönheit der Sommer-Natur. Wie durch raue Griffe werden sie weggezogen. Aus düsteren Hintergründen trifft uns ein kalter Hauch, umtosen uns stürmende Regengüsse. Haben wir die Kraft, innerlich standzuhalten, so tritt aus den dämmerdunklen Tiefen aber auch eine andere Gestalt hervor, in einem Licht, das zunächst milde, dann immer strahlender leuchtet: der Erzengel Michael. Der goldene Glanz geht aus von seiner Rüstung und der Waage, die er hoch erhoben in der Hand hält. Sein Mund ist verschlossen, sein ernst-sorgenvolles Auge ruht auf uns Menschen. Seine schweigende Sorge spricht: Ich bin für euch da; mein ganzes Streben ist, euch zu helfen. Aber wenn ihr bleibt, wie ihr seid, darf ich euch nicht helfen. Ihr bliebet sonst erst recht, was ihr seid; und

was ihr seid, reicht für die Weltenzukunft nicht aus. Ihr müsst erst anders werden, dann wird euch meine Hilfe sicher sein.
Wir fühlen: Diese Gestalt ist nicht einfach etwas außer uns; sie geht jeden Einzelnen von uns im Allerinnersten an. Wie ein strenger Gottesspiegel steht sie vor uns und lässt uns erkennen, wie sehr wir versagen, wie schwach wir im Innern sind und wie wir dadurch immer wieder der Suggestion der bloß äußeren Dinge unterliegen.
Erst, wenn wir so den Prüfungsernst ehrlich empfinden, beginnt der Erzengel seine Belehrung.

*

In den alten Legenden, die es zu jedem Tag des Jahres gab, fing die zum Michaelstag gehörige mit der Aufzählung der neun Engelschöre an. Der 29. September hieß: »St. Michael und alle Engel«. Die Anschauung der Hierarchien von den Engeln und Erzengeln bis hinauf zu den Cherubim und Seraphim eröffnet sich unserer Seele. Michael steht als Repräsentant und Herold der Engelreiche vor uns und zeigt sie uns alle. Das Erste also, was er uns schweigend lehrt, ist dieses: Richtet euren Blick nicht immer nur auf die Naturreiche, erweitert ihn zu den Reichen des Geistes. Sucht über Stein, Pflanze, Tier und Mensch die wahre Stufen-Großartigkeit des Daseins bis zu den Seraphim empor.
Und dann fängt alles an, sich zu bewegen: Wir sehen, »wie Himmelskräfte auf- und niedersteigen und sich die goldnen Eimer reichen«. Es ist uns wie Jakob, dem einst der Erzengel das Traum-Auge auftat, sodass er die Himmelsleiter sah: »Siehe, eine Leiter stand auf der Erde, die bis in den Himmel reichte. Und die Engel des Himmels stiegen daran auf und nieder. Und ganz oben stand der Herr selbst und sprach.« Was ist das für ein Auf- und Niederfluten? Was ist das für ein Gespräch zwischen Himmel und Erde, das nicht mit Worten, sondern mit Wesenhaftigkeit geführt wird?
Viele Menschen können, in den üblichen Weltanschauungsvorstellungen befangen, nichts damit anfangen, wenn von Engeln, Erzengeln usw. gesprochen wird. Sie haben Sorge, die Vorstellung hierarchischer Wesenheiten könnte dem großen Gedanken der Einheit Gottes

Abbruch tun. Sie wollen nicht vor einer Vielheit, sondern nur vor der erhabenen Einheit stehen.
Die große göttliche Welteneinheit erscheint uns jedoch in einer unerhörten Lebendigkeit, gerade wenn wir, dem Winke Michaels folgend, den Blick auf die auf- und niedersteigenden Himmelskräfte lenken, die ja nach unten zu bei den Engeln nicht aufhören, sondern ihre goldenen Eimer an Mensch, Tier, Pflanze und Stein weiterreichen. Gliedmaßen am Leibe des einen Gottes sind sie alle, sind auch wir mitsamt der ganzen Erdenkreatur. Wenn wir, auf unser Leben zurückblickend, sagen: Wir haben die Hand Gottes in unserem Schicksal verspürt, so ist das nicht bloß ein bildlicher Ausdruck. Die Engel, als schützende und führende Genien den einzelnen Menschen zugeteilt, sind wirklich die Hände Gottes. Die Erzengel könnten wir die Arme, die Throne die Füße Gottes nennen. Und Christus ist das Herz Gottes. Wir ahnen die große Einheit, und die auf- und niedersteigende Bewegung innerhalb der Vielheit ist wie das pulsierende Strömen, der lebendige Blutkreislauf in dem einen großen Wesen.
Dieser göttliche Blutkreislauf sollte auch durch uns Menschen hindurchgehen. Aber da ist durch den »Fall« der tragische Riss in die Schöpfung gekommen: Der Mensch hat die Erdenkreatur in die Gottabgetrenntheit mit hineingerissen. Wir fangen an, die Belehrung Michaels zu verstehen, die uns von dem bloßen Hinschauen auf die abgetrennte äußere Natur zur wahren Selbsterkenntnis und von da aus zum neuen erkennenden Anschluss an die Welt des Geistes führen will. Er möchte seine Belehrung in eine Erweckung übergehen lassen.

*

In dem großen, Himmel und Erde umfassenden Organismus hat auch Michael die Funktion eines bestimmten Organs. Er ist dadurch sogar den Hierarchien, die höher sind als er, übergeordnet und kann so der Herold und Herzog aller Engel sein. Er ist »das Antlitz Christi«. Was ist damit gemeint?
Michael lebt allen Wesen oben und unten ein Grund-Lebensprinzip vor, das alle Sphären, von den Tiefen herauf bis in die höchsten Höhen,

verbinden kann: das Prinzip der *Offenheit nach oben.* Die volle Wahrheit jeder Wesensstufe kommt erst dadurch heraus, dass sie für die nächsthöhere Stufe offen ist. Die Engel müssen offen sein für die Erzengel, die Erzengel für die Urkräfte usw. Jede Stufe muss selbstlos genug sein, um sich zum Organ der höheren Ordnung zu machen. Keine darf bloß sie selbst sein wollen. Michael macht nun in übermenschlich-erhabener Weise den Satz wahr, den wir im Anschluss an Paulus in die Worte fassen: »Nicht ich, sondern Christus in mir.« Er spricht: Christus in mir, und so wohnt ihm Christus selber ein. Aus Michaels Augen schaut uns Christus an, auf seiner Stirne leuchten die Gedanken des Christus. Und täte er seinen ernst-schweigenden Mund auf: Christus würde durch ihn sprechen. Das heißt: »Michael ist das Antlitz Christi«.

Wir Menschen unserer Zeit sollten für unser Erkennen und Verhalten das Geheimnis des »Ineinander«, der wahren Eingliederung, wohl verstehen. Wir kommen nicht mehr aus mit einem Gottesbegriff und einer Vorstellung von Engeln und anderen höheren Wesenheiten, wenn wir dabei von einem Nebeneinander oder auch einem »Einander-Gegenüber« ausgehen. Wir warten dann darauf, dass dieses höhere Wesen, vielleicht Gott selbst, auf uns zukommt und etwas für uns tut. Ein großes heiliges Ineinander ist das eigentliche Gesetz unserer Schöpfung. »Was wär ein Gott, der nur von außen stieße …?« Wir können mit Paulus sprechen: Christus in mir! Und wenn sich dieses Wort erfüllt, so lebt durch den Christus auch der Vater in uns auf. Das Gesetz der Einwohnung ist das Herzprinzip des christlichen Weltbildes.

Derjenige Mensch, der nur er selber sein will, sei es im egoistischen Verhalten, sei es auch im oberflächlichen Nachdenken bzw. Nichtnachdenken über sich selbst, ist *nicht* er selbst. Sind wir nur das, was wir sind, so sind wir noch nicht eigentlich Menschen, vor allem sind wir noch nicht wir selbst. Der Mensch fängt erst an, wirklich Mensch zu sein, wenn er offen ist für den Genius. Ob wir da von dem Engel des Menschen sprechen oder von seinem wahren höheren Selbst: Alles ist zunächst ein Tasten nach der Wahrheit, aber eben nach einer der wichtigsten Wahrheiten für unsere Existenz. Allerdings ist hier Wachsamkeit vonnöten. So wahr es ist, dass derjenige nur ein Fragment oder gar eine

Karikatur des Menschen ist, in dessen Antlitz nicht der Glanz des Genius leuchtet: Ist dasjenige Wesen, für das sich der Mensch offen macht, nicht selbst wieder nach oben hin offen, so bringt der Mensch es nur zu einer gleißenden Schein-Genialität. Er ist dann nicht in wirklich selbstloser Art offen: Seine Eitelkeit und sein Ehrgeiz ziehen eine luziferische, nicht eine dem Christus dienende Geistigkeit in seine Seele herein.
Der Mensch hat noch nicht wirklich in sich, was ihm als seine wahre Wesenheit zugedacht ist. Es schwebt noch über ihm. Deshalb muss er sich mit den Engelschören, die an der Himmelsleiter auf- und niedersteigen, verbinden, weil sie sein wahres Wesen noch tragen und bewahren.

*

Das Prinzip der Einwohnung geht durch alle Stockwerke des Daseins hindurch, wo immer nur das selbstlose Offensein nach oben vorhanden ist.
Das Wesen, das wir mit dem Christus-Namen bezeichnen, ist bereits in unvordenklichen Zeiten das klassische Ur- und Vorbild dieser Offenheit gewesen. Damals waren, wie es uns die Geistesforschung beschreibt, Christus und Luzifer noch Brüder, der gleichen hierarchischen Stufe zugehörig. Einmal kam dann im großen Werden der Welt ein Augenblick, da ein Wesen dieses hierarchischen Ranges geneigt sein musste, den Logos, das Weltenwort, durch dessen Ertönen unsere Schöpfung in Gang kam, in sich aufzunehmen und durch sich wirken zu lassen. Christus war offen nach oben, und der Logos, das Sohnesprinzip der Welt, zog in ihn ein. Luzifer wollte er selber sein und die Kraft des Logos für seine eigenen Ziele benützen. Durch sein selbstsüchtiges Handeln verlor er seinen Rang und Halt und stürzte ab. In den Sagen vieler Völker lebt noch eine Erinnerung an den Sturz Luzifers, der eben in dem Augenblick erfolgte, als Christus erhöht wurde zum Träger des Logos und somit zum Organ für die Erschaffung unserer Welt.

*

Die Christenheit der früheren Epochen hat in ihren Gottesdiensten immer gesprochen: »Dominus vobiscum«, »Der Herr sei mit euch.«

Heute sprechen wir, uns an das paulinisch-christliche Prinzip der Einwohnung haltend: »Christus in euch.« Die alte Formel hat nicht unrecht. Sie gilt aber eigentlich nur für eine Kindheitsstufe der Menschheit. Zu einem Kinde kann man sagen: Dein Engel sei mit dir. Der Schutzengel schützt das Kind vor Gefahren: Er schwebt über ihm in der Nacht und geht neben ihm bei Tage. Wenn aber der Mensch heranwächst, so wird sein Verhältnis zu seinem Engel ein anderes. Der Engel hat ihn, weil er ein freies Wesen werden soll, aus der früheren Obhut entlassen. Er hilft ihm nicht mehr einfach von außen her, ohne eigenes Zutun. Der erwachsene Mensch kann mit seinem Engel nur in Verbindung bleiben, wenn er ihn in wahrer Offenheit, die nach oben gerichtet ist, in sich aufnimmt. Erst recht dürfen wir uns, dem Kindheitsalter entwachsen, nicht vorstellen, dass Christus von außen her Wunder an uns tut. Nur wer es lernt zu sprechen: »Christus in mir«, kann auf seine Segnungen rechnen. Die Gaben des Christus wollen innerlich empfangen werden, und zwar nicht einfach rezeptiv, sondern durch die aktive Empfänglichkeit, die wir den »Glauben« nennen.

Wir wachsen in eine große, erfüllte christliche Zukunft hinein, wenn die am Altar gesprochenen Worte »Christus in euch« und »Christus in uns« immer mehr von wirklichen Vorgängen in den Seelen begleitet und schließlich auch zu Leitworten des persönlichen Frömmigkeitsstrebens werden. Das regelmäßige Eintauchen in die Sphäre der Andacht im kultischen Leben der Gemeinde, das treu geübte Gebet im Leben des Einzelnen, sie unterstützen die »Offenheit nach oben«, sodass durch das echt entzündete Feuer von Glaube, Liebe und Hoffnung dasjenige dann auch wirklich geschieht, was jene Worte am Altar erbitten: der Einzug des Christus in die Menschenseele.

Was ganz bestimmt zunächst eintritt, wenn wir dieses üben, ist, dass unser Engel, der unser höheres Ich trägt, in uns einzieht. Und durch ihn erreicht uns die Wesens-Botschaft, ein Gnaden-Echo, eine Gnaden-Widerstrahlung aus der Christussphäre. Je mehr wir dann zu der aktiven Durchlässigkeit gelangen, die in unser irdisches Ich unser höheres Ich eintreten lässt, umso mehr wird der Engel für uns sozusagen zum »Antlitz Christi«. Und indem die Einwohnung Christi in dem Engel aufleuchtet, vollzieht sie sich auch in uns selbst.

Das ist die erste Stufe, die Stufe der Gotteskindschaft, um die wir in echtem kindlichem Frommsein immer wieder neu ringen müssen. Der Schritt von der Kindschaft zur Sohnschaft liegt dann darin, dass uns nicht nur der Engel, sondern nun auch der Erzengel, der im eigentlichen Sinne das »Antlitz Christi« ist, zu erfüllen und zu durchdringen beginnt. Wir erfahren die Nähe und die Kraft des Erzengels Michael und dadurch auf neue Art die Nähe und die Kraft Christi. Ein Hauch davon zeigt sich immer schon dann, wenn wir uns gedrängt fühlen, die in uns erwachende höhere Kraft nicht für uns zu behalten, sondern im Dienste des »wachsenden Reiches Gottes« tätig zu bewähren. Was uns zuerst im Gefühl berührte, uns stille machte und unsere innere Stille erfüllte, will unseren Willen ergreifen.

Schiller hat das Wort geprägt: »Nehmt die Gottheit auf in euren Willen, und sie steigt von ihrem Weltenthron.« Klingt das nicht für das Ohr der meisten Christen als unfromme Kühnheit und anmaßende Überheblichkeit des Menschen gegenüber Gott? In Wirklichkeit zeigt es, dass Schiller etwas von dem paulinisch-christlichen Prinzip der Einwohnung wusste, wenn er wohl auch beim Formulieren des Verses selbst nicht daran gedacht hat, eine christlich-religiöse Verkündigung auszusprechen. Und zwar deutet er hier auf das Geheimnis der Einwohnung im *michaelischen* Sinne. Christus als der Logos, der Sohn, der den Menschen in die Sohnschaft einbezieht, ist der Schöpfer der Welt. Lernen wir, »in Christi Namen«, »in des Herrn Namen« zu sprechen und zu handeln, so dürfen wir gnadevoll zu Trägern eines höheren Schöpfertums werden.

*

Nun ist es aber nicht so, dass die michaelische Wendung in die christliche Haltung einfach schon durch den Schritt vom Gefühl zum Wollen und zur Tat hineinkommt. Dem Erzengel Michael ist es nicht so sehr um Taten äußerer Art, als vielmehr um *Taten des Bewusstseins* zu tun. Er ist der Fürst des Werdens, der den Menschen aus der Blindheit gegenüber der geistigen Welt zu einer neuen Geist-Erkenntnis führen will. Über das alte Gottschauen der Menschheit war durch den fortschreitenden Sündenfall, aber zugleich auch zum Erwerb der Freiheit, die Götterdämmerung hereingebrochen. Das bloß intellektuelle Kopfbewusstsein ist das Mitternachtsstadium in der großen Bewusstseins-Entwicklung der Menschheit. Michael ist heute mit aller Kraft bemüht, die Menschenseele zu einem neuen Sonnenaufgang zu führen. Deshalb gilt sein vorwärtsdrängendes Interesse nicht dem Willen im Allgemeinen. Ihm geht es um *den Willen im Denken,* der das Gedanken- und Erkenntnisleben des Menschen der bloßen Kopfmäßigkeit entreißt; der es mit der Wärme des Herzens durchblutet und mit der Kraft des ganzen Menschen aus der Fesselung an die Sinneswelt löst und frei macht für das Übersinnliche.

Je mehr wir mit dem Wesen Michaels vertraut werden, umso unmittelbarer wird es zu uns sprechen, dass er *das Antlitzwesen* ist, und zwar für die Zeiten, in welche die Menschheit durch das Ereignis von Tod und Auferstehung Christi eingetreten ist: das *Antlitz Christi.* Beim Menschen ist das Antlitz der Ort der Wachheit und des Bewusstseins: durch das wache Auge, das hellste unserer Sinnesorgane, durch die klare Stirn, auf der unsere Gedanken leuchten können, durch den Mund, durch den wir, was wir denken, fühlen und wollen, in deutlichen Worten aussprechen können. Erreicht uns die Kraftwirkung Michaels, so muss sie sich schließlich in unserer Wahrnehmung, in unserem Denken und unserem Wort verwandelnd kundtun. Und da Michael das »Antlitz Christi« ist, gibt er der Einwohnung Christi in uns die Richtung auf unser Bewusstsein. Er lässt selber Christus so in sich wohnen, dass in seinem Wahrnehmen, Denken und Sprechen Christus selber sieht, denkt und spricht. Und so macht er in den Seelen derer, die sich in seinem Sinne Christus nähern, die Bahn frei, damit auch durch unser menschliches Auge Christus sehen, auf unserer Stirn Christus denken und durch unseren Mund Christus sprechen kann. Die Durchchristung des Herzens ist immer der Anfang des Christseins. Aber Michael will, dass auch das Tätigsein unseres Hauptes, das unser Antlitz trägt, durchchristet werde.

Der Trennungsstrich zwischen Glauben und Wissen musste im geschichtlichen Werden der Menschheit einmal gezogen werden, weil eine Zeit lang, in der Mitternacht der Bewusstseins-Entwicklung, Herz und Kopf getrennte Wege gingen. Aber die Zeit, in welcher die Kälte des Kopfgedankens der Wärme des gläubigen Herzens widerstritt, muss heute zu Ende sein. Michael ringt um die Durchchristung des Denkens und Erkennens, die auf einer Herz-Beteiligung an den Funktionen des Kopfes beruht. Ein Bewusstseins-Christentum muss dem Menschheits-Herbst abgerungen werden, in welchem ein gläubiges Erkennen und ein erkennender Glaube den Menschen wieder voll anschließt an die Engelshierarchien, deren Herold und Herzog Michael ist.

> Sprechen wir in rechter Art »Christus in uns«, so fängt Christus an, in unserem Herzen zu wohnen.
> Spricht Michael: »Christus in mir«, so leuchtet sein Antlitz als das Antlitz Christi auf.
> Sprechen wir mit Michael: »Christus in uns«, so fängt Christus an, in unserem Herzen *und* in unserem Haupt zu wirken.

Der Michaels-Gedanke: Das Fest des Werdenden

Das Michaelische, das wir ja ganz neu finden und fühlen lernen müssen, liegt niemals im Gewordenen und Fertigen; es liegt stets im Werdenden, in dem, worum noch gerungen werden muss, über dem aber doch der Stern einer erstrebten Vollkommenheit leuchtet.

Es ist gar nicht so leicht, wie es sich wohl manche vorstellen, sich heute ein Bild von Michael, dem Erzengel, zu machen. Die Bilder aus früheren Jahrhunderten treffen ja alle nicht mehr zu. Wir dürfen uns durch die alten Michaelsbilder nicht mehr festlegen lassen, sondern müssen lernen, den Erzengel da zu finden, wo er *heute* steht, nachdem er alle seine früheren Schauplätze und Wirkensbestrebungen hinter sich gelassen hat. Das Michaelische will heute eigentlich mehr wie ein Wind empfunden werden, der durch die Welt geht; wie eine große Stimmung, die sich der Herzen bemächtigen möchte, ja vielleicht nicht bloß wie ein Wind, sondern wie ein Sturm, vor dem man sich nur nicht fürchten darf. Sich ein fertiges menschenähnliches Bild von ihm zu machen, lenkt nur allzu leicht von dem Elementarischen, Sphärischen, alles Durchdringenden des michaelischen Wirkens ab.

Wie spricht denn Michael heute? Er spricht nicht mit Worten. Seine Sprache ist sozusagen eine solche mit verschlossenen Lippen. Sie ist eine Sprache der Ausstrahlung, der Atmosphäre, der Willens-Gesinnung. Wir müssen heute insbesondere auch verstehen, dass er, obwohl er der Erzengel der Sonne ist, nicht durch den Frühling und den Sommer, sondern durch den Herbst spricht. Er spricht eben nicht durch das aufsteigende Leben der Natur, er spricht nicht aus dem, was irgendwie von außen dem Menschen geschenkt werden kann, er spricht ernst; er spricht so, dass er den Menschen immer etwas Großes zutraut. Er will nicht die Menschen als bloße Empfänger, die immer nur entgegennehmen wollen. Über solche sieht er großzügig hinweg. Er sucht diejenigen, die selber das bewirken wollen, was sie sich in der Welt und für die Welt wünschen.

Nun stehen wir ja nicht nur in dem Jahresherbst, der Jahr für Jahr durch die Michaeliszeit eingeleitet wird, wir stehen auch in dem großen Herbst, der unserem Zeitalter das Gepräge gibt, nachdem wir in ein Michael-Zeitalter eingetreten sind. Und es scheint sogar oft, als ob der große Herbst, das Herbsten in der ganzen Menschheit, bewirke, dass der kleine Herbst, der Jahresherbst, vordatiert wird. Der fängt immer öfter bereits an, wenn eigentlich noch Sommer sein sollte. Und so wird die Seite des Herbstes, die uns nicht ohne Weiteres beschenkt, sondern innere Aktivität und Standhaftigkeit von uns verlangt, vielleicht immer noch mehr in den Vordergrund treten. Nicht nur, dass es in manchem Jahr schon keinen rechten Sommer mehr gibt, dass, wenn man sich auf den Sommer freut, der Herbst schon seine vorzeitigen Boten entsendet: Vielleicht wird es in der Zukunft immer öfter so kommen, dass auch die sogenannten schönen Herbsttage ausbleiben. Die Welt nimmt einen immer strengeren Charakter an; einen gewagteren Stil des Lebens müssen wir als Söhne und Töchter eines Michael-Zeitalters finden.

Michael will uns nichts schenken; er will uns auch nicht Schweres ersparen. Er tut nichts, um uns über die Schwierigkeiten des Lebens hinwegzutrösten. Es ist aber nicht so, als sei er mitleidlos und als wolle er uns quälen. Wenn Schweres die Menschen trifft, sodass sie in große Nöte kommen, so spricht er: »Daran sollt ihr wachsen; wer daran nicht wächst, sondern zerbricht, wer zu schwach ist, um die Prüfung des großen Herbstes zu bestehen, der kommt vielleicht in einem späteren Leben einmal an die Reihe: Jetzt kann ich ihn nicht brauchen.« Wir wissen es ja recht gut: Als noch die Gefahren drohten, als man noch auf Fliegerangriffe gefasst sein musste, und auch in den Jahren unmittelbar nach dem Kriege waren die Seelen außerordentlich viel offener und lebendiger als heute. Wenn dann wieder Zeiten des Wohlstands kommen, so ist es, als ob Michael spräche: »Wenn es euch gutgeht, ist mit euch nichts anzufangen.« Alles, was nur von außen kommt, die Wohltaten der Sommernatur und des Wohlstandes, das sind nur allzu leicht Hindernisse für die Absichten Michaels, falls nämlich der Mensch nicht den rechten Gebrauch davon macht, wenn er nicht in allem und jedem den Schwerpunkt des Menschendaseins nach innen verlegt. Im Sommer wird heute in der Welt herumgereist, wie es in der Weltgeschichte niemals, nicht einmal in der Völkerwanderungszeit, der Fall gewesen ist. Man meint, sich auf diese Weise zu erholen. Aber man wird in der Zukunft immer mehr darauf kommen, dass auch die schönste Natur nicht mehr die erhoffte Wiederherstellung der Kräfte geben kann. Nur durch eine *innere* Erholung, durch innere Regsamkeit und Arbeit werden die verbrauchten Lebenskräfte erfrischt und erneuert. Auf diese Weise geschieht eine Verlegung der Sommerlandschaft in das Innere der Seele, mögen dann auch Stürme tosen und endlose Regengüsse niederrauschen. Die innere Sommerlandschaft, die durch die Wärme treuer innerer Übung entsteht, wird dem Menschen Erholung spenden.

Der Blick Michaels geht immer in die Zukunft. Die Vergangenheit mag noch so Großes gebracht haben, die Natur mag aus ihrer paradiesischen Erbschaft immer noch viel Schönheit bewahren, darauf richtet sich der Blick des michaelischen Geistes nicht. Er weiß, dass es im Untergang begriffen ist. Aber er weiß auch, im Dienste welcher Zukunft die Menschheit alle ihre Verarmungen und Prüfungen durchmachen muss.

Um von dem Allerzentralsten zu sprechen: Eigentlich ist es nicht einmal im Sinne Michaels, bloß auf das zurückzuschauen, was sich einmal als geschichtliches Ereignis auf Golgatha zugetragen hat. Er sieht das Mysterium von Golgatha nicht, indem er sich umkehrt und in die Geschichte zurückschaut; er sieht es als etwas Gegenwärtiges und Zukünftiges. Deshalb spricht er, dass er uns zu einem neuen, höheren Ahnen und Verstehen der Lebenstodestat auf Golgatha führen will, die fortwirkend Leben und Licht spendet. Das Ereignis von Golgatha ist für Michael in erster Linie ein Schlüssel für alle Türen und Tore der Zukunft. Er will, dass es ein Erkenntnisprinzip sei: Jeder recht gestorbene Tod bringt wirklich die Menschheit vorwärts, jedes innerlich erfüllte Leiden trägt Früchte, und so erblüht fortwährend Leben aus dem Tode. Also: Golgatha nicht als Vergangenheitsinhalt, sondern als Lebensprinzip, als Zukunftsschlüssel, als innere Orientierung für die Haltung der Menschen – das ist das stumm ausgesprochene Wort Michaels, es ist der Inhalt seines stummen und doch laut-vernehmbaren Rufes an unsere Zeit.

*

Wie spricht Michael heute in der Bibel zu uns? Auch da spricht er nicht unmittelbar im menschlichen Wort. Lernen wir aber, die Bibel dramatisch und im Ganzen zu lesen, nicht nur in erbaulichen Einzelversen, sondern die Bibel als Ton um uns herum, als Drama auf der Höhe unseres Herzens, so werden wir an die Sprache Michaels herangeführt. Schon das Alte Testament leitet uns auf klassische Art an, uns an die michaelische Sprache heranzutasten. Wir denken beim Alten Testament immer zuerst an die historischen Bücher. Danach kommen aber noch die poetischen Bücher, zu denen die Psalmen gehören, und schließlich folgen vor allem die prophetischen Bücher. Man hat zunächst die naive Vorstellung, das alles sei aus einer einheitlichen Offenbarungsquelle hervorgegangen. Höchstens dass in den letzten 150 bis 200 Jahren die trockenen Gelehrten angefangen haben zu behaupten, dass die Bücher des Alten Testamentes zu sehr verschiedenen Zeiten niedergeschrieben worden seien. Damit aber verliert man sehr schnell das Gotteswort in der Bibel und behält nur das Menschenwort übrig. Lassen wir doch einmal den Aufbau des Alten Testamentes auf uns wirken und blicken wir von den beiden ersten Gruppen, den historischen Büchern, die in die Vergangenheit schauen, samt den poetischen Schriften, die den Übergang bilden, hin zu der dritten Gruppe, den prophetischen Büchern, die in die Zukunft schauen. Da liegt auch in der Geschichte des Alten Bundes ein unerhörter Einschnitt. Die Zeit der Propheten fällt in diejenige Entwicklung, als das Volk Israel bereits heimatlos geworden ist. Sowohl das Königreich Israel mit den zehn

Stämmen als auch das Königreich Juda mit den zwei restlichen Stämmen sind vernichtet. Und so fallen die prophetischen Bücher des Alten Testamentes in das Michael-Zeitalter hinein, das begann, als die Volksgeschichte zu Ende war. Michael war bis dahin der Erzengel des Volkes gewesen, jetzt steigt er auf zum Erzengel des Zeitalters. Jetzt darf getrost die Volkgeschichte zerbrechen. Die fremden Erobererzüge dürfen das israelitische Volk zerschmettern und den Rest in die babylonische Gefangenschaft führen. In dem neuen Weltzustand sprechen die Propheten, und durch sie spricht Michael. Nicht mehr wird der Blick in die Vergangenheit gelenkt wie in den Moses-Büchern, die bis in den Schöpfungsursprung zurückblicken. Jetzt wird in die Zukunft geschaut, und so haben die prophetischen Bücher alle den Doppelklang von Unheilsprophetie und Heilsprophetie. Die Gewitter haben schon angefangen, sich zu entladen. Die Unglückskatastrophen sind bereits hereingebrochen, und die Bücher der Propheten, vor allem des Jeremia, aber auch die der anderen, sind voll von der Verkündigung: Die Zeiten werden immer noch schwerer werden; sie werden immer dramatischere Prüfungen mit sich bringen, aber das alles ist nichts als der Schatten Dessen, der da kommt: Mitten in den Gewittern durften die Propheten den Blick auf die messianische Zukunft der Menschheit lenken.

Heute sind wir seit etwas mehr als einem halben Jahrhundert wieder in ein Michael-Zeitalter eingetreten. Und so wie damals die großen, gigantischen Machtblöcke entstanden, etwa des Assyrerreiches und anschließend des neubabylonischen Reiches, in dessen Namen Nebukadnezar Juda zertrümmerte und den Rest des israelitischen Volkes in die Gefangenschaft führte, so haben wir auch heute die großen Machtblöcke, nun in Ost und West aufgeteilt. Europa geht politisch unter. Politisch ist es nicht mehr zu einem Machtfaktor zu machen, wenn es nicht seine geistige Aufgabe ergreift. Wenn ein Michael-Zeitalter kommt, sind immer die völkischen Gebundenheiten überholt. Das nationale Element, das die Menschen sich nicht erwerben, sondern einfach durch gemeinsame Abstammung haben, tritt in den Hintergrund, und es muss *Menschheit* werden. Das war damals so und ist heute wieder so. Die nationalen Ambitionen und Machtbestrebungen können nicht mehr segensreich sein, da sie nichts sind als ein Zurückgreifen auf Vergangenheitsverhältnisse. In einem Michael-Zeitalter sind die bloß geschenkten Güter der Vergangenheit überholt und nicht mehr zeitgemäß. Dafür aber kann nun das menschheitliche Wehen des michaelischen Windes, das menschheitliche Brausen des michaelischen Sturmes durch die Welt gehen; ein neues Geistelement kann empfunden werden, zunächst noch wie eine sich ankündigende, dann aber wie eine immer deutlichere Atmosphäre um uns herum, die allerdings keine Bequemlichkeit bietet, sondern den Menschen im innersten Wesenskern anspricht. –

Wie ist es nun im Neuen Testament? Haben wir nicht für das heutige Michael-Zeitalter etwas Entsprechendes dazu, dass damals bei dem großen Zusammenbruch der Weltverhältnisse im 7. und 6. vorchristlichen Jahrhundert die Propheten aufstanden? Wir können die Wunder der Vorsehung ahnen, die im Aufbau des Neuen Testamentes wie kristallisiert enthalten sind. Da haben wir auch die historischen Bücher, die Evangelien und die Apostelgeschichte, die auf die Ereignisse der drei Jahre zurückschauen und auf die urchristlichen Entwicklungen, die sich unmittelbar daran angeschlossen haben. Aber daran schließen sich ja die Paulusbriefe und insbesondere am Schluss die Apokalypse an. Auch beim Neuen Testament haben wir leicht das Gefühl, das alles sei aus einer einheitlichen Offenbarung hervorgeflossen, zumal ja das vierte Evangelium und die Apokalypse sogar auf denselben Johannes zurückgehen. Aber es ist doch damals, und zwar insbesondere durch das Damaskus-Erlebnis des Paulus, für eine Zukunft vorgesorgt worden, in der es wieder nötig ist, dass die Menschheit prophetische Bücher hat, um den Blick in die Zukunft zu lenken. Wenn das auch zunächst paradox erscheint: Die paulinischen Briefe gibt es schon seit fast 2000 Jahren, aber *für heute* sind sie eigentlich geschrieben. Die Offenbarung des Johannes am Schlusse des Neuen Testamentes ist bereits am Ende des 1. Jahrhunderts aufgezeichnet worden, aber sie wurde damals schon vorsorglich *für unsere* Zeit geschrieben. Die Offenbarung Johannis ist die Heilige Schrift unseres gegenwärtigen Michael-Zeitalters.

Was will sie? Sie will nicht von irgendwelchen einzelnen Geschehnissen sprechen, an denen man herumrätselt, sondern sie will im Ganzen in die Zukunft blicken lassen. Gewiss, wir lesen die Evangelien in Dankbarkeit und Verehrung für das, was sich in den heiligen drei Jahren zugetragen hat. Uns sagt der Name Jesus, der Name des Menschen, in dem sich der Christus verkörperte, unendlich viel; wir werden niemals ausschöpfen, was er uns sagt. Aber wenn wir den Christusnamen nennen, dann denken wir doch letzten Endes nicht an etwas, was der Vergangenheit angehört; sondern wir meinen das Wesen, das heute und in der Zukunft immer mehr und mehr in der Menschheit lebendig wird; nicht nur den, der da war, sondern den, der kommen wird und der eben heute schon im Kommen ist. Auf seine messianische Zukunft blicken wir hin, wie das Volk des Alten Testamentes in der babylonischen Gefangenschaft auf das Kommen des Messias hingeblickt hat. Das ist eigentlich die Sprache Michaels. Mitten in allen Untergängen, die als Prüfungen die Menschheit innerlich wecken und stärken sollen, geht dann die Sonne einer neuen Christusnähe auf. Eine messianische Zukunft ist es, der wir entgegengehen, die aber auch schon begonnen hat. Ja, lesen wir in der Bibel und hören wir im Lesen, wenn auch nicht gleich in den einzelnen Worten, so doch in dem großen dramatischen Aufbau des Neuen Testamentes die Sprache Michaels, die Sprache des apokalyptischen Bewusstseins! Steht auch nur in großen Zügen der in Entsprechungen sich vollendende Aufbau des Alten und des Neuen Testamentes vor uns, so stehen wir damit vor dem Gartentor einer neuen Natur, einer neuen Sommer- und Frühlingswelt mitten in den Kälteschauern und Unheimlichkeiten der Gegenwart, die aber ein michaelisches Zeitalter ist. Und wir dürfen sagen: Ja, der äußere Sommer wird nicht mehr viel geben; er wird im Laufe der Jahre immer karger werden. Die äußere Sonne wird den Menschen immer weniger helfen, weil sie in ihre absteigende Linie eingetreten ist. Aber es wird immer mehr den inneren Sommer, die Ausstrahlungen der inneren Sonne, geben. Und Michael ist der Erzengel der Sonne im Sinne der inneren, geistigen Sonne. Die äußere Sonne lässt er getrost untergehen, vieles lässt er trüber und kälter werden; aber dass die geistige Sonne mit der

Wiederkunft Christi in der Menschheit aufgeht, das ist sein Anliegen. Und um den Altar herum werden schon die Blumen auch im Winter blühen, die Blumen der Seele, die Blumen im Garten der Frömmigkeit. Und die Menschen werden gesunden, wenn sie sich diesem Sommerglanz auftun.

Und so wollen wir dem, was die Zukunft bringt, mit großer freudiger Erwartung entgegengehen. Die Zukunft wird zweifellos manche Schrecknisse bringen, aber sie wird uns auch, wenn wir auf die Sprache Michaels, die Sprache der Apokalypse horchen, eine neue Christusnähe bringen, wenn wir uns nur hinauswagen auf das stürmische Meer des Werdens im michaelischen Zeitalter.